1

OBRAS DE QUEVEDO

SOCIEDAD DE BIBLIÓFILOS ANDALUCES

OBRAS COMPLETAS

DE

DON FRANCISCO DE QUEVEDO

y VILLEGAS

EDICIÓN CRÍTICA, ORDENADA É ILUSTRADA

POR

D. AURELIANO FERNÁNDEZ-GUERRA Y ORBE

de la Real Academia Española

CON NOTAS Y ADICIONES

DE

D. MARCELINO MENÉNDEZ Y PELAYO

de la misma Academia.

TOMO SEGUNDO

Y PRIMERO DE LAS POESÍAS

SEVILLA

Imp. de E. RASCO, Bustos Tavera, 1

1903

ADVERTENCIA PRELIMINAR

Sale á luz este segundo tomo de las Obras de D. Francisco de Quevedo, y primero de sus Poesías, sin el aparato de notas y comentarios que debía acompañarle, pero que, por su extensión y por dificultades tipográficas de última hora, ha sido forzoso reservar para otro volumen, en que irán juntas todas las ilustraciones relativas á los versos de Quevedo, los cuales han de llenar, por lo menos, tres tomos de la presente colección.

Para proceder con algún orden en tan vasta y enmarañada selva de poesía, hemos establecido tres divisiones. En la primera incluimos todas las composiciones de Quevedo cuya fecha exacta, ó siquiera aproximada, hemos podido fijar. Esta cronología se funda las más veces en el contexto de las poesías mismas, cuando son de circunstancias ó contienen alusiones claras á sucesos recientes. Cuando esta luz nos falta, colocamos la poesía en el año en que por primera vez fué impresa ó en que fué compilada la más antigua colección manuscrita en que se halla, ó en que apareció el primer libro donde está citada. Bien comprendemos que este método es imperfecto, pero cuando no cabe otro, tiene, por lo menos, la ventaja de marcar un límite. De este modo sabemos á ciencia cierta que las 21 composiciones incluidas en las *Flores de Poetas Ilustres* de Pedro de Espinosa (entre las cuales está la popular letrilla *Poderoso caballero...)* son anteriores á 1603, en que Espinosa había obtenido ya aprobaciones y privilegio para su libro, aunque éste no saliese de la imprenta hasta 1605; que el conocido romance *Diéronme ayer la minuta...* es, por lo menos, de 1605, por estar incluído en la *Segunda Parte del Romancero* de Miguel de Madrigal; que las *Silvas* morales más célebres, entre ellas la del *Sueño,* estaban escritas en 1611, cuando D. Juan Antonio Calderón recopiló la *Segunda Parte de las Flores;* que la *Sátira del Matrimonio* tiene que ser anterior á 1617, puesto que Lope de Vega la cita como cosa familiar á todos en una carta escrita en dicho año; que el *Poema á Cristo Resucitado* está mencionado ya por Bartolomé Ximénez Patón en 1621. Basten estos ejemplos; y en las notas que cada composición ha de llevar quedará justificada, según entendemos, esta cronología que con grande estudio comenzó á formar D. Aureliano Fernández-Guerra, y que hemos procurado completar en todo lo posible, sin arredrarnos tan árido trabajo, en que es muy fácil el error, y el lucimiento escaso.

Sólo una mitad próximamente de las poesías de Quevedo incluidas por D. Jusepe Antonio González de Salas en el *Parnaso Español* (1648) y por el sobrino de Quevedo, D. Pedro Aldrete, en *Las Tres Musas Últimas Castellanas* (1670) hemos logrado fechar sin grave recelo de equivocarnos. Presentamos las demás en el orden en que las ofrecen los antiguos editores, respetando la tradicional división en Musas, y formando con ellas la segunda serie de las obras poéticas de nuestro D. Francisco. La tercera queda reservada para las composiciones inéditas, así líricas como dramáticas, y para todas las que, presentando visos de autenticidad, hayan sido impresas fuera de las dos colecciones citadas. Las únicas novedades que respecto de éstas nos hemos permitido son suprimir en *Las Tres Musas Últimas Castellanas* todas las poesías evidentemente apócrifas, dando la razón de ello, y transportar á la sección de Teatro los entremeses que allí se encuentran, para que puedan leerse juntos todos los que compuso nuestro autor, ó con alguna razón se le atribuyen.

Para fijar el texto de las poesías de Quevedo hemos seguido, de acuerdo con el plan que dejó trazado D. Aureliano Fernández-Guerra, las siguientes reglas:

I. Consideramos como texto *clásico* y preferente el de González de Salas para todas las poesías que publicó por primera vez en *El Parnaso Español* (1648), enmendando las muchas erratas de que adolece, y adoptando alguna que otra variante feliz de las ediciones posteriores, según se expresa en las notas.

II. En todas las poesías de que existe texto impreso ó manuscrito anterior al de D. Jusepe, ó que no se derive del suyo, adoptamos como preferente el que nos parece más cabal y satisfactorio, poniendo en nota las variantes del otro ó de los otros, y designándolos con letras cuando son diversos. No siempre la lección más antigua es la mejor. Generalmente el texto de *El Parnaso* aventaja al de las ediciones sueltas, y aunque algunas enmiendas puedan atribuirse á González de Salas, que confiesa haber puesto mano en ciertas poesías de su amigo, creemos firmemente que la mayor parte de los versos alterados ó añadidos son del mismo Quevedo, que gustaba mucho de retocar y pulir sus composiciones, especialmente las de su juventud, escritas en una manera distinta de la que siguió después. Si en esta elección ó preferencia hemos cometido algún error, no será grande el daño, puesto que en manos del lector está enmendarle, tomando por texto principal el que va por nota.

III. De muy difícil corrección es el texto de *Las Tres Musas Últimas,* publicado en 1670 con la mayor incuria por el sobrino de Quevedo. En ellas aparecen poesías de otros autores, que hemos eliminado como queda dicho, poesías de Quevedo ya insertas en *El Parnaso,* fragmentos que deben unirse, y otros que deben separarse de composiciones donde están malamente incrustados. Á tal negligencia corresponde el desaliño del texto, y la puntuación, absolutamente disparatada. D. Aureliano Fernández-Guerra trabajó cuanto pudo por remediar estos defectos, ya con ayuda de buenos códices, ya con el auxilio de su propia y nativa sagacidad, y nosotros hemos seguido, aunque tímidamente, sus huellas.

Por nota van las principales variantes de los textos. Las aclaraciones de otra índole, así como la bibliografía completa y razonada de las ediciones y manuscritos de que nos hemos valido, se pondrán al fin de este nuevo *Parnaso*.

M. M. y P.

POESÍAS

POESÍAS

1599

SONETO EN ALABANZA DE LUCAS RODRÍGUEZ
AUTOR DEL LIBRO
CONCEPTOS DE DIVINA POESÍA
(Alcalá de Henares, 1599.) (a)

D. FRANCISCO DE QUEVEDO AL LECTOR

1.
    Bien debe coronar tu ilustre frente,
Lucas, el rubio Febo, y murmurando (1)
El generoso Henares ir cantando
Tu nombre al ronco són de su corriente.
    Y de las perlas que en sus senos siente
Y va con frío humor alimentando
Hacer lenguas que vayan dilatando
Tu nombre por el ancho mar de Oriente.
    Bien te debe la fama el ocuparse
En sólo celebrar tu nombre y gloria,
Si su clarín tan gran aliento alcanza.
    Bien te debe (mas no puede pagarse
Tal deuda) sus anales la memoria,
Y, al fin, todos te deben alabanza.

---

(1) *Innumerando* dice la edición, pero parece errata evidente.

1603

En EL PEREGRINO EN SU PATRIA
DE LOPE DE VEGA
(Sevilla, Clemente Hidalgo, 1604.)

2.
    Las fuerzas, Peregrino celebrado,
Afrentará del tiempo y del olvido
El libro que, por tuyo, ha merecido
Ser del uno y del otro respetado.
    Con lazos de oro y yedra acompañado,
El laurel en tu frente está corrido
De ver que tus escritos han podido
Hacer cortos los premios que te ha dado.
    La envidia su verdugo y su tormento
Hace del nombre que cantando cobras,
Y con tu gloria su martirio crece.
    Mas yo disculpo tal atrevimiento,
Si con lo que ella muerde de tus obras
La boca, lengua y dientes enriquece.

SONETO (1)

(En la Primera parte de las *Flores de Poetas Ilustres de España*, ordenada por Pedro Espinosa. Valladolid, Luis Sánchez, 1605.)

3.
    Estábase la efesia cazadora
Dando en aljófar el sudor al baño,
En la estación ardiente, cuando el año

---

(1) En *Las tres Musas últimas castellanas* (*Euterpe*, IX):

    Estábase la efesia cazadora
Dando en aljófar el sudor al baño,
Cuando en rabiosa luz se abrasa el año
Y la vida en incendios se evapora.
    De sí *Narciso y ninfa*, se enamora;
Mas viendo, conducido de su engaño,
Que se acerca Acteón, temiendo el daño,
Fueron las ninfas velo á su señora.
    Con la arena intentaron el cegalle,
Mas luego que de amor miró el trofeo,
Cegó más noblemente con su talle.
    Su frente endureció con arco feo,
Sus perros intentaron *el* matalle,
Y adelantóse á todos su deseo.

Con los rayos del sol el Perro dora.
  De sí, como Narciso, se enamora,
Vuelta pincel de su retrato extraño,
Cuando sus ninfas, viendo cerca el daño,
Hurtaron á Acteón (1) á su señora.
  Tierra le echaron todas por cegalle,
Sin advertir primero que era en vano,
Pues no pudo cegar con ver su talle.
  Trocó en áspera frente el rostro humano,
Sus perros intentaron de matalle,
Mas sus deseos ganaron por la mano.

LETRILLA

(En las *Flores de Poetas Ilustres.*)

Con su pan se lo coma.

4.   Que el viejo que con destreza
Se ilumina, tiñe y pinta
Eche borrones de tinta
Al papel de su cabeza;
Que emiende á naturaleza,
En sus locuras protervo;
Que amanezca negro cuervo,
Durmiendo blanca paloma,
Con su pan se lo coma.
  Que la vieja detraída
Quiera agora distraerse,
Y que quiera moza verse,
Sin servir en esta vida;
Que se case persuadida
Que concebirá cada año (2),
No concibiendo el engaño

---

(1) *Anteón* en la ed. de 1605 y aun en la de Quirós de los Ríos, pero fué errata evidente.

(2)   *Que campe. la muy traída*
De que la ven distraerse,
Cuando de ninguno verse
Puede, por aborrecida;
Que se case envejecida
Para concebir cada año...
    (*El Parnaso Español*, Musa V.)

Del que por mujer la toma,
Con su pan se lo coma.
    Que mucha conversación,
Que es causa de menosprecio,
En la mujer del que es necio
Sea de más precio ocasión;
Que case con bendición
La blanca con el cornado,
Sin que venga dispensado
El parentesco de Roma,
Con su pan se lo coma.
    Que en la mujer deslenguada,
(Que á tantos hartó la gula)
Hurte la cara á la Bula (1)
El renombre de Cruzada;
Que ande siempre persinada
De puro buena mujer;
Que en los vicios quiera ser,
Y en los castigos, Sodoma (2),
Con su pan se lo coma.
    Que el sastre que nos desuella
Haga con gran sentimiento
En la uña el testamento
De lo que agarró con ella;
Que deba tanto á su estrella,
Que las faltas en sus obras
Sean para su casa sobras,
Cuando ya la Muerte asoma (3),
Con su pan se lo coma.

DE DAFNE Y APOLO
FÁBULA
(De las *Flores de Poetas Ilustres.)*

5.
    Delante del Sol venía
Corriendo Dafne, doncella

---

(1) Hurte *su* cara á la Bula...
(2) *Y Calvario* quiera ser,
    Cuando en los vicios Sodoma...
(3) *Mientras la Muerte no* asoma...

De extremada gallardía,
Y en ir delante tan bella
Nueva Aurora parecía.

Cansado más de cansalla
Que de cansarse á sí Febo,
Á la amorosa batalla
Quiso dar principio nuevo,
Para mejor alcanzalla.

Mas, viéndola tan crüel,
Dió mil gritos doloridos,
Contento el amante fiel
De que alcancen sus oídos
Las voces, ya que no él.

Mas, envidioso de ver
Que han de gozar gloria nueva
Las palabras en su sér,
Con el viento que las lleva
Quiso parejas correr.

Pero su padre, celoso,
En su curso cristalino
Tras ella corrió furioso,
Y en medio de su camino
Los atajó sonoroso.

El sol corre por seguilla;
Por huir corre la estrella;
Corre el llanto por no vella;
Corre el aire por oílla,
Y el río por socorrella.

Atrás los deja arrogante,
Y á su enamorado más;
Que ya, por llevar triunfante
Su honestidad adelante,
Á todos los deja atrás.

Mas, viendo su movimiento,
Dió las razones que canto,
Con dolor y sin aliento,
Primero al correr del llanto
Y luego al volar del viento:

«Dí, ¿por qué mi dolor creces
Huyendo tanto de mí
En la muerte que me ofreces?
Si el Sol y luz aborreces,

Huye tú misma de ti.
›No corras más, Dafne fiera,
Que en verte huir furiosa
De mí, que alumbro la esfera,
Si no fueras tan hermosa,
Por la Noche te tuviera.
›Ojos que en esa beldad
Alumbráis con luces bellas
Su rostro y su crüeldad,
Pues que sois los dos estrellas,
Al Sol que os mira mirad.
›En mi triste padecer
Y en mi encendido querer,
Dafne bella, no sé cómo
Con tantas flechas de plomo
Puedes tan veloz correr.
›Ya todo mi bien perdí;
Ya se acabaron mis bienes;
Pues hoy, corriendo tras ti,
Aun mi corazón, que tienes,
Alas te da contra mí.›
Á su oreja esta razón,
Y á sus vestidos su mano,
Y de Dafne la oración,
Á Júpiter soberano
Llegaron á una sazón.
Sus plantas en sola una
De lauro se convirtieron;
Los dos brazos le crecieron,
Quejándose á la fortuna,
Con el ruido que hicieron.
Escondióse en la corteza
La nieve del pecho helado,
Y la flor de su belleza
Dejó en la flor un traslado
Que al lauro presta riqueza.
De la rubia cabellera
Que floreció tantos mayos,
Ántes que se convirtiera,
Hebras tomó el Sol por rayos,
Con que hoy alumbra la esfera.
Con mil abrazos ardientes

Ciñó el tronco el Sol, y luego,
Con las memorias presentes,
Los rayos de luz y fuego
Dasató en amargas fuentes.
    Con un honesto temblor,
Por rehusar sus abrazos,
Se quejó de su rigor,
Y aun quiso inclinar los brazos,
Por estorbarlos mejor.
    El aire desenvolvía
Sus hojas, y no hallando
Las hebras que ver solía,
Tristemente murmurando
Entre las ramas corría.
    El río, que esto miró,
Movido á piedad y llanto,
Con sus lágrimas creció
Y á besar el pie llegó
Del árbol divino y santo.
    Y, viendo caso tan tierno,
Digno de renombre eterno,
La reservó en aquel llano,
De sus rayos el verano,
Y de su yelo el invierno.

LETRILLA

(En las *Flores de Poetas Ilustres.*)

Poderoso caballero
Es don Dinero.

6.   Madre, yo al oro me humillo;
Él es mi amante y mi amado,
Pues de puro enamorado
Anda contino amarillo (1);
Que pues, doblón ó sencillo,
Hace todo cuanto quiero,
Poderoso caballero
Es don Dinero.

---

(1)   *De contino anda* amarillo:
         (*El Parn. Esp.*, Musa V.)

Nace en las Indias honrado,
Donde el mundo le acompaña;
Viene á morir en España,
Y es en Génova enterrado;
Y pues quien le trae al lado
Es hermoso, aunque sea fiero,
Poderoso caballero
Es don Dinero (1).
  Son sus padres principales,
Y es de nobles decendiente,
Porque en las venas de Oriente
Todas las sangres son reales;
Y pues es quien hace iguales
Al rico y al pordiosero (2),
Poderoso caballero
Es don Dinero.
  ¿A quién no le maravilla (3)
Ver en su gloria sin tasa
Que es lo más ruin de su casa (4)
Doña Blanca de Castilla?
Mas pues que su fuerza humilla
Al cobarde y al guerrero (5),
Poderoso caballero
Es don Dinero (6).
  Es tanta su majestad,
Aunque son sus duelos hartos,

---

(1)   Ó faltaba en el cuaderno de que se sirvió Espinosa, ó añadió Quevedo, la siguiente estrofa entre la segunda y tercera del texto de las *Flores:*

Es galán y es como un oro;
Tiene quebrado el color,
Persona de gran valor,
Tan cristiano como moro.
Pues que da y quita el decoro
Y quebranta cualquier fuero,
Poderoso caballero...

(2)   Al *duque* y al *ganadero...*
(3)   *Mas ¿*á quién no maravilla...
(4)   Que es lo *menos* de su casa...
(5)   *Pero,* pues *da al bajo silla*
    Y al cobarde *hace* guerrero...
(6)   Van después de esta estrofa en *El Parnaso* las dos siguientes:

Sus escudos de armas nobles
Son siempre tan principales,

Que aun con estar hecho cuartos,
No pierde su calidad;
Pero pues da autoridad
Al gañán y al jornalero (1),
Poderoso caballero
Es don Dinero (2).

    Más valen en cualquier tierra
(Mirad si es harto sagaz)
Sus escudos en la paz
Que rodelas en la guerra;
Pues al natural destierra (3),
Y hace propio al forastero,
Poderoso caballero
Es don Dinero.

Que sin sus escudos reales
No hay escudos de armas dobles;
Y pues á los mismos nobles
Da codicia su minero,
Poderoso caballero etc.

    Por importar en los tratos,
Y dar tan buenos consejos,
En las casas de los viejos
Gatos le guardan de gatos.
Y pues él rompe recatos
Y ablanda al juez más severo,
Poderoso caballero etc.

(1)   *Y* es tanta su majestad
(Aunque son sus duelos hartos),
Que, con *haberle* hecho cuartos,
No pierde su *autoridad;*
Pero, pues da *calidad*
Al *noble* y al *pordiosero,*
Poderoso caballero...

(2) Sigue en *El Parnaso* esta estrofa:

    Nunca vi damas ingratas
Á su gusto y afición;
Que á las caras de un doblón
Hacen sus caras baratas;
Y, pues las hace bravatas
Desde una bolsa de cuero,
Poderoso caballero...

(3) Y, pues al *pobre le entierra...*

2

INSCRIPCIÓN AL TÚMULO
DE LA EXCMA. DUQUESA DE LERMA
SONETO
(En las *Flores de Poetas Ilustres.*)

7.
    Si, con los mismos ojos que leyeres
Las letras deste mármol, no llorares
Amargas fuentes y copiosos mares (1),
Tan mármol, huésped, como el mármol eres.
    Mira, si extrañas cosas ver quisieres (2),
Estos sagrados túmulos y altares;
Que es bien que en tanta majestad repares (3),
Si llevar que contar donde vas quieres.
    No he de decirte el nombre de su dueño (4);
Que si le sabes, parecerte ha poca
Toda aquesta grandeza á sus despojos.
    Sólo advierte que esconde en mortal sueño
Al Sol de Lerma aquesta dura roca (5);
Y vete, que harto debes á tus ojos.

Á UNA DAMA HERMOSA,
ROTA Y REMENDADA
(En las *Flores de Poetas Ilustres.*)

8.
    Oye la voz de un hombre que te canta,
Y, en vez de dulces pasos de garganta,
Escucha amargos trancos de gaznate;
Oye, dama, el remate
De mis razones, la sentencia extrema (6),

---

(1)   *Y en lágrimas tu vista desatares...*
                (*El Parn. Esp.*, Musa III.)

(2)   Mira, si *grandes glorias* ver quisieres...

(3)   *Y* es bien que en tanta majestad repares...

(4)   *Guardo en silencio* el nombre de su dueño...

(5)   *Tan ilustre* grandeza á sus despojos.
      Sólo advierte que *cubre* en mortal sueño
      Al sol de Lerma *enternecida* roca...

(6)   De *mi silencio en* la sentencia extrema...
                (*El Parn. Esp.*, Musa VI.)

Que, por ser dada en Rota, es la suprema.
El que por ti se muere en dulces lazos,
Muere con propiedad por tus pedazos,
Pues estando tan próspera de bienes (1),
Tantos remiendos tienes,
Hermosísimo bien del alma mía,
Que siendo tan crüel, pareces pía (2).
Eres rota, señora, de tal modo (3),
Que tienes rota la conciencia y todo;
Y tus hermosos ojos celebrados
También son muy rasgados;
Mas en tu desnudez hay compañeros (4);
Que el vino y el amor andan en cueros.
En la batalla, la bandera rota
Del arcabuz soberbio con pelota,
Cuanto más rota, muestra más vitoria,
Y en su dueño más gloria:
Así tus vestiduras celebradas (5)
Muestran más gloria cuanto más rasgadas.
Rompe la tierra el labrador astuto,
Porque rota la tierra da más fruto:
Así el amor, bellísima señora,
Te rompe alegre agora,
Como á la tierra simples labradores (6),
Por dar más fruto, y por mostrar más flores.
Y desnuda, rotísima doncella (7),
Tan linda estás, estás tan rica y bella,
Que matas más de celos y de amores

---

(1)   *Y cuando abundas de hermosura en* bienes...
(2)   Que, *aun* siendo tan crüel, pareces pía.
(3)   Eres *bizarra y rota* de tal modo...
(4)   *Son no menos* rasgados;
      Pero en tu desnudez hay compañeros...
(5)   *Valiente esfuerzo del soldado nota,*
      Y, cuanto rota más, muestra más *gloria,*
      Y en su dueño *victoria,*
      Á quien tus vestiduras *comparadas...*
(6)   Porque, *en estando rota,* da más fruto;
      Y ansí el amor, bellísima señora,
      Viendo que te mejora,
      En tu vestido extrema sus rigores...
(7)   *Pues* desnuda, rotísima doncella...

Que vestida á colores (1);
Y eres así á la espada parecida,
Que matas más desnuda que vestida (2).
  Mas como el guante rompen los amantes
Para que puedan verse los diamantes,
Así quiso romperte la pobreza,
Para que la belleza
Que está en todo tu cuerpo repartida,
No quedase en las ropas escondida (3).
  Cansada está mi musa de cansarte,
Mas yo no estoy cansado de alabarte,
Pues no podrá hacerse de tus trapos,
Tus chías y harapos,
Tanto papel, aunque hagan mucha suma,
Como en loarte ocupará mi pluma (4).

Á UNA MUJER FLACA (5)

(En las *Flores de Poetas Ilustres.*)

9.
    No os espantéis, señora Notomía,
  Que me atreva este día,
  Con exprimida voz convaleciente,
  Á cantar vuestras partes á la gente;

---

(1) Que *menos nos mataras tú* de amores
     Con las galas mayores...

(2) Que *mata* más desnuda que vestida.

(3) Que *vista puede estar tan presumida,*
     No quedase *entre adornos* escondida.

(4)   *Pero mi musa teme ya el* cansarte,
     Cuando yo no me canso de alabarte,
     Pues *hacerse no puede* de tus trapos,
     De tus chías y harapos,
     Tanto papel, *aun siendo larga* suma,
     Cuanto en loarte ocupará mi pluma.

(5) González de Salas, al publicar la primera parte de *El Parnaso
Español,* enmendó esta poesía de tal modo, que casi la hizo nueva. Hé
aquí su texto (Musa VI):

            No os espantéis, señora Notomía,
          Que me atreva este día,
          Con exprimida voz convaleciente,
          Á cantar vuestras partes á la gente;

Que de hombres es, en casos importantes,
El caer en flaquezas semejantes.
    Cantó la pulga Ovidio, honor romano,
Y la mosca Luciano;
De las ranas Homero; yo confieso
Que ellos cantaron cosas de más peso;
Yo escribiré con pluma más delgada
Materia más sutil y delicada.
    Quien tan sin carne os viere, si no es ciego,
Yo sé que dirá luego,
Mirando en vos más puntas que en rastrillo,
Que os engendró algún Miércoles Corvillo;
Y quien pece os llamó no desatina,
Viendo que, tras ser negra, sois espina.
    Dios os defienda, dama, lo primero,
De sastre ó zapatero,
Pues por punzón ó alesna es caso llano
Que cada cual os cerrará en la mano;
Aunque yo pienso que, por mil razones,
Tenéis por alma un viernes con ceciones.
    Mirad que miente vuestro amigo, dama,
Cuando «mi carne» os llama;
Que no podéis jamás en carnes veros,

Que de hombres es, y de hombres importantes,
El caer en flaquezas semejantes.
    La Pulga escribió Ovidio, honor romano,
Y la Mosca Luciano;
Homero, de las Ranas: yo confieso
Que ellos cantaron cosas de más peso:
Yo escribiré, y, con pluma más delgada,
Materia más sutil y delicada.
    Quien tan sin carne os viere, si no es ciego,
Yo sé que dirá luego,
Mirándoos toda puntas de rastrillo,
Que os engendró algún Miércoles Corvillo;
Y quien os llama pez no desatina,
Pues sois, siendo tan negra, tan espina.
    Defiéndaos Dios de sastre ó zapatero;
Que, aunque no sois de acero,
O por punzón ó lesna, es caso llano,
Que ambos en competencia os echen mano;
Mas vos, para sacarlos de la paja,
Jurastes de vainicas por aguja.
    Bien sé que apasionáis los corazones,
Pero es con las pasiones
De cuaresma y traspasos de la cara,

Aunque para ello os desnudéis en cueros;
Mas yo sé bien que quedan en la calle
Picados más de dos de vuestro talle.
　　Bien sé que apasionáis los corazones,
Porque dais más pasiones
Que tienen diez cuaresmas, con la cara:
Que amor hiere con vos como con jara;
Que si va por lo flaco, tenéis voto
De que sois más sutil que lo fué Scoto.
　　Y aunque estáis tan angosta, flaca mía,
Tan estrecha y tan fría,
Tan mondada y enjuta y tan delgada,
Tan roída, exprimida y destilada,
Estrechamente os amaré con brío;
Que es amor de raíz el amor mío.
　　Aun la sarna no os come con su gula,
Y sola tenéis bula
Para no sustentar cosas vivientes;
Por sólo ser de hueso tenéis dientes,
Y de acostarse ya en partes tan duras,
Vuestra alma diz que tiene mataduras.
　　Hijos somos de Adán en este suelo,
La Nada es nuestro abuelo,

　　Hiriendo Amor con vos como con jara;
Y agudo vuestro cuerpo, tiene voto
De ser aun más sutil que lo fué Scoto.
　　Miente vuestro galán de quien sois dama,
Si al confesar os llama
Su pecado de carne, si aun el veros
No pudo en carnes aun estando en cueros;
Pero hanme dicho que andan por la calle
Picados más de dos de vuestro talle.
　　Mas sepan que á mujer tan amolada,
Consumida, estrujada,
Débil, magra, sutil, buída, ligera,
Que ha menester, por no picar, contera,
Cualquiera que con fin malo la toque
Se condena á la plaga de san Roque.
　　Aun la sarna no os come con su gula,
Y sola tenéis bula
Para no sustentar alma viviente,
Ni aun á vos, con ser toda un puro diente;
Y ansí, del acostarse en guijas duras,
Dicen, vuestra alma tiene mataduras.
　　Hijos somos de Adán en este suelo:
La nada es vuestro abuelo,

Y salístesle vos tan parecida,
Que apenas fuistes algo en esta vida;
De ser sombra os defiende, no el donaire,
Sino la voz, y aqueso es cosa de aire.
    De los tres enemigos que hay del alma
Llevárades la palma,
Y con valor y pruebas excelentes
Los venciérades vos entre las gentes,
Si por dejar la carne de que hablo,
El mundo no os tuviera por el diablo.
    Díjome una mujer por cosa cierta
Que nunca vuestra puerta
Os pudo un punto dilatar la entrada,
Por causa de hallarla muy cerrada,
Pues por no deteneros aun llamando,
Por los resquicios os entráis volando.
    Con mujer tan aguda y amolada,
Consumida, estrujada,
Sutil, dura, buída, magra y fiera,
Que ha menester, por no picar, contera,
No me entremeto; que si llego al toque,
Conocerá de mí el señor san Roque.
    Con vos, cuando muráis tras tanta guerra,

Y salístesle vos tan parecida,
Que apenas algo sois en esta vida;
Voz en un güeco sois, que llaman eco;
Mas cosa de aire son la voz y el güeco.
    Bien pues, sin cuerpo casi, sois un alma,
Vuestra alma anda en la palma,
Pero los enemigos no sois della:
Que el mundo es grande, y es la carne bella;
Mas si el argumentillo mal no entablo,
Por espíritu solo sois el diablo.
    Hanme dicho también por cosa cierta
Que para vos no hay puerta,
Ni postigo cerrado, ni ventana,
Porque, como la luz de la mañana,
Siendo de noche más vuestros indicios,
Os entráis sin sentir por los resquicios.
    Pero, aunque, flaca mía, tan angosta
Estéis, y tan langosta,
Tan mondada y enjuta y tan delgada,
Tan roída, exprimida y anonada,
Que estrechamente os he de amar confío,
Siendo amor de raíz el amor mío.
    Mas, después desta vida y de su guerra,

Segura está la tierra
Que no sacará el vientre de mal año;
Y pues habéis de ir flaca en modo extraño,
Sisándole las ancas y la panza,
Os podrán enterrar en una lanza.
    Sólo os pido, por vuestro beneficio,
Que el día del juicio
Troquéis con otro muerto en las cavernas
Esas devanaderas y esas piernas;
Que si salís con huesos tan mondados,
Temo que haréis reir los condenados.
    Salvaros vos tras esto es cosa cierta,
Dama, después de muerta,
Y tiénenlo por cosa muy sabida
Los que ven cuán estrecha es vuestra vida;
Y así, que os vendrá al justo se sospecha
Camino tan angosto y cuenta estrecha.
    Canción, ved que es forzosa
Que os venga á vos muy ancha cualquier cosa;
Parad, pues es negocio averiguado
Que siempre quiebra por lo más delgado.

Que fuereis á la tierra,
Si algo queda de vos, será tamaño,
Que no saque su vientre de mal año:
Pues ¿qué ha de hacer con huésped tan enjuto,
Que le preparen tumba en un cañuto?
    Un consejo os daré, de amor indicio:
Que para el día del juicio
Troquéis con otro muerto en las cavernas
Desde la paletilla hasta las piernas,
Pues si devanadera os veo mondada,
No ha de haber condenado sin risada.
    Pero, aunque mofen los desnudos gonces,
Os salvaréis entonces:
Que no es posible el premio se os impida
Siendo acá tan estrecha vuestra vida,
Y que al justo os vendrá, de bulto exenta,
Camino angosto y apretada cuenta.
    Verdadera canción, cortad la hebra,
Que aquel refrán no os vale,
«La verdad adelgaza, mas no quiebra»;
Pues hay otro refrán, y es más probado:
Que «todo quiebra por lo más delgado.»

EPITAFIO Á CELESTINA

(En las *Flores de Poetas Ilustres.*)

10.   Yace en esta tierra fría,
Digna de toda crianza,
La vieja cuya alabanza
Tantas plumas merecía.
    No quiso en el cielo entrar
Á gozar de las estrellas,
Por no estar entre doncellas
Que no pudiese manchar.

LETRILLA

(En las *Flores de Poetas Ilustres.*)

Punto en boca.

11.   Las cuerdas de mi instrumento
Ya son en mis soledades
Locas en decir verdades,
Con voces de mi tormento:
Su lazo á mi cuello siento
Que me aflige y me importuna
Con los trastes de fortuna;
Mas pues su puente, si canto,
La hago puente de llanto
Que vierte mi pasión loca,
Punto en boca.
    Hemos venido á llegar
Á tiempo, que en damas claras
Son de solimán las caras (1),
Las almas de rejalgar:
Piénsanse ya remozar
Y volver al color nuevo,
Haciendo Jordán un huevo

---

(1)   *De las damas has de hallar,*
    Si bien en ello reparas,
    Ser de solimán las caras...
            (*El Parn. Esp.*, Musa V.)

Que les renueve los años;
Quiero callar desengaños,
Y pues á todas les toca (1),
Punto en boca.
   Dase al diablo, por no dar,
El avaro al pobre bajo (2),
Y hasta los días de trabajo
Los hace días de guardar,
Cautivo por ahorrar,
Pobre para sí en dinero,
Rico para su heredero,
Pues de miedo del ladrón
Á sí se hurta el bolsón,
Y cuando muere le invoca (3).
Punto en boca.
   Coche de grandeza brava
Trae con suma bizarría
El hombre que aun no lo oía
Sino cuando regoldaba.
Y el que solo estornudaba,
Ya á mil negros estornuda;
El tiempo todo lo muda;
Mujer casta es por mil modos
La que la hace con todos;
Mas pues á muchos les toca,
Punto en boca.

EPITAFIO Á UN AVARO

(En las *Flores de Poetas Ilustres.*)

12.   En aqueste enterramiento
   Humilde, pobre y mezquino,
   Yace envuelto en oro fino

(1) Que les *desmienta* los años;
     Mas la fe de los antaños
     Mal el afeite revoca.
(2) El avaro al *alto ó* bajo...
(3) *Si antes no para el* ladrón
     Que dió jaque á su bolsón
     Y ya perdido le invoca.

Un hombre rico avariento.
Murió con cien mil dolores,
Sin poderlo remediar,
Tan sólo por no gastar
Ni aun gasta malos humores (1).

Á LA MAR (2)

(En las *Flores de Poetas Ilustres.*)

13.   La voluntad de Dios por grillos tienes,
Y escrita en el arena ley te humilla,
Y, por besarla, llegas á la orilla,
Mar obediente, á fuerza de vaivenes.
En tu soberbia misma te detienes;
Que humilde eres bastante á resistilla;
Á ti misma tu cárcel maravilla,
Rica, por nuestro mal, de nuestros bienes.
¿Quién dió al pino y abeto (3) atrevimiento
De ocupar á los peces su morada,
Y al lino de estorbar el paso al viento?
Sin duda, el verte presa encarcelada,

(1) En la edición de 1605, por errata:

Ni aun *hasta* malos humores.

(2) En *El Parnaso*, Musa II:

La voluntad de Dios por grillos tienes
Y *ley de* arena *tu coraje* humilla,
Y por besarla llegas á la orilla,
Mar obediente, á fuerza de vaivenes.
Con tu soberbia *undosa* te detienes
En la humildad, bastante á resistilla;
Á tu saña tu cárcel maravilla,
Rica, por nuestro mal, de nuestros bienes.
¿Quién dió al *robre* y *al haya* atrevimiento
De nadar, selva errante deslizada,
Y al lino de *impedir* el paso al viento?
Codicia, más que el Ponto desfrenada,
Persuadió que en el mar el avariento
Fuese inventor de muerte no esperada.

(3) El Sr. Quirós de los Ríos, en la reciente edición hispalense de las *Flores* de Espinosa, enmendó arbitrariamente:

¿Quién dió al pino y *la haya* atrevimiento...

La codicia del oro macilento,
Ira de Dios al hombre encaminada.

Á UN CRISTIANO NUEVO,
JUNTO AL ALTAR DE SAN ANTONIO
(En las *Flores de Poetas Ilustres.*)

14.   Aquí yace mosén Diego,
A santo Antón tan vecino,
Que, huyendo de su cochino,
Vino á parar en su fuego.

A UNA VIEJA
QUE TRAÍA UNA MUERTE DE ORO
(En las *Flores de Poetas Ilustres.*)

15.   No sé á cuál crea de los dos,
Viéndoos, Ana, cual os veis:
Si vos la muerte traéis,
Ó si os trae la muerte á vos.
    Queredme la muerte dar,
Porque mis males remate,
Que en mí tiene hambre que mate
Y en vos no hay ya qué matar.

Á LA PRIMERA NAVE DEL MUNDO
(En las *Flores de Poetas Ilustres.*)

16.   Mi madre tuve entre ásperas montañas (1);
Si inútil con la edad soy seco leño,
Mi sombra fué regalo á más de un sueño,
Supliendo al jornalero sus cabañas (2).

---

(1)   Mi madre tuve *en* ásperas montañas...
                  (*El Parn. Esp.*, Musa III.)
(2)   Supliendo al jornalero *las* cabañas.

Del viento desprecié sonoras sañas,
Y al encogido invierno el cano ceño (1),
Hasta que á la segur villano dueño
Dió licencia de herirme las entrañas.

Al mar di remos y á la patria fría
De los granizos velas; fuí el primero
Que acompañó del hombre la osadía (2).

¡Oh amigo caminante! ¡oh pasajero!
Díle blandas palabras este día
Al polvo de Jasón mi marinero!

SONETO (3)

(En las *Flores de Poetas Ilustres.*)

17. Escondida debajo de tu armada
Gime la mar, la vela llama al viento
Y á las lunas del Turco el firmamento
Eclipse les promete en tu jornada.

Quiere en las venas del Inglés tu espada
Matar la sed al Español sediento,
Y en tus armas el sol desde su asiento
Mira su lumbre en rayos aumentada.

Por ventura la tierra, de envidiosa,
Contra ti arma ejércitos triunfantes,

---

(1) Y al encogido invierno cano seno

(2)   Al mar di remos; á la patria fría
De los granizos, *vela;* fuí *ligero*
Tránsito á la soberbia y osadía.

(3) En *El Parnaso*, Musa I:

Escondido debajo de tu armada,
Gime *el Ponto*, la vela llama al viento,
Y á las lunas *de Tracia con sangriento*
Eclipse *ya rubrica* tu jornada.
En las venas *sajónicas* tu espada
El acero calienta y, macilento,
Te atiende el belga, habitador violento
De poca tierra, al mar y á ti robada.
Pues tus vasallos son el Etna ardiente
Y todos los incendios que á Vulcano
Hacen el metal rígido obediente,
Arma de rayos la invisible mano:
Caiga roto y deshecho el insolente
Belga, el Francés, el Sueco y el Germano.

En sus monstruos soberbios, poderosa:
Que viendo armar de rayos fulminantes
¡Oh Júpiter! tu diestra valerosa,
Pienso que han vuelto al mundo los Gigantes.

SONETO

(En las *Flores de Poetas Ilustres.*)

18.   Sólo en ti, Lesbia, vemos que ha perdido (1)
El adulterio la vergüenza al cielo,
Pues que tan claramente y tan sin velo
Has los hidalgos huesos ofendido (2).
   Por Dios, por ti, por mí, por tu marido,
Que no sepa tu infamia todo el suelo (3);
Cierra la puerta, vive con recelo;
Que el pecado nació para escondido (4).
   No digo yo que dejes tus amigos;
Mas digo que no es bien que sean notados (5)
De los pocos que son tus enemigos.
   Mira que tus vecinos, afrentados,
Dicen que te deleitan los testigos
De tus pecados más que tus pecados.

EPITAFIO Á UN MÉDICO

(En las *Flores de Poetas Ilustres.*)

19.   Yacen de un home en esta piedra dura
El cuerpo yermo y las cenizas frías;
Médico fué, cuchillo de natura,
Causa de todas las riquezas mías,
Y agora cierro en honda sepultura
Los miembros que rigió por largos días,

---

(1)   *Sola* en ti, Lesbia, vemos ha perdido...
                  (El Parn. Esp., Musa II.)

(2)   Pues *licenciosa, libre* y tan sin velo,
      Ofendes la paciencia del sufrido.

(4)   *No sirvas á su ausencia de libelo...*

(3)   Que el pecado *se precia de* escondido.

(5)   Mas digo que no es bien *estén* notados...

Y, aun con ser Muerte yo, no se la diera,
Si dél para matarle no aprendiera.

SONETO

(En las *Flores de Poetas Ilustres.*)

20. Llegó á los pies de Cristo Madalena,
De todo su vivir arrepentida,
Y viéndole á la mesa, enternecida,
Lágrimas derramó en copiosa vena.
    Soltó del oro crespo la melena
Con orden natural entretejida,
Y, deseosa de alcanzar la Vida,
Con lágrimas bañó su faz serena.
    Con un vaso de ungüento los sagrados
Pies de Jesús ungió, y Él, diligente,
La perdonó, por paga, sus pecados.
    Y, pues aqueste ejemplo veis presente,
¡Albricias, boticarios desdichados;
Que hoy da la Gloria Cristo por ungüente!

EPITAFIO Á UNA SEÑORA
EN SU SEPULCRO
(En *Las tres Musas últimas castellanas.*)

21. Aqueste es el poniente y el nublado
Donde el tiempo, Nerón, tiene escondido
El claro sol que en su carrera ha sido
Por el divino Josué parado.
    Estos leones, cuyo aspecto airado
Se muestra (1) por su dueño enternecido,
Á una águila real guardan el nido
De un cordero en el templo venerado.
    Éstas las urnas son en piedra dura
De las cenizas donde nace al vuelo
La fénix Catalina, hermosa y pura.
    Aquéstos son los siete pies del suelo

---

(1) En la edición príncipe de *Las tres Musas últimas* (1670), *muestran*, por errata.

Que al mundo miden la mayor altura,
Marca que á vuestras glorias pone el Cielo.

OTRO EPITAFIO Á LA MISMA SEÑORA

(En *Las tres Musas últimas castellanas.*)

22.　Yace debajo desta piedra fría
La que la vuelve, de piedad, en cera,
Cuya belleza fué de tal manera,
Que respetada de la edad vivía.
　　Aquí yace el valor y gallardía,
En quien hermosa fué la muerte fiera,
Y los despojos, y la gloria entera,
En quien más se mostró su tiranía.
　　Yace quien tuvo imperio en ser prudente
Sobre la rueda de Fortuna avara,
La nobleza mayor que mármol cierra.
　　Que el cielo, que soberbia no consiente,
Castigó en derribar cosa tan rara,
La que de hacerla tal tomó la tierra.

EL PÉSAME Á SU MARIDO

(En *Las tres Musas últimas castellanas.*)

23.　La que de vuestros ojos lumbre ha sido
Convierta en agua el sentimiento agora,
Ilustre Duque, cuyo llanto llora
Todo mortal que goza de sentido.
　　Vuestra paloma huyó de vuestro nido,
Y ya le hace en brazos del Aurora;
Estrellas pisa, estrellas enamora
Del nuevo Sol con el galán vestido.
　　Llorad, que está en llorar vuestro consuelo;
No cesen los suspiros que, por ella,
Con sacrificios acompaña el suelo.
　　Llorad, señor, hasta tornar á vella,
Y ansí, pues la llevó de envidia el cielo,
Le obligaréis de lástima á volvella.

¿1604?
CELEBRA LA PUREZA DE UNA DAMA VINOSA
CANCIÓN

(En la Musa VI de *El Parnaso Español.*)

24.   Óyeme riguroso,
Ya que no me escuchaste enternecido;
No cierres el oído,
Como al conjuro el áspid ponzoñoso:
Ablanda esa, pues, ya condición dura
Á mi verdad, siquiera por ser pura.
    Lo que por ti he llorado
Sordas piedras moviera y duros bronces;
Sacara de sus gonces
El palacio de estrellas coronado:
Y á ti no mueve de mi llanto el río,
No sé si por ser agua, ó por ser mío.
    Mas ya que á mis pasiones
Ceden, en fin, mi enojo y mi cuidado,
Oye de un desdichado
Las revueltas en lágrimas razones;
Aunque dicen que yerro en escribirlas,
Pues de tenerlas gustas más que oirlas.
    Con mi tormento lucho,
Mas de ignorancia tengo el alma llena,
Pues á ti, mi sirena,
Siempre confieso yo que sabes mucho,
Si el que toma la zorra y la desuella,
Canta el refrán, que ha de saber más que ella.
    Mejora, pues, mi suerte,
Siquiera por poder asegurarte
Que has, cierto, de gozarte,
Pues no en agraz te llevará la muerte;
Que tan devota siendo de las cubas,
Ya no podrá llevarte sino en uvas.
    Dichosos tus galanes,
Aunque de amor por ti penando mueran;
Que, si piedad no esperan,
Un no pequeño alivio á sus afanes

T. II.   4

No han de negar que gozan placenteros,
Pues te ven la mitad del año en cueros.
　Si á San Martín (1) pidieras
Caridad, cual su pobre fué afligido,
De todo su vestido
Bien sé yo para mí que tú escogieras,
Aunque tus proprias carnes vieras rotas,
No la capa partida, mas las botas.
　Y aun el cuero intentaras
Quitar al santo, y no un pelo á su ropa,
Porque en galas no topa
Tu codicia, aunque en cueros te quedaras;
Pues que en Bartolomé tienes ya talle
De convertille, á puro desollalle.
　Pero yo, en mis placeres,
Tu amante, pretendí tu compañía,
Porque sé que este día
Eres tú sola, en todas las mujeres
Que entretienen lascivos pensamientos,
La que aun aguar no sabe los contentos.
　Permite, pues, yo sea
El olmo de esa vid, y que con lazos,
Dándote mil abrazos,
Tejida en laberintos mil te vea;
Que en lo que toca á besos, comedido,
Menos de los que das al jarro, pido.
　Tan linda te hizo el cielo,
Que, porque no murieses cual Narciso,
Con providencia quiso
Darte en el agua tanto desconsuelo;
Aunque el morir no fuera el verte bella,
Sino el dolor de haberte visto en ella.
　Porque la agua los quita,
Huyes de los pecados veniales;
Y también de los males,
Por no andar entre Cruz y agua bendita;
Y los diablos tendrás junto á ti quedos,
Por no hacer el asperges con los dedos.
　Pero si tú adoleces,

----

(1)　Alude también al lugar famoso por el vino. (Nota de la primera edición de *El Parnaso*. 1648.)

Ya saben que el humor, de donde empieza,
Aunque esté en la cabeza,
Es de entre cuero y carne las más veces,
Y del que tu favor haya alcanzado,
De cuero y no de carne es el pecado.
  Si el cielo ves ceñudo
Y de nubes echado el papahigo,
No el rigor enemigo
Del rayo amedrentarte jamás pudo,
Ni contra ti recelas que se fragua,
Y tiemblas, sólo, que te toque el agua.
  Canción, detente un poco,
Mientras, juntando á un ramo de taberna
El que tengo de loco,
Para aquella te doy tan dura y tierna
Que, ya alegre y ya triste, se apasiona,
Con pámpanos tejida una corona.

DESCRIBE LOS TREBEJOS DE UNA FAMILIA
DE QUIEN SE HALLABA MALEFICIADO
(En la Musa VI de *El Parnaso Español.*)

25.   Marica, yo confieso
Que, por tenerte amor, no tuve seso.
Pensé que eras honrada,
Mas no hay verdad que tanto sea probada.
De entradas diste en ser entremetida,
Y salístete, al fin, con ser salida.
¡Válgate, y quién pensara
Que hicieras tal barato de tal cara!
  La boquita pequeña,
Que á todos huele mal por pedigüeña,
Y los dientes pulidos,
Que comerán cuando aun estén comidos,
Sin dulces más y más, echarán menos
Mis versos dulces de mentiras llenos;
Pues en muchas canciones
Perlas netas llamé sus neguijones.
  Si alguna liendre hallaba
En tus cabellos, alma la llamaba

De las que andan en penas,
Haciendo purgatorio tus melenas.
Á tu cara fingí del sol compuesta,
Por lo que el solimán del sol la presta,
Y á tus labios, de grana,
Siendo, como se ven, de carne humana.
    Mas lo que admiro en esto
Es ver que tengas ojos en el gesto,
Pues sé de tus antojos
Que se te van tras cada real los ojos,
Sin saber despreciar moneda alguna;
Que antes crecen por cuartos, como luna.
¡Triste de tu velado,
Que, entre tanto doblón, se ve cornado!
    Mas lo que más me aqueja
Memorias son de aquella santa vieja
Cuya casa pudiera
Ser, por sus muchas trampas, ratonera;
Cuyos consejos son, sin faltar uno,
Todos de Hacienda, de Órdenes ninguno.
Pelóme; mas, en suma,
Para su fama me dejó una pluma.
    Y ¿quién tendrá lenguaje
Para decir de aquel bendito paje
Los dichos, y los hechos
De aquel criado tuyo, y á tus pechos,
De aquel tu corredor, que, si otra fueras,
De que ése te corriera te corrieras?
Mas está disculpado:
Que él solo es proprio mozo de recado.
    Algo creí en la treta
Del hacerte creer que eres discreta;
Pero después de darte entendimiento,
Atisbabas mi argento;
Mas si el cultiparlar se te conceda
Quieres, no has de mentar á la moneda;
Que mi bolsa estremeces
Cuando, de tu vendimia, está en las heces.

1604

Á SAN ESTEBAN CUANDO LE APEDREARON

(Citado en la *Eloquencia Española*, de Jiménez Patón, 1604,
y publicado en *Las tres Musas últimas castellanas*.)

26.   De los tiranos hace jornaleros
El Dios que de su Cruz hizo bandera,
En los gloriosos mártires que espera
Para vestir sus llagas de luceros.

    ¿Ves los que sobre Esteban llueven fieros
Piedras, porque cubierto de ellas muera?
Pues trilladores son de aquella era
Que colma á Dios de fruto los graneros.

    Cuando con piedras acabar quisieron
Á Cristo, las negó ser instrumento
De su muerte, y en ella lo sintieron.

    Premia en Esteban hoy su sentimiento,
Pues las da por la muerte que le dieron,
Para reliquias del blasón cruento.

AL PASARSE LA CORTE Á VALLADOLID [1]

ROMANCE BURLESCO

(En la *Segunda parte del Romancero General y Flor de diversa poesía*,
recopilados por Miguel de Madrigal. Valladolid, 1605.)

27.   De Valladolid la rica,
De arrepentidos de verla [2],
La más sonada del mundo
Por romadizos que engendra;

    De aquellas riberas calvas
Adonde corre Pisuerga
Entre frisones nogales [3],
Por éticas alamedas;

---

(1) Este título, que está tomado de *Las tres Musas últimas castella-
nas* y falta en el *Romancero* de Madrigal, es inexacto, pues del contexto
mismo del romance se infiere que no fué escrito al trasladarse la corte á
Valladolid, sino tres años después.

(2) En *Las tres Musas últimas castellanas*:

      Arrepentido de verla...

(3) Entre *langarutas plantas...*

De aquellas buenas salidas,
Que, por salir de él, son buenas,
Do, á ser búcaros (1) los barros,
Fuera sin fin la riqueza;
    De aquel que es agora Prado
De la santa Madalena,
Pudiendo ser su desierto (2),
Cuando hizo penitencia,
    Alegre, madre dichosa,
Llego á besar tus arenas,
Arrojado de la mar
Y de sus olas soberbias.
    Traigo arrastrando los grillos,
Á colgarlos en tus puertas,
Donde sirvan de escarmiento
Á los demás que navegan.
    Tres años há que no miro
Estos valles ni estas cuestas,
Enterneciendo con llanto
Otros montes y otras peñas.
    Tocas se ha puesto mi alma,
Viuda de aquestas riberas (3),
Y mi ventura mulata
Se ha puesto del todo negra (4).
    Mas, después que vi tus prados
Con verde felpa de yerbas,
Y vi tus campos con flores,
Y tus mujeres sin ellas;
    Y después que á Manzanares
Vi correr por tus arenas (5),
Y que aun murmurar no osa
Por ver que castigan lenguas;
    Considerada tu puente,

---

(1) En el *Romancero* de Madrigal dice *búcares;* lo cual puede ser
errata, pero puede ser también un juego con las palabras *búcares* y *Fúca-*
res (banqueros muy opulentos).

(2) En *Las tres Musas:*

            Que podía ser desierto...

    (3) Viuda de *estas* riberas...

    (4) Se ha *vuelto* del todo negra.

    (5) Vi correr por *sus* arenas...

Cuyos ojos claro muestran (1)
Que aun no les basta su río
Para llorar esta ausencia;
    Después que miré tus aves,
Puestas en ramas diversas,
Alegrar, como truhanes,
Con música tu tristeza;
    Vista la Casa del Campo,
Donde es tan buena la tierra,
Que, aun sin tener esperanzas (2),
Produce verdes las yerbas;
    Consideradas las fuentes
Que el hermoso Prado riegan (3),
Y, por no salirse de él,
Se entretienen con mil vueltas;
    Vistos los álamos altos,
Que, celosos de sus yerbas,
Estorban al sol la vista,
Juntándose las cabezas;
    Bien paseadas tus calles,
Donde no han quedado piedras:
Que la lástima de verse
Las ha convertido en cera;
    Mirados los edificios
En cuya suma belleza
Tuvo fianzas el mundo
De hacer su máquina eterna;
    Consideradas las torres
Que adornaban tu presencia,
Que han parecido de viento,
Siendo de mármoles hechas;
    Y, después de haber mirado
Cómo en todas tus iglesias
Siempre de la Soledad
Halla imagen el que reza;
    Visto el insigne Palacio,
Cuya majestad inmensa
Al tiempo le prometía

---

(1) Cuyos ojos *claros* muestran...
(2) Que, aun sin tener *esperansa*...
(3) Que el *umbroso* Prado riegan...

Por excepción de sus reglas;
　Miradas de tu Armería
Las armas de tu defensa,
Hechas á prueba de golpes,
Mas no de fortuna á prueba;
　Después de consideradas
Del Pardo insigne las fieras,
Que hacen ventaja á los hombres
En no dejar sus cavernas,
　Tantas lágrimas derramo,
Que temo, si más se aumentan,
Que ha de acabar con diluvio
Lo que la fortuna empieza.
　Enmedio me vi de ti,
Y no te hallaba á ti mesma (1),
Jerusalén asolada,
Troya por el suelo puesta,
　Babilonia destruida
Por confusión de las lenguas,
Levantada por humilde,
Derribada por soberbia. .
　Eres lástima del mundo,
Desengaño de grandezas,
Cadáver sin alma frío,
Sombra fugitiva y negra,
　Aviso de presunciones,
Amenaza de soberbias,
Desconfianza de humanos,
Eco de tus mismas quejas.
　Si algo pudieren mis versos,
Puedes estar, Madrid, cierta
Que has de vivir en mis plumas,
Ya que en las del tiempo mueras.

---

(1) Y *aun* no te hallaba á ti mesma...

LETRILLA BURLESCA
(En *Las tres Musas últimas castellanas.*)

Después que me vi en Madrid,
Yo os diré lo que vi.

28.   Vi una alameda excelente;
Que á Madrid el tiempo airado
De sus bienes le ha dejado
Las raíces solamente;
Vi los ojos de una puente,
Ciegos á puro llorar;
Los pájaros vi cantar;
Las gentes llorar oí.
Yo os diré lo que vi.

Médicos vi en el lugar,
Que sus desdichas rematan,
Y la hambre no la matan
Por no haber ya que matar;
Vi á los barberos jurar
Que en sus casas, en seis días,
Por sobrar tantas vacías,
No entraba maravedí.
Yo os diré lo que vi.

Vi de pobres tal enjambre,
Y una hambre tan cruel,
Que la propia sarna en él
Se está muriendo de hambre;
Vi, por conservar la estambre,
Pedir hidalgos honrados
Al reloj cuartos prestados,
Y aun quizá yo los pedí.
Yo os diré lo que vi.

Vi mil fuentes celebradas,
Que son, aunque agua les sobre,
Fuentes en cuerpo de pobre:
Que dan lástima miradas;
Vi muchas puertas cerradas
Y un pueblo echado por puertas;
De sed vi lámparas muertas
En los templos que corrí.
Yo os diré lo que vi.

Vi un lugar á quien su norte
Arrojó de las estrellas,
Que, aunque agora está con mellas,
Yo le conocí con corte.
No hay quien sus males soporte,
Pues por no le ver su río,
Huyendo corre con brío
Y es arroyo baladí.
Yo os diré lo que vi
Después que me vi en Madrid.

1605

ROMANCE [1]

(En la *Segunda parte del Romancero general y Flor de diversa poesía*,
de Miguel de Madrigal. 1605.)

29.   Diéronme ayer la minuta,
Señora doña Teresa,
De las cosas que me manda
Traer para cuando venga [2].
   ¡No está mala la memoria!
Y así yo la deje buena
Cuando desta vida vaya [3],
Que no la he de tener de ella.
   Si su voluntad á todos
Esta memoria les cuesta,
Es falta de entendimiento
En no tenerla por fea [4].
   Son sus ternezas con uñas,
Como el sol de aquesta tierra,
Pues se me muestra amorosa
Con fondos en pedigüeña.
   ¡Yo tengo muy buen despacho!
¡Mi suerte ha sido muy buena,

---

(1) En *El Parnaso Español*, 1648 (Musa VI), lleva este título, que
seguramente no es de Quevedo, sino del colector: *Responde con equivoca-
ción á las partidas de un inventario de peticiones.*

(2) Anotamos las variantes de *El Parnaso Español:*

Traer para cuando *vuelva.*

(3) Cuando *deste mundo* vaya...

(4) *El no parecerles* fea.

Topando agora demanda (1) ·
Donde buscaba respuesta!
  Pues son tantas las partidas (2)
Que en su billete se encierran,
Que, teniendo siete el mundo,
Tiene su papel setenta.
  Pídeme unas zapatillas,
Y en esto anduvo muy cuerda (3);
Que, por ser hombre que esgrimo,
Las tengo en espadas negras;
  Mas la cantidad de paño
Que para arroparse espera,
Podréla dar de mi cara,
Mas no de Segovia ó Cuenca.
  No hay tela para enviarla;
No hay sino vestirse apriesa
De la que mantiene á todos,
Pues también se llama tela (4).
  Fué yerro pedirme raso
En Valladolid la bella,
Donde aun el cielo no alcanza
Un vestido desta seda.
  Traeré, sin duda ninguna,
Las sayas de primavera (5),
Cortadas el mes de abril,
De los troncos de estas sierras (6).
  Pediré, para enviarla
Las tres vueltas de cadena,
Los eslabones á un preso,
Y á algún gitano las vueltas.
  En lo que toca á los brincos,
No serán de plata ó perlas;
Mas procuraré enviarlos,
Aunque de una danza sean.
  El regalillo de martas

(1) *Pues vengo á topar* demanda...
(2) *Y* son tantas las partidas...
(3) Y en *eso* anduvo *discreta...*
(4) *Que* también se llama tela.
(5) *Enviaré*, sin duda *alguna*,
     Las *varas* de Primavera,
(6) De *las faldas* de estas sierras.

Que pide con tantas veras,
Como Lázaro su hermano, ·
Le enviaré de Madalenas.

La partida de descansos (1)
Será una cosa muy cierta,
Si hubiere algún portador,
Que los traiga de escalera (2).

En cuanto á lo de los barros,
No sé de cuáles le ofrezca:
Si los que tengo en la cara (3),
Ó los que hará cuando llueva.

La cantidad de bocados
No sé quien llevarlos pueda,
Si no es enviando un alano
Que se los saque por fuerza (4).

No pongo, por no cansarme,
Las arracadas y medias,
Los tocados y los dijes
Que pide con desvergüenza.

Dejo que para los gastos (5)
De tan endiablada cuenta
Recebí dos miraduras
De noche por una reja (6);

Dos sortijas que en la mano
Me mostró, yéndose fuera,
Y un guante que perdió adrede,
De puro viejo, en la iglesia;

Siete dientes, que me quiso
Hacer creer que eran perlas,
Y unos cabellos, de oro
Por la gracia de un poeta (7).

Tengo gastado hasta ahora,

---

(1) *Pero en cuanto á los* descansos...
(2) Que los *lleve* de escalera.
(3) *En los barros, quedo en duda*
De cuáles *se los* ofrezca:
De los que tengo en la cara...
(4) Que se los saque *con* fuerza.
(5) *Y dejo que para* gastos...
(6) *Dos noches* por una reja;
(7) Y *ciertos* cabellos de oro,
Por la *virtud* de un poeta.

En descuento de esta cuenta,
El sufrimiento en desdenes (1)
Y en agravios la paciencia;
Mucho tiempo en esperar
Y muchas noches en vela;
Todo mi juicio en concetos (2),
En coplas toda mi vena.
Si con aqueste descargo
Debiere yo alguna resta,
De lo que fuere, prometo
Que compraré aquestas prendas (3);
Pero si saliere en paz,
Déjese de impertinencias,
Y no pida que la traiga
El que quisiere que vuelva (4).
Bien sé que es alta señora
Si se sube en una cuesta,
Y tan grave como todas,
Cargada de plomo y piedras;
Que tiene buen parecer,
Por lo letrado y lo vieja,
Y que es de sangre tan clara (5),
Que jamás ha sido yema;
Y aun, apesar de bellacos,
Yo confieso que es tan cuerda (6),
Que á cualquier buen instrumento
Puede servir de tercera.
También conozco que soy
Indigno de tal alteza,
Y un hombre hecho de polvo (7),
Que se ha de volver en tierra.

(1)   *En* sufrimiento, en desdenes...
(2)   *Alguna noche en candil*
       Y *más de catorce* en vela,
       Todo mi juicio en *locuras...*
(3)   Que compraré *su receta.*
(4)   Y no pida que la traiga:
       El que quisiere que vuelva.
(5)   Por lo *letrada* y lo vieja,
       Y que es *tan clara mujer...*
(6)   *Confesaré* que es tan cuerda...
(7)   Y un hombre hecho de *tal pasta...*

Aunque, si acaso es amiga
De títulos, por grandeza,
Los de grados y corona
Tengo sellados con cera (1).
Pues para ser señoría,
No me falta sino renta:
Por tener dos en un mapa (2),
Que son Génova y Venecia.
Si el ser señor de lugares
Es cosa que da grandeza (3),
Mi estado es pueblos en Francia,
Cosa de muy grande renta.
Y á ser tan grandes mis deudos
Como son grandes mis deudas,
Delante del Rey, sin duda,
Cubrirse muy bien pudieran.
Mas si es lisiada por cruces (4),
Para tenerla más cierta,
Me meteré á cimenterio,
Por andar cargado de ellas.
Hábito tuvo mi padre,
Y con él murió mi abuela,
Y hábito tengo yo hecho
Á no decir cosa buena.
No soy encomendador;
Pero, si hablamos de veras,
Más tengo, en sola su carta,
De decinueve encomiendas (5).

(1)   En la lección de *El Parnaso*, aquí entran, y no después, los cua-
tro versos que comienzan:

Mas si es lisiada por cruces...

(2)   *Me falta sólo la* renta,
Pues tengo dos en un mapa...

(3)   Es cosa que *la granjea*....

(4)   En el *Romancero* de Madrigal (1605) dice, en vez de *cruces, cor-
tes*, pero parece errata evidente.

(5)   En *El Parnaso* está alterado de la manera siguiente el orden de
los veinte versos que anteceden, y reducidos á dieciséis, por la inserción an-
terior de cuatro de ellos:

Hábito tuvo mi padre,
Y con él murió mi abuela,
Y hábito tengo yo hecho
Á *nunca hacer* cosa buena.

Pues lo de ser caballero
No sé cómo me lo niega,
Viendo que hablo despacio (1)
Y que hago mala letra;
  Ellos, al fin, son achaques,
Y tretas contra moneda;
Que no puede querer bien
Mujer que quiere á cualquiera (2).
  Y aunque la parezco pobre,
Tengo razonable hacienda:
Un castillo en un ochavo
Y una fuente en una pierna;
  Tengo un monte en un Calvario
Y en una estampa una sierra,
Y de mil torres de viento
Es señora mi cabeza;
  Y, además de aquesto, gozo
Un campo y una ribera,
En el romance que dice:
Ribera agostada y seca.
  Soy señor de mucha caza
En el jubón y las medias,
Y, en ser dueño de mí mismo,
Lo soy de muy buena pesca;
  Y, tras todo aquesto, tengo
Voluntad tan avarienta,
Que sólo la daré al diablo,
Y harto será que la quiera.

No soy encomendador,
Pero, si hablamos de veras,
Más tengo, en sola su carta,
De diecinueve encomiendas.
  Y, á ser tan grandes mis deudos
Como son grandes mis deudas,
Delante del Rey, sin duda,
Cubrirse muy bien pudieran.
  Si el ser señor de lugares
Es cosa que *la granjea*,
Mi estado es pueblos *de* Francia,
Que rinde grande moneda.

(1) *Sabiendo* que hablo *de espacio*...

(2) Hasta aquí el texto de Madrigal, cuyos últimos cuatro versos faltan en *El Parnaso*, donde acaba el romance con los veinte restantes, de seguro añadidos por Quevedo después de 1605.

SÁTIRA Á LA SARNA

(En la *Segunda parte del Romancero general y Flor de diversa poesía,*
de Miguel de Madrigal 1605.)

30.   Ya que descansan las uñas
De aquel veloz movimiento
Con que á ti, dulce enemiga,
Regalaron y sirvieron,
    Escriba un poco la pluma
Que tanto escarbó aquel tiempo
En que, de gorda y lozana,
Reventaste en el pellejo.
    No quiera Dios que yo olvide
Á quien me dió ratos buenos;
Que de desagradecidos
Dicen se puebla el Infierno.
    Quiero, deleitosa sarna,
Cantar tu valor inmenso,
Si pudieren alcanzar
Tanto el arte y el ingenio.
    Que si algún necio dijere
Te reverencio por míedo (1),
Como aquel que á la cuartana
Hizo altar y labró templo,
    Tú responderás por mí (2)
Y dirás que no te temo:
Que soy fuerte, como España,
Por la falta del sustento.
    Y que hay tan poco en mi casa,
Que saliste della huyendo,
Por no hallar en qué ocupar
Tus insaciables alientos.
    Oigan tus apasionados,

---

(1) En el *Romancero* de Madrigal dice:

    Te reverencio *de nuevo.*

Pero hemos preferido la enmienda feliz y necesaria «*por miedo*», tal como
está en *Las tres Musas últimas castellanas* (1670).

(2) En *Las tres Musas:*

    Le responderás por mí...

Porque den gracias al Cielo,
Que tantas quiso juntar
En ti su apacible dueño (1).

Y tú, que todo lo rindes
Y á nadie guardas respeto,
Contra quien no hay casa fuerte,
Ni cerrado monasterio;

Á quien rinden vasallaje
Pobres, ricos, mozos, viejos,
Papas, reyes, cardenales,
Oficiales y hombres buenos,

Del calor que les infundes
Envía un rayo, y sea de lejos,
Porque, de lejos que venga,
Bastará á dejarme ardiendo.

Diré de tus muchas partes
Las pocas que comprehendo,
Y, pues todo es empezar,
En tu servicio comienzo.

Cuando me nieguen algunas,
No podrán negarme, al menos,
Que eres de sangre de reyes,
Y aun ellos te pagan pecho.

No naciste de pastores
Entre lanudos pellejos,
Ni de pecheros villanos (2)
En pobres y humildes techos,

Sino en camas regaladas,
Entre delicados lienzos (3),
Do el regalo y la abundancia,
Tu padre y madre, vivieron.

De que con reyes casaste
Testimonio hay verdadero,

---

(1) Así en *Las tres Musas:*

> Que *tanta grandeza junta*
> En *este* apacible dueño.

(2) En *Las tres Musas:*

> Ni de *pedreros* villanos...

(3) En el *Romancero* de Madrigal:

> Entre *regalado lienzo*...

Pero es preferible la lección de 1670.

Contra quien no hay que alegar (1)
El antiguo privilegio.
De que adonde estás te den,
Como á su reina, aposento,
Y no sólo media casa (2),
Sino la mitad del cuerpo.
Y aunque eres mal recibida,
Si te ves una vez dentro,
No aciertan á despedirte (3):
Tal es tu buen tratamiento.
¿Quién no teme un año caro,
Sino tú, que á un mesmo precio
Comes en cualquier lugar,
En año abundante y seco (4)?
Si el de benigno en un rey
Es el más noble epiteto,
¿Quién da al mundo, como tú,
Beninos de ciento en ciento?
Si el bien, dicen que ha de ser
Deleitable, útil y honesto,
¿En quién como en ti se junta
Todo, ni con tanto extremo? (5)
Que deleitas, es muy llano;
Que eres útil, es muy cierto;
Pues á quien te tiene excusas
Mil achaques y mil duelos.
¿Quién da, cual tú, honestidad
Aun á los más deshonestos,
Haciendo que no descubran
Aun las puntas de los dedos?
Si ha de ser comunicable,
¿Qué cosa hay en este suelo

(1) En Madrigal:

Contra quien no hay que *argüiros...*

Pero también aquí parece más correcta la lección de 1670, tomada probablemente del autógrafo de Quevedo.

(2) En *Las tres Musas:*

Y no sólo media *cama...*

(3) No aciertan á *despedirse:*

(4) Estos cuatro versos faltan en el *Romancero* de Madrigal.

(5) Todo *bien* con tanto extremo?

Que se comunique más
Y se ensoberbezca menos?
　El hombre, que entre animales
Es el más noble y perfecto,
¿Tuviera superfluidad,
Á no estar tú de por medio?
　Pues cuando naturaleza,
Que nada crió imperfecto,
Les dió para defenderse
Uñas, conchas, picos, cuernos (1),
　Al hombre, á quien dió por armas
La razón y entendimiento,
Aunque después la malicia
Le dió acero, plomo y hierro,
　En vano le hubiera dado
Las uñas, si demás de esto
No le diera que rascar (2)
Y tuviera algo superfluo.
　Tú veniste á remediarlo,
Y viendo que contra el yelo
Nace sin defensa alguna
De plumas, conchas y pelos,
　Tú te cobijas de escamas (3),
Con que en mitad del invierno
Se contraponga y resista
Al más caluroso cierzo (4).
　Tú das á los holgazanes
Sabroso entretenimiento,
Y apacibles alboradas
Á los que coges despiertos.
　¿Quién jamás corrió parejas
Con el hijuelo de Venus
Sino tú, que eres su igual,
Y aun que le excedes sospecho?
　Que si él va en cueros ó en carnes
Por uno y otro hemisferio,
Tú corres éste y aquél,

(1) Uñas, *pies, conchas y* cuernos...
(2) No *tuviera* que rascar...
(3) Tú *le cubrirás* de escamas...
(4) Al más *escabroso* cierzo.

Y andas entre carne y cuero.
    Eres, cual él, dulce llaga (1),
Eres gustoso veneno,
Eres un fuego escondido,
Eres aguado contento.
    Eres congoja apacible,
Sabroso desabrimiento,
Eres alegre dolor,
Eres gozoso tormento (2).
    Enfermedad regalada,
Pena sufrible, mal bueno,
Que le aumenta y hace más
Lo que parece remedio.
    Eres enferma salud,
Eres descanso inquïeto,
Eres daño provechoso,
Eres dañoso provecho.
    Eres, en fin, un retrato
De amor y de sus efectos,
Do tan presto como el gusto
Llega el arrepentimiento.
    Biennacida, noble, ilustre,
Reina, huésped de aposento,
Privilegiada señora,
Igualadora de precios.
    Bien útil y deleitable,
Comunicable y honesto,
Suplefaltas de natura,
Retrato del dios flechero.
    Dulce, gustosa, escondida,
Regalo, alegría, contento,
Apacible, regalada,
Salud, descanso, provecho.
    Otro más sabio te alabe;
Que ya he dicho lo que siento,
Aunque de ti es lo mejor
Decir más y sentir menos.

(1) Eres cual *la* dulce llaga...
(2) Eres *quejoso* tormento.

ENDECHAS [1]

(En la *Segunda parte del Romancero general y Flor de diversa poesía*,
de Miguel de Madrigal. 1605.)

31.   Estaba Amarilis,
Pastora discreta,
Guardando ganado
De su hermana Aleja [2],
    Sentada á la sombra
De una parda peña,
Haciendo guirnaldas
Para su cabeza.
    Cortaba las flores
Que topaba cerca;
Veníanse á sus manos
Las que estaban lejas [3];
    Las que se ceñía
Siempre estaban frescas;
Mas las que dejaba,
De envidiosas, secas [4].
    El aire jugaba
Con sus rubias trenzas,
Por mostrar al cielo
Soles en la tierra.
    Cantábale el río
Con voz tan serena
Como enamorado
Que su dama alegra [5].

---

(1) Este romancillo fué reproducido en las *Maravillas del Parnaso*,
que recopiló Jorge Pinto de Morales (Lisboa, 1637, y Barcelona, 1640) y
en *Las tres últimas Musas castellanas* (Madrid, 1670), Musa VII. Anota-
mos las variantes de ambas colecciones, señalándolas respectivamente con
una *M* y una *T*.

(2) Guardando *ganados*
    Al pie de una sierra.—M.

(3) Que *hallaba más* cerca;
    Ibanse á sus manos
    Las que *lejos eran.*—M.

(4) *Y las que dejaba*
    De *envidia se secan.*—M.

(5) Estos cuatro versos faltan en la antología de Pinto de Morales y
en *Las tres Musas últimas*.

El sol, que la mira
Tan hermosa, piensa
Que, ó tiene dos caras (1),
Ó que el sol es ella.
  Su ganado, ufano,
Anda por las cuestas,
Con tanta hermosura (2),
Sin temor de fieras,
  Gordo; mas ¿qué mucho (3)
Que lo estén ovejas
Que de la sal gozan (4)
Sólo con el verla?
  Á mirar se puso
Unas ramas tiernas
Que arrojaba el aire
Dentro de Pisuerga:
  Mira cómo el tronco
El agravio venga,
Azotando el viento
Con la verde cresta.
  Dióla un sueño blando (5);
Ambos soles cierra (6),
Dando noche á todos (7)
En que tristes duerman.
  Quedó reclinada
Sobre verdes yerbas,
Á la dulce sombra
De un haya grosera (8),
  Cuando por un lado
Vi venir ligeras (9)
Á su bello rostro

---

(1) Que tiene dos caras...—M y T.
(2) Con *tan bello dueño*...—M.
(3) Gordo, mas *no es* mucho...—M.
(4) Que *sus sales* gozan...—M.
(5) *Dióle* un sueño blando...—M.
(6) Ambos *ojos* cierra...—T.
(7) Dando noche *al mundo*...—M.
(8) De *una* haya *gruesa*...—T.
(9) *Cuando* reclinada
     Sobre verdes hierbas,

Nueve ó diez abejas,
   Que, buscando flores,
Engañadas piensan
Que son sus mejillas
Rosas y azucenas,
   Sus labios claveles,
Jazmín y violetas
El aliento dulce,
Y ella primavera.
   Alegres llegaron,
Y en su cara mesma
Hicieron asiento
Cuatro ó cinco de ellas:
   Las alas pulieron (1)
Para hurtar belleza (2),
Y hacer de sus flores
Dulce miel y cera.
   Yo las daba voces;
Yo les dije:—«¡Necias,
Que queréis de un mármol
Sacar blanda cera (3);
   »Venís engañadas;
Que son flores éstas (4)
Que aun no le dan fruto
A quien os las muestra (5).
   »Si queréis fiaros
De mis experiencias,
No hagáis miel de flores,

Á la dulce sombra
De *una* haya *gruesa,*
Vi que por un lado
Llegaban ligeras...

(1)   En el *Romancero* de Madrigal, *pusieron;* pero es errata evidente.

(2)   *Pulieron las alas*
      Para hurtar *bellezas...*—M.

(3)   Sacar *cera tierna...*—T.
      Yo *les* daba voces,
      Diciéndoles: «¡Necias,
      Que queréis de un *árbol*
      Sacar *cera tierna...*—M.

(4)   *No* son flores *ésas...*—M.

(5)   En Madrigal, *no las muestra,* errata que corrigieron Pinto de Morales y el sobrino de Quevedo.

Que veneno engendran:
»Dulces son, sin duda;
Mas Amor, que vuela,
Cual zángano goza
Todas sus colmenas.»
    Ella, en este punto,
Del sueño despierta:
Abrió entrambos ojos
Con belleza inmensa,
    Y las avecillas,
Con dos soles ciegas (1),
Por no tener vista
De águilas soberbias,
    Murmurando huyen,
Y, cobardes, piensan
Que luz que ha cegado (2)
Sus ojuelos, quema.
    La miel que buscaban (3)
En sus bellas prendas,
De sólo miralla,
La llevaron hecha.

1606

ALABANZAS IRÓNICAS Á VALLADOLID

MUDÁNDOSE LA CORTE DELLA

(En *El Parnaso Español*, Musa VI.)

32.
    No fuera tanto tu mal,
Valladolid opulenta,
Si ya que te deja el rey,
Te dejaran los poetas.
    Yo apostaré que has sentido,
Según eres de discreta,

---

(1) En el *Romancero* de Madrigal, por erratas que deshacen el sentido,

    Y *á* las avecillas
    Con dos soles *ciega*...

(2) Que *sol* que ha cegado...—M.

(3) *Y* la miel que *buscan*...—M.

Más lo que ellos te componen,
Que el verte tú descompuesta.
　Pues, vive Dios, ciudad noble,
Que tengo por gran bajeza
Que, siendo tantos á uno,
Te falte quien te defienda.
　No quiero alabar tus calles,
Pues son, hablando de veras,
Unas tuertas y otras bizcas,
Y todas de lodo ciegas.
　Á fuerza de pasadizos
Pareces sarta de muelas,
Y que cojas son tus casas,
Y sus puntales muletas.
　Tu sitio yo no le abono,
Pues el de Troya y de Tebas
No costaron en diez años
Las vidas que en cinco cuestas.
　Claro está que el Espolón
Es una salida necia,
Calva de yerbas y flores
Y lampiña de arboledas.
　Que digan mal de tus fuentes,
Ni me espanta, ni me altera;
Pues, por malas y por sucias,
Hechas parecen en piernas.
　Mas que se hayan atrevido
Á poner algunos mengua
En tus nobles edificios,
Es muy grande desvergüenza.
　Pues, si son hechos de lodo,
De él fueron Adán y Eva;
Y, si le mezclan estiércol,
Es para que con él crezcan.
　¿En qué ha pecado el Ochavo,
Siendo una cosa tan bella,
Que, como en real de enemigos,
Ha dado sobre él cualquiera?
　De su castillo y león
Son uñas, y son troneras,
Los mercaderes que hurtan,
Y lo oscuro de las tiendas.

De esto pueden decir mal,
Pues los sastres que en él reinan
De ochavo le hacen doblón,
Con dos caras que le prestan.
    Tu plaza no tiene igual,
Pues en ella cualquier fiesta
Con su proporción se adorna,
Mas nada la adorna á ella.
    Pero el mísero Esguevilla
Se corre y tiene vergüenza
De que conviertan las coplas
Sus corrientes en correncias.
    Más necesaria es su agua
Que la del mismo Pisuerga,
Pues, de puro necesaria,
Públicamente es secreta.
    ¿Qué río de los del mundo
Tan gran jurisdición muestra,
Que se iguale á los mojones
Y á los términos de Esgueva?
    Solas las suyas son aguas,
Pues, si bien se considera,
De las que todos hacemos
Se juntan y se congelan.
    Yo sé que el pobre llorara
Esta ida y esta vuelta,
Mas vánsele tras la corte
Los ojos con que se aumenta.
    Yo le confieso que es sucio;
Mas ¿qué importa que lo sea,
Si no ha de entrar en colegio,
Ni pretender encomienda?
    Todo pudiera sufrirse,
Como no se le subieran
Al buen Conde Peranzules
Á la barba larga y crespa.
    Si en un tiempo la peinó,
Ya enojado la remesa;
Que, aun muerto y en el sepulcro,
No le ha valido la iglesia.
    ¿Qué culpa tiene el buen Conde
De los catarros y reuma?

Que él fué fundador del pueblo,
Mas no del dolor de muelas.
Pues al buen Pedro Miago,
Yo no sé por qué le inquietan,
Que él en lo suyo se yace
Sin narices ni contiendas.
El ser chato no es pecado:
Déjenle con su miseria;
Que es mucho que, sin narices,
Tan sonado español sea.
Culpa es del lugar, no es suya,
Aunque suya sea la pena:
Pues sus fríos romadizos
Gastan narices de piedra.
Dejen descansar tus muertos,
Ciudad famosa y soberbia,
Pues, mirada sin pasión,
Tienes muchas cosas buenas.
Para salirse de ti
Tienes agradables puertas,
Y no hay conserva en el mundo
Que tan lindo dejo tenga.
¿Hay cosa como tu prado,
Donde cada primavera,
En vez de flores, dan caspa
Los árboles, si se peinan?
Yo sí que digo verdades;
Que la pasión no me ciega
De ser hijo de Madrid,
Y nacido en sus riberas.
En cuanto á mudar tus armas,
Juzgo que acertado fuera,
Porque solos los demonios
Traen llamas en sus tarjetas.
La primer vez que las vi
Te tuve en las apariencias
Por arrabal del Infierno,
Y en todo muy su parienta.
Mas ya sé, por tu linaje,
Que te apellidas cazuela,
Que, en vez de guisados, hace
Desaguisados sin cuenta.

No hay sino sufrir agora,
Y ser en esta tormenta
Nuevo Jonás en el mar,
Á quien trague la ballena (1).
 Podrá ser que te vomite
Más presto que todos piensan,
Y que te celebren viva
Los que te lloraron muerta.

FARMACEUTRIA [2]

En las *Flores de Poetas*, coleccionadas en 1611 por D. Juan Antonio Calderón
y publicadas por primera vez en Sevilla, 1896.)

33.   ¡Qué de robos han visto del invierno,
Qué de restituiciones del verano,
Éste torcido roble y mirto tierno!
Y ¡qué de veces, Galafrón hermano,
Cristal artificioso labró el frío
Del duro yelo en este claro río! (3)
 Yo vi luchar al sol sobre estas breñas,
Por hallar paso al suelo, con las hayas
Que sirven de copete á tantas peñas;
Escondidas en nieve vi estas playas;
Ya ingratas huyen por aquestos hoyos
Del regalado sol en mil arroyos (4).
 Embargó con carámbalo el ivierno (5)
Su tributo á Pisuerga en varias fuentes;
Salió de entre las nubes abril tierno
Dándoles libertad á las corrientes;
Mas ya que tras las tristes horas frías

---

(1) Alude á la vulgaridad de atribuírsele á Madrid. (*Nota de la edición de 1648.*)

(2) En *Las tres Musas últimas castellanas* (Musa VIII) se titula esta composición *Farmaucetria, ó medicamentos enamorados,* añadiéndose que es imitación de Teócrito y de Virgilio. Anotamos las variantes, y rectificamos la lección del texto, teniendo a la vista una copia del códice de Calderón, escrupulosamente cotejada con su original.

(3) De duro yelo en este claro río
    Cristal artificioso labró el frío!

(4) Esta sextina falta en *Las tres Musas últimas.*

(5) Embargó con *carámbanos invierno...*

Nos trajeron la sed los largos días (1),
   Quiero á mis solas, Galafrón amigo,
Pues se sujeta á amor la primavera (2),
Usar de mis conjuros: sea testigo
El monte, aqueste llano y la ribera (3).
Aprovecharme quiero del encanto,
Pues no aprovecha con Sirena el llanto (4).

   Á aquella clara fuente te avecina (5);
Y saludando el genio sacro della,
Lávate con su linfa cristalina (6),
Mirando siempre á Venus en su estrella.
Que no turbes las aguas te aconsejo:
Respeta de la luna el blanco espejo (7).

   Tráeme de aquellos mirtos verdes ramas,
Arranca á Dafne sin piedad los brazos:
Que al pedernal, que es cárcel de las llamas,
Ya con duro eslabón hago pedazos:
Así de mi Sirena el amor ciego (8),
Como yo de esta piedra, saque fuego.

   Así como en el fuego esta verbena,
Y esta raíz, donde escupió la luna,
Por resistirse al duro fuego suena,
Rendido á su calor sin fuerza alguna (9),
Así se queje ardiendo mi señora (10),
Hasta que adore al triste que la adora.

   Así como derramo al fresco viento (11)
Estas cenizas pálidas y frías,
Así se esparza luégo mi tormento,

(1) *Pasáronse las breves* horas frías
   Y truxeron la sed los largos días.

(2) Pues *es* sujeta á amor la primavera...

(3) El monte, *el valle, el* llano y la ribera...

(4) Pues no aprovecha con *Aminta* el llanto.

(5) En la *Segunda parte de El Parnaso*, sin duda por errata, falta la preposición:
   Aquella *fuente clara*...

(6) Lávate *en su corriente* cristalina...

(7) *Respétale á* la luna el blanco espejo.

(8) *Ansí de Aminta ingrata* el amor ciego...

(9) *Vencida de el* calor sin fuerza alguna...

(10) *Ansí* se *queja* ardiendo mi señora...

(11) *Y ansí* como derramo al fresco viento...

Y así las penas y las ansias mías (1);
Y del modo que inclino á mí esta oliva,
Así se incline á mí mi fugitiva.
  Con tres coronas de jazmín y rosa
Tus aras, santo simulacro, adorno,
Y tres veces con mano licenciosa
Cerco tus aras, la verbena en torno (2);
Tres veces con afecto y celo pío
Á tus narices humo sacro envío.
  ¿Ves que de incienso y árabes olores
La niebla esconde al rostro su figura? (3)
¿Ves ante ti esparcidas estas flores,
Que ojos fueron del prado, y su hermosura?
¿No ves estos pavones, cuyas galas
Descogen un verano en las dos alas? (4)
  Poco me favoreces; llamar quiero
Á Hécate del pueblo de las sombras;
Y si no viene, al pálido barquero,
De quien ¡oh negro dios! tus campos nombras (5);
Pienso dejar la barca en seca arena,
Bebiendo el río, por olvidar mi pena (6).
  Mas no quiero llamarla; antes, señora (7)
Venus, á ti me vuelvo; vuelve y mira
Tan ciego de pasión al que te adora,
Que se arma contra ti de enojo y ira:
Vuelve, risa del cielo; advierte blanda,
Que obedezco á tu hijo que me manda.
  Recibe, pues, (mi ruego no sea vano) (8)
Honra del mar, al claro sol vecina,

---

(1) *Ansí* las penas y las ansias mías...
(2) Cerco *tu templo de* verbena en torno...
(3) *Preciosa nube esconde tu* figura?
(4) *Desdoblan* un verano en las dos alas?
(5) De quien *negra deidad tu reino* nombras...
(6) *Beber el Lethe, y* olvidar mi pena.
(7) Mas no quiero llamarla; *á ti,* señora...
  (8) En el códice de Calderón, por visible descuido del amanuense:
       Recibe, pues, *mi ruego blando,*
que ni es verso ni consuena con el tercero de la sextina. En la *Segunda parte de El Parnaso:*
       Recibe, pues, *no sea mi ruego* vano...

Este farro, humilde dón villano (1),
Y, nadando en la leche, esta harina (2);
Admite el alma deste toro blanco,
Que á su pesar del corazón le arranco (3).
  No me pesa de dártelo, aunque veo (4)
Que es el mejor de toda mi manada:
Ya ves con las guirnaldas que rodeo (5)
Su frente, de iras y de ceño armada:
Amante le herí, que no celoso,
No sé si de devoto ó invidioso (6).
  Dóite estas golondrinas, tiernas aves,
Estas simples palomas voladoras,
Que cortando las auras más suaves
En más dichosas y felices horas (7),
Con sus brazos y cuellos varïados
Vistieron estos aires de mil prados.
  Esta viuda tórtola doliente,
Que perdió sus arrullos con su amante,
Cogíla haciendo ultrajes á una fuente,
Por no verse sin dueño su semblante (8):
Siempre vivió sin él en árbol seco,
Y nunca alegre voz le volvió el eco (9).
  Mira la vid que á Baco soberano
La boca regaló y ornó las sienes (10),
Cómo sirve de grillos en el llano
Á los pies de los olmos que mantienes.

---

(1) Así en el códice, aunque sin puntuación alguna. Quirós de los Ríos leyó:

    Este farro humilde, dón villano...

En la *Segunda parte de El Parnaso:*

    Este farro, *este* humilde dón villano...

(2) Y nadando en la leche *blanda arina...* *(sic)*

(3) *Recibe* el alma de este toro blanco,
    Que á su pesar del corazón arranco.

(4) No me pesa de *dártele,* aunque veo...

(5) *Mira* con las guirnaldas que rodeo...

(6) No sé si de devoto, ó *de* invidioso.

(7) Que *contando los vientos ya* suaves
    Que al pintado verano dan las horas...

(8) Por no *ver sin su* dueño su semblante...

(9) Y nunca alegre voz *la* volvió el eco.

(10) La boca regaló, y *honró* las sienes...

¡Ay cómo los aprieta! ¡Ay, si yo hiciese
Que á mi Sirena Amor así ciñese! (1)
	Toma, pues, Galafrón, estas guirnaldas
De adelfa y valerianas olorosas,
Y, vueltas á la fuente las espaldas (2),
Dáselas á las aguas presurosas:
No vuelvas á mirarlas; mira, amigo,
Que estorbarás los versos que les digo (3).
	«Id en paz», les dirás, «¡oh prendas caras!»,
Cuando en la margen con la izquierda mano
Las encomiendes á las aguas claras;
«Id en paz, caminad al Oceáno» (4):
Y estas urnas de plata darás luego
Al alma de la fuente por mi ruego.
	Yo en tanto, por hacer que me responda
Hécate, siempre sorda á mis gemidos (5),
Quiero traer el rombo á la redonda,
Que lazos de oro en él tengo tejidos;
Y con yerbas de abrojo y yerba fuerte (6)
Me quiero hurtar yo mismo de la muerte.
	Con la Aglafontis quiero ya del cielo
Bajar sin versos á la blanca luna
Que forastera habite nuestro suelo;
Y al fin todas las yerbas son á una
Que en duros partos de la tierra fiera
Con propia mano entierro en la ribera (7).

(1)	¡Ay, cómo los *enlaza!* ¡Ay, si yo hiciese,
	Amor, que ansí mi Aminta me ciñese!
(2)	Y vueltas *al arroyo* las espaldas...
(3)	Que estorbarás los versos que *las* digo.
(4)	Id en paz *(las* dirás) ¡oh prendas caras,
	Cuando en la *orilla* con la izquierda mano
	Las *encomiendas* á las aguas claras;
	Id en paz, *caminando* al Occeáno...
(5)	Hécate, *sorda siempre* á mis gemidos...
(6)	*Varios lazos* en él tengo tejidos
	Y con *flores* de Aproxo, yerba fuerte...
(7)	*Quiero con esta yerba derribar del suelo (sic)*
	Entre espumas nevadas á la luna,
	Que forastera *habite* nuestro suelo
	Y que encante sus plantas una á una;
	Que ya cuantas Tesalia ha producido,
	Circunscribe en un cerco mi gemido.

Vén á mis ruegos fácil, reina dura,
Pues sabes lo que pido en este punto.
Si ayer antes de darle sepultura,
Mordiéndole los labios á un difunto,
Antes que el postrer hielo le cubriese,
Le murmuré un recado que te diese;
   No son indignos de Plutón mis ruegos,
Ni de aquel que el Infierno tiene encima,
Á cuyo nombre en los palacios ciegos
No hay collado ni monte que no gima;
Bastantemente con nefanda boca
Mi corazón sus furias las invoca.
   No estoy ayuno, no, de sangre humana,
Que este cuchillo negro en este vaso
La llora ó, por mejor decir, la mana;
Dudoso y malseguro traigo el paso;
Que Baco, del celebro dulce peso,
Cuanto la vista aumenta, mengua el seso (1).
   Da fuerza, luna, á las ofrendas mías:
Así te ayude el són de las calderas,
Las negras noches y en los blancos días
Que padezcan injurias de hechicera (2);
Sin nube pases por el cielo errante;
Dicha buena te alcance siendo amante (3).
   Mas ¡ay! que en el silencio alto y profundo
Por ciegas nubes en el carro helado
Veo pasar el sueño al otro mundo;
El ruiseñor al canto ha despertado;
Ninguna voz doliente me ha ofendido;
Dichoso y no pensado agüero ha sido (4).

---

(1) Esta sextina y las dos anteriores faltan en el códice de Calderón. Las tomamos de la *Segunda parte de El Parnaso.*

(2) Dá fuerza, ¡oh luna! á las ofrendas mías,
Ansí te ayude el són de las calderas
En negras noches, y en los blancos días
Rebelde á los conjuros de hechiceras,...

(3) En la *Segunda parte de El Parnaso* tiene esta sextina la siguiente apostilla: *Vide commenta nostra ad verba illa Satirici Petronii: Lunæ descendit imago carminibus deducta meis. Ubi unicè redditur ratio hujusce ritus.*

(4) Mas ¡ay! que en el silencio alto profundo
Por ciegas nubes en el carro *claro (sic,* pero *helado)*
Te veo pasar el sueño al otro mundo,

¡Quién consultara en Límira á los peces,
Pues puede tanto un yerro de un amante (1)
Que les da autoridad de ser jüeces
En caso al que yo sufro semejante!
¡Quién los lirios sagrados revolviera (2)
Y con ellos, profeta, un plato hiciera!
    Mas visto he, Galafrón, una paloma
De que Hécate quiere darme ayuda (3);
Á la derecha mano el vuelo toma,
Sirena se ablandó, quiere sin duda.
¡Oh pïadosa fuerza del encanto,
Qué tanto pudo, que ha podido tanto! (4)
    Vámonos, Galafrón, á nuestra aldea,
Que ya las sombras dan lugar al día (5)
Ya lo que nos dió miedo nos recrea
Y el sol se ve nadar en la agua fría:
Las plantas con retratos aparentes
Á sí mismas se engendran en las fuentes.
    Libre Pisuerga va del sueño fiero,
Tan tardo, que parece que le pesa
De llegar á perder su nombre á Duero:
Ya el descanso mortal en todos cesa:
Vámonos á la villa, á ver si acaso
Se abrasa ella en el fuego que me abraso (6).

Y el ruiseñor al canto ha despertado;
Ninguna voz doliente me ha ofendido:
Dichoso *agüero y no esperado* ha sido.

(1)   ¡Quién consultara en Límira los peces!
      Pues puede tanto *el* yerro de un amante...

(2)   En caso al que yo *lloro* semejante:
      Quién los sagrados *licios* revolviera...

(3)   *Cierta señal que Citerea* ayuda...

(4)   *Aminta* se ablandó, quiere sin duda.
      ¡Oh *poderosa* fuerza del encanto,
      Que tanto *puedes*, que *has* podido tanto!

(5)   Que ya las *blancas horas traen* al día...

(6)   Ya el *silencio* mortal en todos cesa;
      Vámonos á la *aldea*, á ver si acaso
      Por mí se enciende el fuego *en* que me abraso.

1607

SONETO EN ALABANZA DE CRISTÓBAL DE MESA

AUTOR DEL LIBRO

LA RESTAURACIÓN DE ESPAÑA

(Madrid, 1607.)

34.   Hoy de los hondos senos del olvido
Y negras manos de la edad pasada,
Con voz al són del hierro concertada,
El gran varón sacáis nunca vencido.
    Sin duda os juzgará por atrevido
Quien os viere entre tanta ardiente espada,
Cantar los filos donde fué cortada
La pluma que os sacó de vuestro nido.
    De Tolosa la noble y alta hazaña
Cantaste, cano cisne, en verde Mayo,
Obra que nunca el tiempo la destruya.
    Mas hoy, gran Mesa, tanto como España
Por su restauración debe á Pelayo,
Os debe á vos Pelayo por la suya.

1608

SONETO EN ALABANZA

DEL DOCTOR D. BERNARDO DE BALBUENA

AUTOR DEL LIBRO INTITULADO **SIGLO DE ORO**...

(Madrid, 1608.)

35.   Es una dulce voz tan poderosa,
Que fué artífice en Tebas de alto muro,
Y en un delfin sacó del mar seguro
Al que venció su fuerza rigurosa.
    Compró con versos mal lograda esposa,
El amante de Tracia, al reino escuro:
Á Sísifo quitó el peñasco duro,
Y á Tántalo la eterna sed rabiosa.
    De vos no menos que de Orfeo esperara
Si el pueblo de las sombras mereciera
Que cual su voz la vuestra en él sonara.
    Por oíros, de Tántalo no huyera

El agua, y él de suerte os escuchara,
Que por no divertirse no bebiera.

CANCIÓN Á D.ᴬ CATALINA DE LA CERDA

(En el libro titulado *Elogio del juramento del serenísimo Príncipe D. Felipe* ....,
de Luis Vélez de Guevara. Madrid, 1608.)

36.   Dichosa, bien que osada, pluma ha sido,
La que atreve su vuelo
Á vos: no emprendió más, quien buscó el cielo,
Y á menos luz cayó desvanecido.
Confieso por menor aquel intento,
Y éste por más glorioso atrevimiento.
    Oid, ¡oh generosa Catalina!
Á la musa española,
Que mejor canta, y merecistes sola;
La majestad, la pompa peregrina,
Que de España invencible el celo ardiente
Mostró tan liberal como obediente.
    Si no salistes vos, ¿cómo hubo día?
Y sin vuestras colores,
¿Qué galas pudo haber, ó qué labores?
Si no salistes vos, ¿qué bizarría?
¿Cómo, sin vuestra boca, perlas hubo,
Y, sin vos, precio alguno piedra tuvo?
    Pero si vuestra pura luz saliera,
¿Quién los trenzados rojos
Del sol galán por robo de esos ojos
(De amor ricos y avaros) no tuviera?
Así que debe al no haber vos salido
Más que á sus rayos el haber lucido.
    Importó que os quedásedes de modo,
Que, á salir vos, sospecho
(¡Tan bella sois!) que no se hubiera hecho
La fiesta, que os echó menos en todo:
Pues nadie hallará en sí, pudiendo veros,
Sentidos para más que obedeceros.
    ¿Quién, si os mirara, libertad tuviera
Para dar obediencia,
Mientras pudiera ver vuestra presencia,
Á quién, ó vos, ó vuestra luz no fuera?

Así que á vuestro Rey le dais vasallos,
Con no dejaros ver; con no mirallos.
    Oid, pues que no vistes gloria tanta,
La relación, si iguala
Lengua mortal á tanto precio y gala:
Pues hoy, para que vos la escuchéis, canta
La voz del que vencer puede en España
Al dios que el ocio le quitó á la caña.

1609

PHOCÍLIDES TRADUCIDO

(En el libro intitulado *Epicteto y Phocílides en español con consonantes* .... Madrid, 1635.)

VIDA Y TIEMPO DE PHOCÍLIDES

37.

Phocílides fué entre los antiguos filósofos de tan singular doctrina, que en sus versos están expresos en modo de preceptos (que él llama *Commonitorio* (1) en griego) todos los mandamientos de la ley divina, todas las leyes de la naturaleza y todas las ordinaciones de los jurisprudentes. Así que, en solo Phocílides se hallarán reglas para vivir cristiana, natural y políticamente, cosa digna de singular admiración. Vivieron Phocílides y Pitágoras en un tiempo; pero Phocílides fué famoso antes que Pitágoras. Así lo dice Eusebio: aquél floreció olimpíada 60 y éste 63. Florecieron entonces Pherecídes, maestro de Pitágoras, y Theognis; Simonides; Anacreón, poeta; Pisistrato, tirano de Athenas; poco después que Creso fué en poder de Cyro, enseñó Jeremías en Judea. Suydas varía sólo un año de Eusebio, porque escribe que vivieron juntos Theognis y Phocílides, olimpíada 59, mil y cuarenta y siete años después de la guerra de Troya. Diógenes no se aparta mucho de Eusebio, y Suydas, cerca del tiempo de Pherecídes y Pitágoras. Suydas dice que este poema se llamó *Capítulos de buenas costumbres*. Genebrardo dice que floreció Phocílides en el tiempo de Ezequías, año del mundo 3464, poco antes que la cautividad de Babilonia, en el tiempo de Epimenídes y de Archiloco, y Olda, profeta, y de Helchías, pontífice en los hebreos. Su gloria de

---

(1) Algunas ediciones, en vez de *Commonitorio*, ponen *Nouthpnon*. Nos atenemos á la primera, de 1635.

este autor es que, siendo tantos años antes de Cristo, dejó en que aprendiesen conforme á sus preceptos, los que tenemos su ley, y nacimos tanto después.

AMONESTACIÓN

Guarda, rico tesoro, en el secreto
Del corazón, lector, estos oráculos
Que la justicia, por la docta boca
Del divino Phocílides, declara:
No te engañe la industria y diligencia,
Ó la vana esperanza, con hurtadas
Bodas secretas, ni te dejes ciego
Arrastrar como bestia de apetito
De Venus varonil. Guarda sus leyes
Á la naturaleza. No alevoso
Ofendas la verdad y compañía,
Ni con sangre del prójimo se vean
Tus dos manos horribles y manchadas.
No por enriquecer, á las usuras,
Robos y ladronicios des licencia.
Vive de lo que justamente adquieras,
Y no siempre arrastrado de otro día
Con hambrienta esperanza te atormentes.
Descansa en lo presente y asegura
Á los bienes ajenos de ti mismo;
No, con voz enemiga y pecho doble,
Mientas. Reine en tus labios, siempre pura
Y blanca, la verdad, hija del cielo:
Y reverencia á Dios primeramente,
Y á tus padres después. Concede á todos
Lo que justicia fuere, y no, soberbio,
Por favor ó interés, vendas del pobre
El mérito y razón, y no despidas
Al pobre con desprecio. Á nadie juzgues
Por sospecha ó indicios temerarios;
Vé que si mal juzgares (1) de los otros,

(1) La primera edición dice *juzgas,* con lo cual falta una sílaba al verso.

Que Dios te juzgará después por ello.
Nunca levantes falso testimonio,
Habla continuamente bien de todos,
Guarda virginidad, que es dón precioso,
Y ten fidelidad en cualquier cosa.
No defraudes los pesos y medidas,
Que el medio es precio honesto y bueno en todo;
Ni con hurtado peso y malicioso
Las balanzas iguales; da los pesos
Á todos cabalmente; nunca jures
Con falsedad á Dios, ni de tu grado
Ni por fuerza, pues sabes que aborrece
Dios santo é inmortal á los que juran.
No robes las simientes; que el que hurta
Lo que el otro sembró, es execrable
Y digno de gran pena. Al que trabaja
Págale su jornal, y nunca aflijas
Al que á merced de todos vive pobre.
Piensa lo que has de hablar, y allá en tu pecho
Los secretos esconde. Nunca seas
Dañoso á nadie: antes pon tus fuerzas
En reprimir á los que mal hicieren.
Si algún mendigo te pidiere humilde
Limosna, dale alguna, y no le mandes
Que otro día vuelva; y, si limosna dieres,
Dála con rostro alegre y franca mano.
Hospeda al desterrado y forastero,
Y sea tu casa patria á los extraños.
Guía á los ciegos. Ten misericordia
De los que el mar castiga con naufragios;
Que la navegación es cosa incierta.
Dá la mano al caído, dá socorro
Al varón que se ve solo y perdido.
Comunes son los casos de este mundo
Á cuantos en él andan. Es la vida
Una bola que rueda, y es instable
Nuestra felicidad. Si tú eres rico
Parte con los que están necesitados,
Pues que les debes lo que á ti te sobra,
Que si Dios te dió mucho, fué su intento
Darte con que al mendigo le socorras;
Hazlo y harás la voluntad del Cielo.

Sea la vida común en todas cosas,
Y crecerá con la concordia todo.
Cíñete espada, y no para inquietudes,
Sino para defensa de ti mismo;
Y aun plegue á Dios que para defenderte
No la hayas menester injustamente,
Ni justa, pues es cierto que, aunque mates
Á tu enemigo, mancharás tus manos,
Y á Dios ofenderás, cuya es la vida.
No ofendas al cercado del vecino,
Ni te parezca en él mejor la fruta,
Ni con tus pies le ofendas. Ten modestia,
Que es el medio mejor que hay en las cosas,
Y advierte que ningún atrevimiento
Dejó de ser vicioso. Los frutales,
Las mieses y las hierbas que, cual parto
De la tierra, sobre ella van creciendo
(No fuera de sazón), inadvertido,
Ó maliciosamente las ofendas.
Reverencia igualmente al extranjero
Y al ciudadano. Todos igualmente
Podemos padecer pobreza vaga (1);
Y la causa que le hace forastero
En tu tierra, podrá mañana hacerte
Peregrino en la suya; que la tierra
(Sujeta á las desdichas que suceden)
No es firme habitación de ningún hombre.
Es de todos los vicios la avaricia
La madre universal; la plata y oro
Son un precioso engaño de la gente.
¡Oh oro, causa de los males todos,
Enemigo encubierto de la vida,
Cuya fuerza y poder lo vence todo!
¡Ojalá que no fueras á los hombres
Apetecible daño! Por ti el mundo
Padece riñas, guerras, robos, muertes;
Por ti, viendo que el hijo, por herencia,
Desea la muerte al padre, viene el hijo
Á ser aborrecido de su padre;
Por ti no tienen paz deudos, ni hermanos;

---

(1) En las ediciones modernas, *baja.*

Tú hiciste que debajo de la tierra
Gimiese el tardo buey, y tú inventaste
Las molestias del mar en remos gruesos;
Tú del hombre mortal los breves días
Malogras, desperdicias y arrebatas;
Tú en bestiales trabajos ejercitas
El espíritu noble, y tú derramas
En el pobre sudor, llanto en el rico;
Y, al fin, tan malo eres, que á las cosas
Que comunes crió naturaleza
Las pones precio, pues el agua libre
Que, pródiga de sí, corriente y clara,
Sólo aguardó la sed del que la quiso,
Se vende ahora, y la reparte el oro.
No digas con la boca, en tus razones,
Sentencia diferente del intento
Que guardas alevoso en las entrañas:
Hable tu corazón en tus palabras.
Ni levemente mudes pensamiento,
Como color el pólipo, conforme
La tienen los peñascos do se arrima.
El que entendiendo que hace mal, lo hace
Sólo por hacer mal, ése es el malo,
Sin poder ser peor; mas quien no puede,
Aunque quiera dejar de hacerlo, digo
Que no es, aunque hace mal, malo del todo.
Por lo cual debes tú cualquier sentido
Primero examinar. No por riquezas,
Por fuerzas, ó por ser muy sabio y docto,
Te ensoberbezcas, pues que solamente
Dios es quien siendo poderoso es sabio,
Y es de todas maneras rico Él sólo;
Porque es rico de sí y en sí igualmente,
Y es para todos rico, y no se acuerda
El tiempo ni las cosas que antes fueron,
De cosa que sin Él sea rica ó sabia;
Pues antes que parieran los collados,
Y que el redondo globo de la tierra
Diera por peso al aire, que le tiene,
Y antes que diera los primeros pasos
En su camino el sol y que tuviese
Asiento el mar y leyes sus orillas,

De Dios la sin igual sabiduría
Era artífice destas obras todas.
No con recuerdos de pasados males,
Haciendo al corazón de tu memoria
Invisible verdugo, te atormentes;
Pues que ninguna fuerza es poderosa
Para hacer que lo que fué en el mundo
No haya sido en el curso de los días;
Que todo cuanto hay traen con las horas,
Y todo con las horas se lo llevan.
No obedezcan tus manos á tu enojo,
Persuadidas de ira desbocada;
Antes reprime los rencores ciegos;
Que las más veces el que hiere á otro,
Forzado le da muerte. Sean iguales
Las pasiones, y nada por soberbia
Ó por grandeza desigual se muestre,
Que jamás el provecho demasiado
Trujo seguridad al que le goza;
Que el demasiado vicio antes nos lleva
Á amores licenciosos y perdidos;
Y la prosperidad demasïada
Al seso más prudente desvanece,
Y le suele poner en mil afrentas.
También la demasiada vehemencia
Engendra en nuestros ánimos furores
Tan vanos cuan dañosos. Es la ira
Género de deseo, el cual enciende
La paz y la templanza de la sangre.
La emulación, envidia y competencia
De los buenos es buena, y es infame
La de los malos. Es la valentía
Y atrevimiento malo y peligroso
En los malos: y en gente religiosa,
Que sigue la virtud, es santa y útil.
Amar á la virtud es cosa honesta;
Mas la Venus lasciva es muerte al cuerpo,
Afrenta del honor, mancha del alma.
Deleite es el varón prudente y sabio,
Entre otros ciudadanos, á su tierra.
Come y bebe reglado y con templanza,
Y con mayor rigor guarda estas leyes

En hablar; que es amable en todas cosas
Justa moderación, y es el exceso
Dañoso, y todos deben evitarle.
No envidies á los otros sus venturas:
Vé que luego serás reprehendido;
Y vive á imitación de los gloriosos
Espíritus de Dios, que sin envidia
Gozan y ven gozar la gloria eterna.
También naturaleza enseña esto,
Pues no envidia la luna al sol los rayos,
Siendo merced del sol la lumbre suya,
Y reliquias escasas de su fuego
La hermosura que tiene varïable;
Pues ya, llena, es corona de la noche,
Ya, menguante, la sirve de diadema.
Ni la tierra desierta, corta y baja,
Envidia la grandeza, altura y sitio
Del cielo hermoso, eterno y transparente,
Que la hace punto y centro de su esfera.
No envidian los arroyos á los ríos,
Ni al ancho mar los ríos tributarios:
Porque, si hubiera envidia entre las cosas,
Luego hubiera discordia, y con discordia
Se viera destruir naturaleza
Con las guerras crüeles de sus hijos,
Y perdiera su paz el propio cielo,
Y los cuatro elementos desvelados
Con las armas vecinas, no atendieran
Á las generaciones de las cosas.
Ejercita en tus obras la templanza,
Y en obscenas acciones te reprime
Por ti y por quien te ve; y con más cuidado
Te reporta si acaso está delante
Algún muchacho. Débese á los niños
Grande veneración; no tú el primero
Le robes la inocencia con que nace;
No, por Dios, la modestia y compostura
Que la naturaleza le dió, quieras
Borrarla tú con darle mal ejemplo;
No le des que imitar en tus pecados,
No, cuando grande y sedicioso sea,
En sus desdichas y castigos justos,

Te maldiga lloroso por maestro;
Antes si alguna vez á pecar fueres,
Te sea estorbo el muchacho que lo mira.
No te dejes llevar de la malicia,
Sino aparta de ti cualquier injuria,
Porque la persuasión presta sosiego,
Y el pleito sedicioso luego engendra
Otro pleito á sí mismo semejante,
Y eternamente en sucesores dura;
Que siempre de las cosas ponzoñosas
Es el parto copioso. Nunca creas
Á nadie de repente, antes que mires
Prudentemente el fin de los negocios.
Vencer á los que hacen obras buenas
En hacerlas, es útil ardimiento
Y presunción gloriosa. Más honesta
Voluntad representa, y más hermosa,
El recibir con fácil cena y mesa,
Sin dilación, al huésped peregrino,
Que detenerle en prevenciones vanas.
No seas ejecutor al varón pobre,
Ni cuando saques aves á algún nido
Y robares su angosta patria y casa
Al ave solitaria, no se extienda
Á la viuda madre el robo tuyo;
Perdónala, siquiera porque de ella
Tengas después más hijos que la quites:
Basta que para ti los pare y cría.
No te fíes de varios pareceres
De hombres inadvertidos, ni permitas
Que tus negocios traten ó aconsejen;
Que el sabio es el que sabiamente obra,
Y el diestro y obediente á sus preceptos
Ejecuta sus artes; el que es rudo,
Aunque oiga, no es capaz de la doctrina;
Y los que no aprendieron ni estudiaron,
Aunque naturaleza los ayude,
No entienden nada bien. Nunca recibas
Al vil adulador por compañero;
Que por comer, goloso más que amigo,
Te acompaña, haciendo cuanto hace
Más que por tus virtudes, por tu mesa.

Pocos son los amigos de los hombres,
Y muchos, y los más, lo son del oro,
De la taza y el plato, robadores
Del tiempo, aduladores que acechando
Andan continuamente; compañía
Dañosa á las costumbres, gente ingrata,
Que, si poco les das, se enoja luego,
Y que aunque les des mucho no se harta.
No te fíes del vulgo, que es mudable,
Y no pueden tratarse de algún modo
El vulgo, el agua, el fuego. No sin fruto
Gastes el corazón, sentado al fuego;
Sacrifícale á Dios lo moderado,
No con ofrendas ricas cudicioso
Quieras comprar á Dios los beneficios;
Que aun Dios en las ofrendas que recibe
Quiere moderación. Esconde en tierra
Á los difuntos cuyo cuerpo yace
Pobre de sepultura, y nunca caves,
Movido de codicia ó de tesoros,
El túmulo del muerto, y no le enseñes
Cosas que no son dignas de ser vistas
Al sol, que lo ve todo desde el cielo:
Que enojarás á Dios si así lo hicieres,
Invidiando el descanso á las cenizas
Y huesos, que en la casa de la muerte
Gozan escura paz en sueño negro.
No es cosa honesta desatar del hombre
La atadura y la fábrica, ofendiendo
El cadáver que tiene ya la tierra;
Que, después del poder de los gusanos,
Tenemos esperanza cierta y firme
Que han de volver á ver la luz del día
Las reliquias y huesos de los muertos,
Restituídas á su propia forma,
Y dignas ya del alma, y que al momento
Dioses vendrán á ser; porque en los muertos
Eternas almas quedan; que no todo
Con el aliento espira. El alma nuestra
Es imagen de Dios, que, encarcelada,
Mortales y cautivos miembros vive.
El cuerpo es edificio de la tierra

Y en ella habemos de volvernos todos
Desatados en polvo, cuando el cielo,
De tan vil edificio desceñidos,
Reciba el alma, que en prisión de barro
Reinó en pobre república y enferma.
No perdones en nada á las riquezas,
Ni dejes de hacer bien por no gastarlas:
Acuérdate que tienen de dejarte,
Y que te has de morir, por más que tengas,
Y que no puede en el Infierno escuro
Tener riquezas nadie, y que el dinero
Nadie puede pasarlo allá consigo;
Que hasta la muerte tiene precio el oro,
Pues los bienes de acá nos acompañan
Hasta el sepulcro, y no hay ninguno de ellos
Que nos siga en la negra sepultura;
Que todos somos en la muerte iguales,
Y Dios tiene el imperio solamente
De las almas divinas y inmortales.
Comunes son á todos los palacios
Eternos y los techos inviolables
De metal, y es el Orco patria á todos,
Posada para el rey, y para el pobre,
Adonde sin lugares señalados
Hombro á hombro pasean. No vivimos
Mucho tiempo los hombres: solamente
Vivimos un dudoso y breve espacio,
Que con el mismo tiempo vuela y huye;
Sola el alma inmortal sin fin camina
(Aunque tuvo principio), y pasa exenta
De vejez y de edad. Nunca te aflijas
Por desdichas que pases, ni te alegres
Con los contentos: todos son prestados,
Y como viene el mal se van los bienes,
Y sucesivamente están jugando
Con nuestra vida frágil; muchas veces
Se ha de desconfiar de lo más cierto
En nuestra vida. Véte con los tiempos,
Y obedece al estado de las cosas;
No como el marinero contra el viento
Proejes; porque el mal á los enfermos
Y muerte al malo vienen de repente.

No, de la vanidad arrebatado,
Vengas á ser furioso, y, de elocuente,
Te vuelvas charlatán y palabrero.
La facundia ejercita, porque en todo
Ayuda te será, porque en el hombre
Es la razón la lanza más valiente,
Y más que la de acero aparejada
Para ofender y defenderse siempre.
Dios diferentes armas dió á las cosas,
Por la naturaleza su ministra:
Á las aves las dió ligeras alas
Para peregrinar campos vacíos
Y diáfanas sendas no tratadas;
Á los leones fuertes y animosos
Armó el rostro de fieras amenazas,
De corvas uñas la valiente mano,
Y de colmillos duros las encías;
Frente ceñuda y áspera dió al toro,
Y á la abeja solícita, ingeniosa,
La dió punta sutil, arma secreta,
Con la cual, aunque á costa de su vida,
Suele vengarse, ya que defenderse
No puede de los robos de los hombres.
Estas armas les dió á los animales;
Pero á los hombres, que crió desnudos,
La divina razón les dió por armas,
Sin otra cosa, aunque es verdad que en ella
Está la mayor fuerza y más segura;
Pues es verdad que vale más el hombre
Sabio que el fuerte, pues los pueblos todos,
Ciudades y repúblicas gobierna.
Ocultar la prudencia es gran pecado,
Y dar favor y amparo al delincuente
Porque no le castiguen; pues conviene
Aborrecer al malo sobre todo,
Pues el tratar con él es peligroso,
Y suelen imitarle en los castigos
Los que tratan con él. Nunca recibas
Ni guardes lo que hurtan los ladrones,
Ni los encubras; que serás con ellos,
Por ladrón, oprimido y castigado,
Pues roba infame quien robar consiente:

Deja que goce en paz sus bienes quieto
Quien los ganó; que la igualdad es santa.
En cualquier parte gasta poco á poco
Cuando te vieres rico; no te veas,
De pródigo después, triste y mendigo.
No vivas obediente al vientre solo
Como animal: acuérdate que al cielo
Miran tus ojos. Si por dicha vieres
Que, vencida del peso, en el camino
Yace de tu enemigo con la carga
La bestia, caridad es levantarla.
Nunca desencamines al perdido,
Ni al que en el mar padece sus mudanzas;
Que es provechosa cosa hacer amigos
De los contrarios. Al principio ataja
El mal; cura la herida cuando empieza.
No comas carne muerta por las fieras,
Ni lo que perdonó el hambriento lobo:
Déjaselo á los perros: sea sustento
De una fiera otra fiera. No compongas
Venenos, enemigos de la vida.
No leas libros de mágica, ni autores
Supersticiosos. No á los tiernos niños
Maltrates. La pendencia y la discordia
Estén lejos de ti. No favorezcas
Ni hagas bien al malo, que es lo mismo
Que sembrar en la mar ó en el arena.
Trabaja por vivir de tu trabajo;
Que todo hombre ignorante y perezoso
Vive de ladronicios. Ni enfadado
Cenes de lo que sobra á mesa ajena:
Come lo que tuvieres en tu casa
Sin afrenta ninguna. No te vendas
Á golosinas, y si alguno rudo
No sabe arte ninguna y se ve pobre,
Viva de su sudor honestamente,
Y con el azadón rompa la tierra;
Que todo está en la vida si trabajas,
Y en tus manos está lo necesario:
Que sólo falta al hombre lo superfluo.
Si eres tú marinero y tienes gusto
En navegar, el mar tienes delante;

Edifica en sus hombros; hazle selva
Con pinos y con hayas, y vea el monte
El honor de su frente en sus espaldas.
Y si ser labrador quieres, los campos
Anchos tienes patentes y tendidos;
Si fías de los senos de la tierra
El grano rubio que te dió otro año,
Agradecida llenará tus trojes;
Si aliñare á la vid el corvo hierro,
Los sarmientos inútiles cortando,
Tendrás mantenimiento para el fuego
En el invierno, y el otoño fértil
Vendrá con la vendimia embarazado
Á darles que guardar á tus tinajas,
En el dulce licor que en los lagares
Con pies desnudos verterás danzando.
Ninguna obra es fácil á los hombres
Sin el trabajo, ni á los dioses mismos,
Porque el trabajo aumenta las virtudes.
Las hormigas que habitan en secretos
Aposentos, dejando sus honduras,
Salen para buscar mantenimiento.
Cuando el agosto, desnudando el campo,
Las eras viste con el rubio trigo,
Ellas se cargan con perdidos granos;
Unas detrás de otras hacen recuas,
Y llevan su comida para el tiempo
Que no puedan buscarla, y no se cansan:
Gente chica, mas docta é ingeniosa,
Pues saben esconder sus aposentos
De suerte del invierno, que ni el agua
Ni el diluvio mayor halla la puerta.
También trabaja la ingeniosa abeja
(Jornalero pequeño y elegante)
En las concavidades de las piedras,
Ó en los huecos de troncos y de cañas,
Ó en colmenas cerradas, fabricando
Casas dulces de cera y de mil flores.
Pues ¿cómo tú, mortal, á quien dió el Cielo
Entendimiento, dices que no sabes
Trabajar, para sólo sustentarte,
Si aquestos labradores tan pequeños

Ganan jornal al cielo cada día?
No sin mujer, soltero escuramente
Sin sucesión acabes: agradece
Á la naturaleza y á tus padres
La vida que te dieron, y no ingrato
Á la conservación del universo
Vivas y mueras. No con adulterio
Hijos engendres, pues diversamente
Engendran hijos tálamos legítimos
Que los adulterinos y manchados.
No pongas voluntad, lascivo y ciego,
En la mujer segunda de tu padre,
Ni la maltrates; tenla reverencia;
Ámala blanda, y súfrela enojada,
Tenla en lugar de madre, pues que tiene
El lugar de tu madre, con el nombre.
No entres al aposento de tu hermana
Con torpes pensamientos, ni en la cama
De tu padre te entregues á rameras.
No ayudes á que muevan las mujeres,
Ni lo permitas, ni que dé á las aves
Ó á los perros su carne y tu substancia.
Ni trates mal á la mujer preñada:
Reverencia la vida que inocente
En sus entrañas vive. No tirano
Los varoniles miembros disminuyas
Al muchacho, que pudo, si creciera,
Engendrar y aumentar; ni con los brutos
Trates, ni vivas, ni en sus chozas andes,
Ni afrentes tu mujer por las rameras,
Ni á la naturaleza justa y blanda
Ofendas con ilícitos abrazos:
No hagas oficio de mujer lascivo
Con la mujer, mas con natural orden
Goza de sus regalos; no te enciendas
En el amor de las mujeres todo,
Que no es dios este amor, como mentimos,
Sino afecto dañoso y dulce muerte.
No entres en los retretes donde duermen
De tus hermanos las mujeres bellas.
Ama tu mujer siempre; que no hay cosa
Más dulce que el marido que es amado

De su mujer, hasta que cano y viejo
Se ve inútil y solo, deseoso
De regalo, ni hay cosa más honesta
Que la mujer querida del marido,
Hasta que con la muerte se dividen,
Sin haber en la vida en ningún tiempo
Reñido. Nadie con promesas falsas
(Si no es quedando por esposo suyo)
Goce la honesta virgen que le admite;
Ni traigas á tu casa mujer mala,
Ni á tu mujer te vendas por el dote.
Caballos generosos y de raza
Buscamos por los pueblos, y valientes
Toros, robustos y animosos perros;
Y sólo no buscamos mujer buena
(¡Necios!), pues hemos de vivir con ella.
Confieso yo también que las mujeres
No desprecian al hombre aunque sea bajo,
Feo y necio, si tiene mucha hacienda.
No añadas unas bodas á otras bodas;
Que es añadir trabajos á trabajos.
Sé con tus hijos manso, y no tirano;
Si el hijo errare, deja que su madre
Le castigue, ó, si acaso no le viere,
Los viejos más ancianos de la casa,
Ó los jueces del pueblo, ó magistrados.
No consientas guedejas en tus hijos,
Ni crespa cabellera, ni enrizada;
Que no es cosa decente de los hombres,
Por ser ornato propio de mujeres.
Guarda respeto á la hermosura tierna
Del hermoso muchacho; muchos ciegos
Los aman con lascivia. Las doncellas
Guarda, cerrando puertas y ventanas;
Ni la dejes salir á ver las calles
Antes que la desposes; que es difícil
Guardar hijas hermosas á los padres;
Pues aunque esté cerrada en una torre
Adonde el sol no llegue con sus rayos,
Si ella no es guarda de tu propia honra,
Dentro de sí el adúltero la dejas:
Que el desear pecar es el pecado.

Á tus parientes ama, y la concordia.
Reverencia los viejos y á sus canas,
Dándoles el mejor lugar y asiento,
Y al viejo noble ten igual respeto
Que á tu padre. No niegues el sustento
Necesario al ministro que te ayuda:
Dá su salario justo á tu criado
Porque te sirva fiel y puntualmente;
No le digas palabras afrentosas,
Ni le señales, porque no le ofendas.
No infames al que sirve, porque acaso
No pierda con su amo; y, si es prudente,
De tu criado toma los consejos.
La castidad del cuerpo purifica
El alma, que los vicios entorpecen.
Estos son los secretos soberanos
De la justicia, que al que vive á ellos
Obediente, le dan vida segura,
Muerte dichosa, y gloria después de ella.

ANACREÓN CASTELLANO

CON PARÁPHRASI Y COMENTARIOS

POR D. FRANCISCO GÓMEZ DE QUEVEDO

CASTELLANO

(NIHIL AD ME.)

AMPHYDIS

Inest igitur, ut apparet in vino quoque ratio:
Nonnulli verò, qui bibunt aquam, stupidi sunt.

ADVERTENCIA

Temeroso saco á luz este autor de que me notarán los escrupulosos de deshonesto, porque le traduzgo siendo lascivo. Y en mí hay culpa: que, cristiano, le doy á mi lengua; mas en él no hay pecado, pues lo escribió en tiempo que era religión no sólo tratar de embriagueces, sino sanctificar con ellas sus ídolos. En la parte que he podido, le he castigado, porque mi intento fué comunicar á España la dulzura y elegancias griegas, y no las costumbres. Sólo ruego, por la memoria de Anacreón, nunca ofendida del tiempo en tan ciega antigüedad, que nadie lea sus obras sin ver primero su vida, que va en este primer cuaderno. No por opinión común pierda su crédito autor en su estilo illustre.

VIDA DE ANACREONTE

SACADA DE LOS IX LIBROS DE LILIO GREGORIO GIRALDO

EN LA HISTORIA DE LOS POETAS

CORREGIDA, Y AUMENTADA EN DISCULPA DE ANACREONTE,

CON AUTORES Y CONJETURAS,

POR D. FRANCISCO GÓMEZ DE QUEVEDO

Está la imagen de Anacreonte, segunda á la de Píndaro. Llamóse su padre Scythinio; otros le llamaron Eumelo; otros Parthenio, ó Aristócrito. Fué Anacreonte, si creemos á Estrabón, teyo, de Teo, ciudad que está en medio de Jonia. Esto fué causa de que la lengua jónica se lea en sus versos. Porfirio, sobre Horacio, dice que Salustio pone á Teo en Paphlagonia cuando habla del sitio de Ponto, de lo cual suena en Ovidio teya musa, y en Horacio cuerda teya, y en otra parte el mismo:

No de otra suerte Anacreonte teyo
Dicen que ardió por el Batylo samio.

Porque dicen que á Batylo Pusión amaba Anacreonte. Y Leonidas, epigramatario, dice que Batylo y Magistes fueron muchachos que él quiso mucho. Prolijamente confirma con autores esta fea nota Lilio Giraldo en Anacreonte, culpándole (para la modestia y religión de nuestra edad) de amante de ilícita y varonil lascivia. Y bien que en su edad no fué nota, hay en Eliano *de varia historia*, lugar que le rescata destas injurias, que poco benigno al noble escritor creyó á maliciosas conjeturas Lilio Giraldo. Dice así en el lib. IX, cap. IV de Eliano: «Polícrates samio fué dado mucho á los versos, y estimó mucho los escritos de Anacreonte teyo, y su persona, pero no puedo alabar su invidia, su viciosa insolencia. Anacreonte levantó al cielo con ardiente voz á Esmerdia, muchacho hermoso que Polícrates amaba, y el muchacho, agradecido á estas alabanzas, reverenciaba y respetaba en primer lugar á Anacreonte, el cual con grande amor quería su agudeza y sus costumbres, y no su cuerpo.» Y para confirmar esto más fuertemente, ¡oh poderoso Eliano! que en su tiempo también debía de imputarse esta mancha á Anacreón, añade consecutivamente: «¡Oh! no, por los dioses, ninguno haga

tal afrenta al poeta teyo, ni le arguya de incontinente, ni des-
templado.»—Por ti, Lilio Giraldo, alzó Eliano la voz, y aun no
le quisiste oir: más pienso que fué desdicha del poeta que ma-
licia tuya.—Adelante, Eliano prosigue:

«Polícrates, celoso, rapó al muchacho, viendo que Anacreón
le celebraba y que él en pago le mostraba voluntad agradecida:
cortó á raíz el cabello al muchacho, siendo junto entonces honor
y hermosura, pareciendo que así daba fealdad al niño y dolor á
Anacreón; pero él, disimulando la culpa en Polícrates, se la echó
al muchacho, atribuyendo á furor suyo el haberse afrentado con
sus manos y cortado sus cabellos. Mas los versos de esta des-
gracia de sus cabellos cántelos Anacreón, que lo hará mucho
mejor que yo.» Hasta aquí Eliano. Dice Favorino, referido por
Stobeo, *Sermón contra la hermosura:* por esto es ridículo Ana-
creón que se cansó en escribir cosas vanas reprehendiendo al
muchacho porque se cortó los cabellos, con estas palabras: «cor-
taste la excelente flor del tierno cabello.» Mas perdióse esta ode
toda, que apenas guardó estas dos palabras Stobeo. Con esto
queda respondido á lo que Máximo Tyrio dice del tracio Es-
merdia, y á lo de Cleóbulo, y á los versos que citan de Dión.
Lléguese para más fuerza lo que Apuleyo dice en los *Floridos,*
lib. II, tratando de la estatua de Batilo: *Verum hæc quidem sta-*
tua esto cuiusdam puberum, quem Polycrati tyranno dilectus Ana-
creon teius amicitiæ gratia cantitat. «Esta es estatua de un cierto
mancebo amado de un Polícrates tirano, al cual por causa de
amistad canta Anacreón teyo.» Concuerda este lugar con el de
Eliano, y á todos estuvo sordo el docto y cuidadoso Lilio Gre-
gorio.

Demás desto, si de que alabó los muchachos nació la sos-
pecha, no sólo no es mal hecho alabarlos siendo hermosos, pero
es justo, y no por eso se ha de colegir que el que lo hizo fuese
su amante, sino que celebró á la naturaleza lo que hizo con per-
feción, pues se podía seguir del que alaba la hermosura de un
caballo, ó la de un toro otro tanto. Y adviértase que cuando
Anacreón pinta á Batylo en sus obras, no dijo más de que pin-
tasen su hermosura; y tratando en la pintura de su señora au-
sente (quizá era Eurípile, pues dicen que la amó), pintando sus
labios, dice que inciten y persuadan á besarlos. Y en cuanto

lascivia, en la segunda confiesa que las mujeres crió Dios para amadas del hombre, á quien hizo para amarlas osado, duro y áspero, pues á ella la dió la hermosura y al hombre la valentía, y dice que la hermosura de las mujeres lo vence todo. Y en la cuarta ode:

> Mejor es que mi dama
> La traigas á mis ojos.

Y en la quinta de la Rosa:

> Y para que de rosas coronado,
> Con mi señora al lado.

Y en todas las obras suyas se ve que amó mujeres claramente, y que fué perdido galán suyo. Demás desto, ninguno de los que fueron dados á ilícita Venus lo disimularon, antes hicieron gala y precio dello. Como se ve en Platón y en Sócrates, y se leyera de Orpheo, si no hubiera el tiempo castigado sus obras, pues fué el primero que escribió contra las mujeres en favor de los muchachos; obra infame, y tras preciarse desto, todos son inimicísimos de las mujeres. Véase en el segundo libro de Achilles Estacio Alejandrino al fin, qué oprobrios dice tan extraordinarios della él manchado con este pecado. En lo que toca á desordenado Anacreonte, y borracho, tengo por disparate creer que lo fuese. Sigo en esto á Eliano, y á la razón, porque es sin duda que fué viejísimo, pues Luciano le cuenta entre los que vivieron mucho, y afirma que vivió ochenta y cinco años. Pues si fuera tan desordenado en el vino, no saliera aun de la mocedad, porque como dice Teophrasto Paracelso, *De contractura*, capítulo IV, «el espíritu del vino demasiado mata, porque hace el daño en la parte más principal y más peligrosa, que es en el calor natural que corrompe, empapándose en él por su similitud, fuerza y sutileza.» Demás desto, expresamente se lee lugar que dice así en Ateneo, en el lib. X, cap. IX: «*Absurdus est profecto Anacreon, qui totum suum poema cum ebrietate inmiscuit, nam quod deliciis, ac voluptatibus deditus esset, accusatur in poematibus, cum non intelligant multi, quod cum sobrius esset ac prudens, ebrius esse fingitur, nulla impellente necessitate.*» «No anduvo acertado Anacreón mezclando todos sus poemas con borracheras, que por esto le acusan que fué dado á regalos y deleites, como quiera que no entiendan que siendo cuerdo y templado, sin tener necesidad se fingió ebrio.» Contigo habla también Ateneo, Lilio Gregorio, mas á tantos doctos fuíste sordo.

Sospecho que el llamar borracho á Anacreonte se ha de entender del modo que cuando dicen: *vinosus Homerus:* «vinoso Homero»; pues todos concluyen que le dieron este epíteto por lo mucho que alabó el vino, y por esta propia causa le merece mejor mi Poeta, pues gasta todo su libro en alabarle. No estorba que escribiese del vino y de las parras sin tratar de otra cosa; que no porque Luciano alabó la mosca, se ha de entender que gustaba dellas, y las buscaba: ni porque Ovidio alabó la pulga, que se entretenía con tenerlas en su aposento, y que no huía dellas. Asuntos son de valientes ingenios: y el del beber más alegre y más natural, aun en la parte demasiada, pues en España lo imitamos ya de Flandes. Quizá si hay tras tantas autoridades lugar á las conjeturas, fué causa el ser viejo cuando escribió los más destos versos, de escribir por aliviar el cansancio de la edad cosas alegres de vino y muchachos, y niños y danzas, pues son las cosas de que sólo gustan los viejos. Que escribiese esto ya viejo, de todas sus obras se colige: á ellas me remito, pues lo dice por expresas palabras. Su modestia de Anacreón, su humildad y su cordura, bien se colige de lo que dicen los autores griegos. Y Arsenio en sus *Colectáneas griegas*, que, habiéndole dado Polycrates cinco talentos, y no le dejando dormir el cuidado de guardarlos y las imaginaciones de lo que podría hacer dellos, se los volvió diciendo: «*no soy tan necio que estime en más el oro que mi quietud.*» Dignas palabras de hombre más sobrio que ebrio, como quiere Pausanias, que describe una estatua de Anacreón borracho, en la cual se ven aun ahora versos de Leonidas poeta. Dice Estrabón que en los versos suyos estaban escritas alabanzas de Polycrates, mas no parecen tales obras. En qué edad fué no conciertan los autores: Eusebio lo cuenta en la olimpíada LXI: otros, como refiere Suídas, en la LXII, en el tiempo que Polycrates reinaba entre los Samios, del cual, como dice Herodoto y hemos probado, fué tenido en mucho Anacreonte. Algunos dicen que no fué Anacreonte en la olimpíada XXV, como inadvertidamente lo dice Suídas; pero en la LXV, en el tiempo que Ciro y Cambises reinaron. Ni falta quien diga que en tiempo deste poeta los Teyos, dejada su ciudad, se pasaron á Abdera, en Tracia, como no pudiesen sufrir, de opinión de Suídas, la insolencia de Histrio, antes que las afrentas de los Persas; de donde nació aquel proveibio, ó refrán; «*Abdera, hermosa colonia de los de Teo*», del cual se acuerda Estrabón. Escribió Anacreonte, fuera de los himnos, elegías, jambos, en lengua jónica, y también *mela;* así se llaman los versos líricos que toman este nombre de Anacreónte. Desto hace mención Agelio y Efestión, y Dio Preusieo. Escribió también Pizotomica, que se cita en los comentarios de Nicandro, si no es que sean de otro Anacreonte. Dicen que escribió una sátira de Lisandro; otros dicen que escribió un poema intitulado Penélope y Circe en un Ulises enamoradas.

> Dicen que en uno ardieron
> Penélope la casta,
> Y Circe la que el mar de vidrio vive.

Neantes Liciceno dice que Anacreonte halló el género de instrumento que llaman barbitón, como los de Ibico el trigono, el cual en las cenas de Ateneo refiere Vulpiano dialogista. Pausanias y Valerio Máximo dicen que murió ahogado con un granillo de uva, que se le atravesó en la garganta: tengo por tan mentirosa y soñada esta muerte, como la de Homero de los pescadores. Y pienso que Grecia, que siempre fué fabulosa, trazó este suceso por conveniente á la vida de Anacreonte, que ellos infamaron sin razón por sus escritos. Cómo muriese, yo no lo hallo; pudo ser que muriese así, pero dificultosamente con un grano de uva. Hay quien dice que Anacreonte no creyó la inmortalidad del alma, y que decía que no había más de lo presente. Satisfácese á esto con una ode entre sus fragmentos, que es la postrera en mi tradución, y empieza:

> Viendo que ya mi cabeza
> Siente los robos del tiempo, etc.
> Arrepentidos sollozos
> Doy, en lágrimas envueltos,
> Porque aguardé al postrer día
> Á temer muerte y infierno.

Esto es lo que yo he podido hallar en disculpa de las calumnias de Anacreonte, que es piedad debida á los muertos. Virgilio dijo:

Heu, parce sepulto.
¡Ay, perdona al sepultado!

Y es respeto que se debe á los antiguos. Podrá ser más doc-
to y curioso el parecer de los que tienen lo contrario; pero el
mío es más honesto y menos común, y más digno de la memo-
ria de un hombre sabio, que en tantos años no se le ha caído de
la boca á la Fama.

Á DON PEDRO GIRÓN, DUQUE DE OSUNA

DON FRANCISCO GÓMEZ DE QUEVEDO

Por ser Anacreón la gala y elegancia de los griegos, famoso
autor en todas lenguas, y no visto en la nuestra, y por ir con
más copiosos comentarios que hasta ahora ha tenido, más corre-
gido el original, y con muchos lugares declarados, no advertidos
jamás, me atrevo, siendo pequeña obra, á ponerla en manos de
V. E., donde hallarán estima el autor, lima mis descuidos, y pre-
mio y amparo mi estudio. Guarde Dios á V. E. Madrid, 1 de
Abril, 1609. Criado de V. E.

L. TRIBALDI TOLETI

PRO ANACREONTE APOLOGETICUM

Ebrius est, multo madidum qui censet Jaccho,
   Sobrius est, siccum qui putat esse senem.
Ebrius, annoso pariter qui quærit in ævo
   Delitias Veneris, delitiasque meri.
Longævum Bromio, aut captum credemus amore,
   Cum noceant vitæ vina, Venusque simul?
Sobrius est igitur, nec non sine crimine vates,
   Qui treis, bisque decem vixit Olympiadas.
Sed tamen est morum scopulos crimenque poeta
   Teius, Jonia est usque petulca lyra?
Nec tanti lusus fuerint, aut carmina tanti,
   Inspergent nocuis pectora quæ salibus.
Moribus officiant moduli, numerique diserti,
   Demendis nati sollicitudinibus?
Seria dicta augent, adimunt dicteria morbos:
   Cedit blandiloquis anxia cura iocis.

Molibus obruimur gravibus, levitate levamur:
  Exporrecta iuvat, frons caperata nocet.
Plurima præterea charis tribuuntur amicis,
  Multa nefas illis quippe negasse palam.
Plura usu constant ævi, rituque vetusto;
  Plura quoque arbitrio stantque, caduntque loci.
Plura petit pellax ocasio, plura tyrannis:
  Plura potens avidi temporis imperium;
Nec qui conscripsit iusus bona carmina fecit:
  Seu bona seu mala sint, qui iubet, ille facit.
Nec semper verbis animus respondet, at ipso
  Verba licet semper percipere ex animo.
Denique quod tempus, mos, vis, sorsve attulit, aut res
  Vir bonus hoc æqui consulit atque boni.

DE ANACREONTE, POETA, Á DON FRANCISCO GÓMEZ DE
QUEVEDO, IN HISPANAM LINGUAM VERSO, ET Á CALUM-
NIA DEFENSO.

HIERONIMUS RAMIREZ

VALLIS MARCHIONIS SECRETARII

EPIGRAMMA

Dum Teius vates solis fundebat Achivis
  Carmina, quæ puero pusio lusit Amor,
Fabula erat vulgi: nunc potat dulce falernum,
  Atque tuo totus munere, Bacche, madet.
Nunc quoque per scænas traducitur inguinis ægri
  Canicies, priscæ sobrietatis amans.
Nemo ferebat opem vati, quem Gnosius ipse
  Arbiter ad Maneis iusserat ire pios.
Donec QUEVEDUS, sæcli decus huius et Alpha,
  (Seu genus, ingenium seu magis acre petas)
Desertæ causæ voluit gravis esse patronus:
  Diluat ut tanti crimina falsa viri.
Non illum à culpa tantum, quæ maxima certe est,
  Vindicat, Hispano sed docet ore loqui.
Atque seni, exuta ad mortem properante senectus,
  Contulit æternos vivere posse dies.

Θέλω

VINCENTII SPINELI

EPIGRAMMA

Quis novus hic nostris splendet regionibus hospes?
  Quem Graia indutum vestis Ibera tegit?
Græcus hic, an ille Hispanus? Sed Græcus uterque:
  Noster uterque sonat; Græcus uterque nitet.
Ingenuos versus non deserit ulla venustas:
  Carmina dulcisona plena lepore fluunt.
Qui legit Græcos, credat legisse QUEVEDUM:
  Qui legit Hispanum, Anacreonta legit.
Tot gemmis similes quid erunt sibi noster et alter?
  Noster Iberus Græcus; Græcus et alter Iber.
Num fuit Anacreon noster, Græcusve QUEVEDUS?
  An simul Hispanè carmina Græca docent?
Nobilis hic noster, sed Græcus nobilis ille:
  Acer hic, et rigidus; mollis at ille fuit.

PARÁFRASI Y TRADUCIÓN

DE ANACREONTE

SEGÚN EL ORIGINAL GRIEGO MÁS CORREGIDO

CON DECLARACIÓN DE LUGARES DIFICULTOSOS.

AUTOR

D. FRANCISCO GÓMEZ·DE QUEVEDO

I

Á SU LIRA

Θέλω λέγειν Ἀτρείδας.

Cantar de Atrides quiero,
Cantar quiero de Cadmo con mi lira;
Mas ella de amor fiero
Suena el enojo y ira.
Las cuerdas mudo, y toda la renuevo,
Y con estilo nuevo
Quiero cantar de Alcides las vitorias
Y los trabajos dignos de altas glorias;
Pero la lira mía,
Del arte haciendo lengua, solamente
Canta de amor, y sólo amores siente.
Así, gloriosos rayos de la guerra,
Deidades de la tierra,
Perdonad á mi Musa que no os cante
Desde hoy en adelante;
Que en ella sólo suena
La dulce voz que está de amores llena.

HENRICO STEPHANO

Á mi parecer, y de autoridad de un manuscripto, empieza bien Anacreonte con estos versos, con que en cierto modo se excusa. No diferentemente empezó Ovidio en el I de sus *Amores*, cuando como Anacreonte aquí culpa á su lira, él á Cupido así:

> *Arma gravi numero violentaque bella parabam*
> *Edere*, etc.

> Armas violentas, guerras pretendía
> Cantar en graves números.

Y el mismo, en el III, con dos versos dijo lo mismo:

> *Quum Thebæ, quum Troia foret, quum Cæsaris acta,*
> *Ingenium movit sola Corynna meum.*

> Habiendo Tebas, Troya, y hechos claros
> De César, sola me movió el ingenio
> Corinna.

> Χαίροιτε λοιπὸν ἡμῖν Ἥρωες.

Ovidio, elegía I, lib. II de *Los Amores*, dice lo mismo:

> *Ausus eram, memini, cælestia dicere bella.*

> Si bien me acuerdo me atreví del cielo
> Á decir las batallas.

Y acaba así la elegía:

> *Heroum clara valete*
> *Nomina, non apta est gratia vestra mihi.*

> Quedad á Dios, ilustres nombres de héroes;
> Pues que mi musa no es acomodada
> Á vuestros hechos.

D. FRANCISCO DE QUEVEDO

Discúlpase con su lira de no cantar á Troya ni Thebas; cosa que por desapacible los líricos han aborrecido en los heróicos, como Marcial por todos en el libro IIII, epigrama XLIX.

> *Nescis, crede mihi, quid sint epigrammata, Flacce,*
> *Qui tantum lusus illa jocosque putas.*
> *Ille magis ludit, qui scribit prandia sævi*
> *Tereos, aut cænam, dure Tyeste, tuam:*
> *Aut puero liquidas aptantem Dædalon alas,*
> *Pascentem Siculas aut Polyphemon oves.*
> *A nostris procul est omnis vesica libellis,*
> *Musa nec insano syrmate nostra tumet.*
> *Illi tamen laudant illa, sed ista legunt.*

> Créeme, Flaco, que ignoras lo que cierran
>   En sí los epigrammas; pues que piensas
> Que no son más de burla y niñerías.
>   Más burla aquel que escribe de Tereo
> Criiel, banquetes; ú de Tiestes duro
>   La cena, ó á Dédalo pegándose las alas,
> Ó á Polyphemo que apacienta ovejas
>   En Sicilia. Están de nuestros libros
> Lejos estas locuras mentirosas.
>   No con locas grandezas nuestra Musa
> Se hincha, que bien sé que alaban todos
>   Esas cosas, bien sé que las alaban,
> Ésas adoran; pero leen aquéstas.

Como se ve en Homero, Virgilio, Estacio, y Hesiodo, de quien tácitamente dice que los alaban muchos, y los entienden pocos, y los leen menos, por faltarles la hermosura y alegría, y brevedad de los líricos, como dice en nombre de Aristóteles, quien quitó al suyo la Retórica en el lib. III, cap. IX, *De pendenti Oratione.*

Dico autem pendentem, quæ nullum per se habet exitum, nisi res quæ dicitur in exitum pervenerit, quæ insuavis est, quoniam infinita, omnes enim finem conspicere volunt. La contraria oración á ésta, y la que escribió, no sé si diga que ilustró primero, se llama περίοδον, y añade el autor: «*quæ compositio suavis, et dilucida est.*»

Hase de advertir que como puro lírico habla con la lira, diciendo que será impropiedad cantar con ella las guerras, que nacieron para las trompetas belicosas, sino cosas de amor y de gusto, que son las que se conciertan con sus voces.

Puso antes las guerras de Troya y Tebas, por ser las más famosas por ejércitos, reinos y escritores, y de mayor antigüedad. Y así, cuando hablando Anacreonte en disculpa de lo que canta, como ahora de lo que deja de cantar, dice en la XVI:

> Σὺ μεν λέγεις τὰ Θήβης,
> 'οδ' αὖ φρυγῶν αὐτάς,
> ἐγὼ δ' ἐμὰς ἁλώσεις.

Que para él es mayor estrago, y más digno de sentirle, y quiere más inmortalizarse así, y celebrar sus amores, que no las calamidades de Orestes y Cadmo, ú Príamo. Á esto se llega el admirable Propercio, lib. I, eleg. IX:

> *Plus in amore valet Mimnermi versus Homero:*
> *Carmina mansuetus lenia quærit amor.*
> *I, quæso, et tristes istos depone libellos,*
> *Et cane quod quævis nosse puella velit.*

Eran estas dos guerras como proverbio; y así es común en todos el repartirlas; y particular el Propercio en el mismo libro, eleg. VII, y en el lib. II, eleg. I, casi dice lo mismo que Anacreonte en ésta:

> *Non ego Titanas canerem, non Ossam Olimpo,*
> *Nec veteres Thebas aut Pergama nomen Homeri.*
> *Navita de ventis, de tauris narrat arator:*
> *Nos contra angusto versamus prælia lecto.*

Con todo, no se excusa Anacreonte de cantar guerras, según Ovidio en el I de *Los Amores*, eleg. IX:

> *Militat omnis amans, et habet sua castra Cupido.*

Y aunque parece que le desmiente Propercio en el lib. III, eleg. IV, diciendo: *Pacis Amor deus est, pacem veneramur amantes,* el propio consecutivamente se declara así:

> *Stant mihi cum domina prælia dura mea.*

Quede firme que si algunas guerras se pueden cantar son las del amor, y que con éstas solas se templan las voces de la lira, la cual es tan ajena y enemiga de tristezas, que Stacio, *Epicediom in Glauciam melioris,* silva V, lib. II, encareciendo su sentimiento, dice:

> *Infaustus vates vexo mea pectora, tecum*
> *Plango, Lyra.*

Como si dijera: «con la misma alegría lloro.» Esto, pues, de querer cantar con la lira cosas tristes, reprehende en la presente oda tan ásperamente el autor, que no sólo dice que no son cosas para cantar las guerras y batallas, pero que aun las liras no quieren sonar con ellas, ni las consienten.

Y á mí desta doctrina mejor me suena por principio en Virgilio:

Musa mihi causas memora, etc.,

que

Arma virumque cano.

Y ello, como yo probaré en la defensa de Homero contra las calumnias de Julio Scalígero, y otros desta secta, apóstatas de la buena fama del padre de todas las ciencias, es forzoso que sea aquél su principio y no éste.

II

Φὺσις κέρατα ταύροις.

Á los novillos dió naturaleza
En las torcidas armas la fiereza;
Al caballo hermoso
Dió cascos fuertes, pecho generoso;
Dió por pies á las liebres temerosas
Las alas de los vientos presurosas,
Y en los leones nobles, si valientes,
Negra concavidad armó de dientes.
Al mudo nadador alas y brío,
Con que resbala libre por el río;
Y en los aires suaves
Plumas las dió á las aves,
Para que se adornasen,
Y caminos diáfanos volasen.
Á los hombres dió esfuerzo y osadía:
Qué dar á las mujeres no tenía,
Y diólas (dón del cielo) la hermosura,
La honesta compostura,
La bizarría y gala,
Á cuya fuerza nada desto iguala:
Pues la mujer hermosa en un instante
Vence en valor el fuego y el diamante.

HENRICO STEPHANO

Λέουσι Χάσμ᾽ ὀδόντων: en el manuscrito apenas se leía este verbo Χάσμα, pero socorrió con más claridad otro ejemplar. Deste verbo usa Plutarco donde dice: Πότερον

ἐνδοτάτω τοὺς ὀδόντας. También la llaman concavidad los latinos, ὀδόντων parece que se dice (1) por ςόματος: porque es
temerosísimo el león por los dientes. De aquí Alcibiades, importunándole uno: δάκνεις ὡς αἱ γυναῖκες, respondió: ὄυμενουν,
αλλ' ὡς ὁι λέοντες.

Τοῖς ἄνδρασι φρόνημα: interpreté yo φρόνημα *prudencia*,
para que sea en este lugar lo mismo que φρόνησις; porque
¿quién ignora que ésta es particularmente á los hombres
conveniente y que en las mujeres no cabe tanta fuerza de
discurrir como en ellos? No digo esto porque ignore que
φρόνημα significa la ferocidad y la grandeza del ánimo; pero
esto ¿á qué propósito? principalmente viendo que muchas
bestias tienen grandes espíritus, principalmente el león, á
quien llaman por eso magnánimo los poetas. Y Phocílides,
contando las cosas que dió á los animales, que carecen
de razón, Dios, concluye diciendo: λόγον δ' ἔρυμ' ἀνθρώποισι.
Hasta aquí el doctísimo Henrico Stephano.

D. FRANCISCO GÓMEZ DE QUEVEDO

Por haber imitado ó tomado toda esta ode Anacreonte
del Commonitorio de Phocílides, pues fué noventa y seis
años antes que nuestro poeta, dice el lugar en mi versión
así todo: cuyas postreras palabras son esas que arriba cité
de Henrico Stephano.

> Dios diferentes armas dió á las cosas
> Por la naturaleza su ministra.
> Á las aves dió suma ligereza;
> Á los leones fortaleza y brío;
> Ásperas frentes, y de ceño armadas
> En remolinos feos dió á los toros;
> Y á la abeja solícita ingeniosa
> La dió punta sutil, arma secreta,

---

(1) Al margen, en el MS.: «Nota que también se entiende boca hermosa. Theócrito, idilio 30, *Amores*, verso postrero.
ἄλλαπεριξ ἁπαλῶ σοματος σεπε ὅξρχομαι Besarte hé al rededor de
la tierna boca, ó te abrazaré.»

> Con la cual, aunque á costa de su vida,
> Suele vengarse, ya que defenderse
> No puede de los robos de los hombres.
>   Estas armas les dió á los animales:
> Pero á los hombres, que crió desnudos,
> La divina razón les dió por armas,
> Sin otra cosa; aunque es verdad que en ella
> Está la mayor fuerza y más segura;
> Pues es verdad que vale más el hombre
> Sabio que el fuerte, pues los reinos todos,
> Ciudades y provincias las gobierna.

Sólo mudó Anacreonte la conclusión en el modo, atribuyendo lascivo á la hermosura lo que religioso Phocílides á la razón. No arguyó (con perdón de su buena memoria) el cuidadoso Henrico Stephano bien en hacer un mismo estos dos lugares, y porque Phocílides dice que á los hombres dió razón, decir él que φρόνημα sea *prudencia*. Y es la causa que Anacreonte dijo *hombre* á diferencia de *mujer*, que así la nombra abajo, y Phocílides dice *hombre* por toda la especie. Así lo volvió el propio en estas palabras de Píndaro NEM. Oda VI.

Ε῎ν Α᾽νδρων, ἔν Θεῶν.

Unum hominum, unum Deorum genus.

Que claramente se entiende que así comprehendió debajo de la palabra *hombres* mujeres y todo. Y en latín claramente lo usurpa así Virgilio, pues en el primero de la Eneida, hablando de la voz de Venus, dice:

O quam te memorem Virgo, namque haud tibi vultus
Mortalis, nec vox hominem *sonat.*

Bien creo que no se le huyó esto á tan valiente ingenio; quizá lo despreció. Mas acudamos ahora á que si Phocílides lo dijera, como Henrico Stefano quiere que lo dijese Anacreonte, pecaban contra toda verdadera Filosofía.

Yo volví *esfuerzo y osadía:* así Helia Andrea en latín; porque la prudencia es virtud del alma, la cual en hombres y mujeres es natural igualmente, y tiene por raíz la razón bien ordenada, que los constituye en ser racionales. Cierta cosa es que todas las potencias, que se sujetan en el alma, son comunes á todos los individuos de esta especie *hombre,* que Dios sólo en los cuerpos, dotes y oficios dél los diferenció; y así discreta y justamente los diferenció el poeta por *hermosura,* y por *osadía y esfuerzo.* Y así prueba esto con eficacia el modo vulgar de hablar; al hombre hermoso y tímido llaman *efeminato, afeminado;* y á la mujer osada, *varonil.* Porque como son cosas que constituyen la diferencia, mudan los nombres. Ármase Henrico diciendo que mal puede ser *esfuerzo y osadía* cosa común á otros animales, y al león principalmente, á quien llaman los poetas *magnánimo.* Fácil defensa de derribar, pues con el mismo silogismo se ha de convencer que es menos posible la prudencia; pues la ponen los autores, no poetas, sino filósofos, de más autoridad en las bestias, como Cicerón *De Nat. Deor.,* III: «*Elephanto belluarum nulla prudentior.*» Y Strabón, lib. XV: «*Adsidere animali ratione prædito.*» Y si dice que esto no dice que son animales más prudentes que el hombre, sino los más de las bestias, vea en la boca de la Sabiduría aquellas palabras de los proverbios: «*O piger, vade ad formicam, et considera vias ejus, quæ cum non habeat principem, neque ducem, congregat in æstate quod comedat in hyeme.*» Lo cual es prudencia y providencia: por más prudentes las tiene, pues las da por maestros al hombre. Así que no es de importancia el argumento, antes hace contra sí. Y porque tiene mucho de temeridad oponerme desnudo de autoridad al sol de las buenas letras, y padre de la lengua griega, véase este lugar de Homero en el segundo de la *Ilíada,* donde por las mismas palabras de Anacreonte y mi traducción determina esta controversia contra Henrico Stephano en el Catálogo.

> *Nireus etiam ex imo ducebat treis naves æquales,*
> *Nireus Aglaiæ filius, et Charopi domini,*
> *Nireus qui formosissimus ad Ilium venit,*
> *Forma mulieres ornat, virum autem robur.*

Claramente le convence el padre de todo el saber. Y Cicerón, en el segundo de las *Tusculanas*, dice: «*Viri propria maxime est fortitudo, & magnanimitas.*» Bastantemente esfuerzan mi parte estos dos antiguos maestros.

Es, pues, el intento del poeta poner estos géneros de irracionales para la inducción que hace después en favor de las mujeres: pues muestra que la hermosura que á ellas las dió por armas naturaleza vence á todas les que dió á los demás animales. Que, según esto, es como una respuesta muda á los que á la proposición primera pueden oponer que dejan de escribir héroes y filosofía, cosa tan alta, por escribir de las mujeres; y satisface secretamente en esta ode, pues dice que canta de la hermosura que dió Dios á las mujeres, la cual vence el fuego, el hierro y el ánimo del hombre mismo, y así como vencedora de todo acredita el sujeto que tiene por noble. Esto autorizan dos lugares de Isócrates en la alabanza de Helena; el primero dice en estas palabras: «*Quamquam enim plurimi Semidei sint à Jove procreati, solam hanc mulierem dignam judicavit, cujus pater apellaretur. Cum vero plurimum et Herculem curaret, tanto magis Helenam, quam illum honestavit, quod huic robur tribuit, quo posset omnes alios superare; illi autem pulchritudinem dedit, quæ viribus etiam imperat.*» Parece que cuidadosamente escribió este lugar Isócrates para la objeción de Henrico Stephano, y para disculpa de su sujeto, pues nombra hasta el mismo Hércules, de que habló nuestro poeta en la primera.

El segundo lugar en la misma alabanza dice en estas palabras: «*Fuit Helena pulchritudine præstantissima, quæ est omnium rerum splendidissima, prætiosissima, et divinissima.*» Y encarécelo tanto, que dice: «*Virtus in Deo etiam ideo maximè probatur, quod sit omnium studiorum pulcherrimum.*» Y si preguntare alguno la razón de tener tanto poder la hermosura, respondamos con Aristóteles: «*Cæci interrogatio est*»: pues quien tiene ojos, dellos lo aprende.

Opiano lo dice al revés así: «*No hay tanto provecho de*

la fuerza y de la hermosura, como de la prudencia.» Llámase de los griegos φρόνησις; otras veces σοφιὴ; otras τεχνὴ; otras γνωμὴ; otras πρχπιδάς, por metonimia. Léese en Opiano, en Sófocles y Aghatón.

III

Μεσονυκτίοις πόθ' ὥραις.

Estando el mundo mudo
Y en silencio las cosas,
Cuando junto á Bootes
Daba vueltas la Osa,
Y todos los humanos
Del blando sueño gozan,
Cansados del trabajo,
Á que la luz exhorta,
Á mi casa Cupido
Llegó, y las puertas toca.
Yo respondí:—¿Quién llama
Y mi paz alborota?
—Ábreme, dijo el Ciego,
Tus puertas generosas;
Deja el miedo que tienes;
Un niño soy, que adora,
Estando hecho invisible,
El mundo. Voy á solas,
En hielo y nieve envuelto,
Á escuras y sin ropa.—
Luego que oí sus quejas,
Aunque era ya á deshora,
Encendí luz ardiente,
Y abrí las puertas todas.
Entró un mozo por ellas
De afable cara, hermosa,
Mas con aljaba y arco,
Y flechas voladoras.
Por enjugalle, al fuego
Le llegué, y con mis propias
Manos limpié sus manos,
Que fué cortés lisonja.
De los crespos cabellos
Adonde, en vez de aljófar,
Había ensartado el frío

Crespas y heladas gotas,
Le sacudí el rocío;
Mas, con alma alevosa,
En sintiéndose enjuto,
Ingrato á tales obras,
Probemos, dijo, el arco,
Por si la cuerda floja
Mojada no dispara:
Y al momento la dobla.
Obedeció á la fuerza
De la mano traidora
El nervio, que, violento,
La media luna forma.
Tiróme una saeta
Con alas y ponzoña,
Que llevó á mis entrañas
Inquietud amorosa.
Y pagando con risa
Mis lágrimas piadosas
(Mal haya el que se duele
Del Amor cuando llora),
Me dijo:—Amigo huésped,
Para otro día nota
Que está sano mi arco,
Y herida tu persona.

HENRICO STEPHANO

Κατὰ μέν σχίσεις ὀνείρους. No es ἀνακόλουθος. Oración es
que imita el vulgar modo de hablar, como si dijera: «¿Quién
llama á mis puertas? Cierto tú, quienquiera que eres, vienes
á deshora; romperás mi sueño»; como dijo en otra parte (1),
postreros dos versos de la XII: «*Con tu mucho hablar cuan-
do duermo me despiertas á Batillo.*»

D. FRANCISCO GÓMEZ DE QUEVEDO

No pongo las demás notas de Henrico, porque como yo

(1)   Aquí hay un hueco ó falta en el manuscrito por no ha-
ber escrito el amanuense, en griego, estos postreros dos versos á
que el autor se refiere. Estos dos versos dicen en griego:

ὑπορθρίαισι φωναῖς
ἀφήρπασας βάθυλλον

he seguido en mi versión sus enmiendas, y he leído con él
lo griego, es poco importante.

Ingeniosamente, con fáciles versos, declara la condición
del amor, la humildad que enseña, los ruegos que derrama,
las fuerzas que cobra en hallando regalo, la tiranía con que
se hace dueño de todo, y el mal pago que da después. Sea
esta alegoría, aunque vivamente muestra este intento Ana-
creonte, enseñando debajo de esta fábula hermosa, dulce-
mente efectos amargos de experimentar.

IV

Ε'πì μυρσίναις τερείναις.

Sobre estos mirtos tiernos,
Y sobre verde loto,
Beberé recostado
En apacibles ocios,
Mientras mi sed regala
Con llenos vasos hondos
Amor, trayendo atada
La vestidura al hombro.
Porque la edad ligera
Con curso presuroso,
Como rueda de carro,
Se pasa por nosotros.
Después nos quedaremos
Convertidos en polvo,
Los güesos desatados
En los sepulcros hondos.
¿De qué sirve, á la piedra
Dar bálsamo oloroso,
Ni verter en la tierra
Los dones más preciosos?
Mejor es que bebiendo
Me corones el rostro,
Honrando mis cabellos
Con olores famosos;
Mejor es que mi dama
La traigas á mis ojos;
Porque antes que yo baje
Á los reinos del Orco

Quiero aliviar cuidados
Y males temerosos,
Y hartarme de contentos,
Pues es la vida un soplo.

HENRICO STEPHANO

Ο'λίγη δὲ κεισόμεσθα
Κόνις ὀςέων λυθέντων.

Así en cierto epigrama ἐν δ' ἀχέροντι οςέα δε σπουδιὴ παρθένη κεισόμεθα.

D. FRANCISCO GÓMEZ DE QUEVEDO

Era largo discurso juntar los lugares griegos correspondientes á ολίγη δὲκεισόμεσθα; sea por todos el citado.

Es duda por qué dice Anacreonte que beberá recostado más á la sombra del mirto, más que sobre otros árboles?

La causa es ser el mirto árbol dedicado á los amantes, pues por eso le puso Virgilio en el Infierno en el lugar de los enamorados, *Eneid., VI:*

> *Hic, quos durus amor creduli morte peredit,*
> *Secreti celant calles, et myrtea circum*
> *Sylva tegit. : : :*

Y parece que lo confirma con darle el epíteto de tierno. Pudo ser causa la buena sombra, y ser casualmente árbol común adonde estaba el Poeta. Y esto es la *corona Naucratite, quæ composita est myrto una cum rosis, quam Anacreon gestare consueverat.* Esto Atheneo, lib. XV, cap. VI, *De corona Naucratite.*

Loto es, según Theophrasto, yerba que con el sol se abre y se cierra. Dioscórides en el lib. IV, caps. CVI y CVII, dice: «*Lotum urbanam, alii trifolium vocant, nascitur in hortis.*» Y en el cap. CVII, dice: «*Sylvestris Lotus, quam trifolium minus appellant.*» Y en el mismo libro, cap. CIX, dice lo mismo que Theophrasto del sol. Veamos ahora si era en uso á los amantes, lo cual declara Atheneo, cap. I, en el lib. III. «*De Ægiptia faba nascitur ex cinoriis flos, qui coronis est aptus: hunc Ægyptii Lotum solent nominare; at mei mari dominantes* (ipse inquit Atheneus) *Mellilotum, à quo coronæ Mellilotidæ odoriferæ admodum æstatis tempore refrigerantes.*» No queda duda, pues, era oloroso, y servía á las coronas de que tanto usaba mi Poeta. Y diciendo que en el estío refrescaban, da la causa de que se echa sobre ellas á beber, porque templaran frías el calor ardiente que da el vino. Lo demás de la Ode todo es al pie de la letra robo ó imitación, ó semejanza del cap. II de la *Sabiduría*. «*Quia sine ratione nati sumus, et post hoc erimus tanquam non fuerimus; quoniam sumus aflatus in naribus nostris, et sermo scintilla in motu cordis nostri, qua extincta cinis evadet corpus, et spiritus noster difundetur tanquam mollis aër, et nomen nostrum oblivionem accipiet in tempore, et nemo memoriam habebit operum nostrorum, et transibit vita nostra tanquam vestigia nubis. Venite ergo et fruamur, quæ sunt, bonis, et utamur posessione tanquam in juventute celeriter vino pretioso, et unguentis impleamur, et ne prætereat nos flos veris, coronemur ῥόδων κάλυξι, antequam marcescant.*» Por las mesmas palabras lo dijo Anacreonte; pero el principio del capítulo hace el juicio destas razones, y de los que las dicen, que ellas merecen.

Resta para lumbre de todo las palabras de Atheneo en el lib. XV, cap. V, *De Coronis calamorum*, donde dice así:

«Aristóteles en el libro segundo de las cosas amatorias, y Aristón en el *libro* de las cosas amatorias *nono*, hablando en un sujeto de una suerte dicen, que los antiguos por los dolores de cabeza que los molestaban, á causa del vino que bebían, por apretar las sienes buscaron las más fáciles ligaduras que hallaron, lo cual les fué de provecho. Los demás que les sucedieron lo hicieron ornato, y disimulando así lo declaró el remedio con nombre de gala. Y así, inventaron en las juntas coronas contra la fuerza y ardor del vino.» Pero es más conforme á razón que, como estén en la cabeza todos los sentidos, por eso se corona; ó porque es provechoso cubrir la cabeza como enlazar la frente, por eso se coronaban las sienes, como dice el buen Anacreonte. Pero más abajo sospecho que se entiende esto de *beberé recostado sobre un mirto y loto*, de las coronas colares que llama, porque nombrando Atheneo mi Poeta dice: «*Anacreon implexas collares ex Loto circa pectora imposuerat.*» Y copiosamente el autor en esta materia.

V

Τὸ ῥόδον τὸ τῶν ἐρώτων.

Mezclemos con el vino diligentes
La rosa dedicada á los amores,
Y abrazando las frentes
Con las hermosas hojas y colores
De la rosa, juguemos descuidados.
La rosa es gala y honra de los prados:
Es la rosa tan bella,
Que es ojo del jardín, del llano estrella,
Regalo del olfato y de la mano.
La rosa es la querida del verano;
Joya que más estima primavera;
Es deleite del Cielo; es de manera
La rosa, y es tan blanda su belleza,
Que enlaza Amor con ella la cabeza
Cuando en los corros de las Gracias danza
Una y otra mudanza.
¿Qué te detienes más, padre Lyeo?
Coróname, premiando mi deseo,
Porque en tu templo asista
Diestro cantor y alegre citarista,
Y para que de rosas coronado,
Con mi señora al lado,
En los bailes alegres de mil modos
Dé yo también mi vuelta como todos.

HENRICO STEPHANO

Ῥόδον ἔαρος μέλημα. Aquí se puso un tribrachio en lugar de un anapesto; pero yo más querría leer así, que, mudado el orden, leer *ἔαρος ῥόδον μέλημα.* Fácilmente me persuado que este verso fué admitido del Poeta por usar de la repetición que afecta tantas veces:

> Τὸν ἐφευρετὰν χορέιας.
> Τὸν ὁμότροπον ἔρωτι.
> Τὸν ὅλας ποθοῦντα μολπας.
> Τὸν ἐρώμενον Κυθήρης.

D. FRANCISCO GÓMEZ DE QUEVEDO

Ingeniosamente notó esto Henrico Stephano, pues son muchos los lugares con que se podría probar esta repetición, y todos los traductores vuelven así, Helia Andrea y Heilhardo Lucino. La más declaración desta Ode remito á otra de la rosa, que empieza en mi versión:

> Con el verano, padre de las flores.

Sólo es de advertir que el ingenioso Achiles Stacio, en los amores de Clitophonte y Leucippe, lib. II, al principio, dice esto mismo de la *rosa,* con las mismas palabras, en boca de Leucippe, que canta sus alabanzas. Pongo, por haberle traducido, las palabras castellanas.

«Luego cantó otra cosa menos áspera, como fueron las alabanzas de la rosa, desta manera:—Si Júpiter hubiera de dar rey á las flores, á ninguna hallara digna deste imperio sino á la rosa; porque es honra del campo, hermosura de las plantas, ojo de las flores, vergüenza de los prados, y la más hermosa de todas ellas. Espira amor, es incentivo de Venus, adórnase con olorosas hojas, deleita con ellas, pues de tiernas se ríen con Zéphiro temblando.—Esto era, en suma, lo que cantaba.» Hasta aquí Achiles Stacio Alexandrino. Tiénese por cierto que es himno de Sapho acomodado aquí éste:

> Mezclemos con el vino diligentes
> La rosa.

Parece que alude al uso que tenían los antiguos de beber echando flores en el vino, ya por sanidad, mejor por

deleite y regalo, ya apostando á beber las coronas. Ad-
virtióme desto el licenciado Francisco de Rioja, hombre en
España de singular juicio y buenas letras. Tertuliano, libro
De Resurrectione carnis, cap. XVI: «*At enim calix benè sibi
conscius, et diligentia ministerii commendatus de coronis
quoque potatoris sui inhonorabitur, aut aspergine florum ho-
norabitur.*» Y en en el libro *De Corona Militis: Coronam si
forte existimas fascem florum per seriem comprehensorum
ut plures simul partes, ut omnibus pariter utaris; jam vero
et in sinum conde, si tanta munditia est, in lectulum spaŕge,
si tanta mollitia est, in poculum crede, si tanta innocentia
est.*» Como si dijera: «Si tan saludables son, échalas en las
bebidas.» Y Plinio, lib. XXI, cap. III: «*Mox procedente hila-
ritate, invitavit Antonium*», etc. Y creo que es así: porque
brindando ella, era fuerza que bebiera su corona sola, para
que Antonio bebiera después la suya. Eso muestra *oppo-
sita manu*. Lee Francisco de Rioja *concerptas* en plural, y
con alguna razón; mas mientras lo escrito se pudiere con-
servar, no soy de opinión que se mude, quite, ó añada sin
autoridad de manuscrito. Y Horacio parece alude á esto en
el III. Ode XIII:

> *O Fons Blandusiæ splendidior vitro,*
> *Dulci digne mero non sine floribus.*

Esto parece que confirma Scalígero sobre el cuarto li-
bro de Teophrasto *De Historia plantarum*, cap. III: «*Insa-
niebant enim coronis Græci, adeo ut mulierculæ quædam
ex eo ministerio solo ad vivendum questum facerent:*» cla-
ramente lo dice. Confirmanlo estos versos que Atheneo en
el undécimo, cap. I, refiere de Xenophanes Colophonio:

> *Prompta jacent alii redolentia pocula flores.*

Y en la postrera de la rosa hay lugares que citaré en
ella, que confirman esto. Y no sería fuera de propósito en-
tender desta costumbre en Virgilio, *vina coronant;* porque,
aunque citándolo Atheneo en Homero, dice que se entiende
llenan; si dijera *crateresque coronant,* creyera que los coro-

naban y llenaban de vino, que eso es, según su opinión, *co-ronar: llenar*. Pero *vina coronant* es que para reparar el furor del vino y hacerle más suave, según la costumbre dicha, echaban en él rosas y coronas deshechas, como ahora hacemos luquetes y aguas de ámbar. Pero el lugar que, á mi parecer, más expresamente confirma esto es en Atheneo, lib. XV, cap. XVII, y refiérele de Platón en el *Júpiter enfermo*, tratando de la Corona Hypoglotide.

> *Vos quippe linguam fertis ipsi in calceis,*
> *Corona hypoglotidem ubi potatis hinc.*

Así mostró que lo entendía en su traducción de Anacreón Remi Velau, francés, pues dice en esta de la rosa así:

> *La rose à l' Amour sacrée*
> *Entremeslons dans le vin.*

No ha sido ambición juntar estos lugares, sino cosa necasaria al lugar nunca advertido así en el Poeta.

VI

Στεφάνους μὲν κροτάφοισι.

En los corros confusos y revueltos
Fatigamos la tierra con pies sueltos;
No con más ligereza,
Más arte ni más tino
Que á nuestras plantas las concede el vino,
Que añade peso ardiente á la cabeza;
En abrazos de rosa encarcelados,
Los cabellos sin ley desordenados;
Y la doncella blanda
Entre los corros de las Gracias anda,
Que parece que vuela,
Con pie obediente al són de la vigüela,
De scetro el brazo airoso acompañado,
De hiedras coronado.
Allí el muchacho bello,
Encrespado en guedejas el cabello,
Y con boca suave,
Canta mejor que de Tereo el ave,
Acompañando con medido acento

Las cuerdas, que articulan voz al viento.
Y Amor, venciendo en la cabeza al oro,
Mostrando por cabellos un tesoro;
Y Lyeo con él, honor del suelo,
Y Venus con los dos, risa del cielo,
Vienen á ver los bailes soberanos,
Que, hechos desta suerte,
Olvidan á los viejos más ancianos,
᷍ pesar de los años, de la muerte.

VII

Υακινθίνη με ῥάβδω.

Viendo Amor que, perezoso
Y con desmayadas plantas,
Su paso veloz seguía
En peligrosa jornada,
De tierno jacinto hizo
Blando castigo de varas,
Con que me forzó, crüel,
Á seguirle las pisadas.
Iba corriendo ligero
Tras el vuelo de sus alas
Por montes, en cuya altura
Su peso el Cielo descansa;
Por los secretos caminos
Que, murmurando, las aguas
En los senos más obscuros
Abrieron con pies de plata;
Por valles adonde el sol,
Lisonjeando las ramas,
Acecha las sombras frías,
Que, á pesar suyo, se alargan;
Cuando, vestida de yerbas,
Disimulando entre matas,
Mis plantas tocó una sierpe,
Y el veneno mis entrañas.
Ya del corazón mi vida
La ponzoña desataba,
Si el Amor de mis dolores
No tuviera piedad tanta,
Que se llegó á mí riendo,
Y, viéndome que espiraba,
Con sus alas me alentó,
Diciéndome estas palabras:

—Cuantos males te atormentan,
Cuantas penas te maltratan,
Son porque no eres amante,
Ni sabe querer tu alma.

D. FRANCISCO GÓMEZ DE QUEVEDO

Esta postrer copla, en que dice que es atormentado porque no sabe querer, ni es amante, declara Propercio, lib. III, eleg. XVI:

> *Nec tamen est quisquam sacros qui lædat amantes;*
> *Scirionis media sic licet ire via.*
> *Quisquis amator erit, Scythicis licet ambulet oris,*
> *Nemo adeo, ut noceat, barbarus esse volet.*
> *Luna ministrat iter, demonstrant astra salebras,*
> *Ipse Amor accensas percutit ante faces.*
> *Sena canum rabies morsus avertit hiantes,*
> *Huic generi quovis tempore tuta via est.*

VIII

Διὰ νυχθὸς ἐγκαθεύδων.

Blandamente y en dulce paz dormía
Sobre un tapete que de Tiro vino,
Y soñé que danzaba yo y que vía
(Propio efecto del vino)
Ninfas que vivo círculo formaban
Y con pie blando al músico imitaban;
Cuando mancebos tiernos y tan bellos
Como Lyeo, á Febo parecidos,
Mostrando encarcelados sus cabellos
En pámpanos tejidos,
De invidia de la gloria en que me vieron,
Injuriosas palabras me dijeron.
Quise besar las Ninfas, y al momento
Dió libertad el sueño á mi cuidado:
Desperté, y aumentó mi sentimiento
El hallarme apartado
Del engaño que fué mi dulce dueño;
Y así, para cobrarle, volví al sueño.

IX

Ε᾽ρασμίη πέλεια.

—¿De dónde bueno vienes,
Regalada paloma,
Y, cortando los aires,
Adónde vas ahora,
Lloviendo y aspirando
Con breve pico aromas?
—Pregunto yo: por dicha,
Saberlo ¿qué te importa?
Anacreón me invía
Á su Batilo sola,
Aquel que tiene imperio
Sobre todas las cosas.
Por un himno pequeño
Me vendió á él la diosa
Que da leyes al Cielo,
Que Papho y Gnido adoran.
Sírvole de correo
En lo que más le importa:
Vé que llevo sus cartas,
Si conoces su nota.
Prométeme que, en pago
Desta jornada y otras,
Me ha de dar libertad
Y me ha de inviar horra:
Mas yo quiero, en su casa,
Más cárcel rigurosa
Que andar de ramo en ramo
Saltando de hoja en hoja.
No entretendrá mi muerte
Al rico que me acosa,
Ni será logro al pobre
Hacer mi vida corta.
¿De qué me sirve andarme
Por cuestas pedregosas
Solícita buscando
Sustento con que coma?
Muy mejor es sin duda
El tomar de la boca
El pan á Anacreonte
Y las frutas sabrosas.
Yo bebo también vino
Del propio de su copa,

Y alegre con él salto;
Que el beber me alborota.
Con mis alas suaves
Le suelo hacer sombra,
Y acuéstome en la lira
Que, estando alegre, toca.
Esto es cuanto preguntas;
Y voime, que me tornas
Más que fué la corneja
Parlera y habladora.

HENRICO STEPHANO

Τίσ ἐστι, σοὶ μέλει δέ. Creo que se ha de leer aquí: Tι δ' ἐςί σοι μέλημα, como en Teócrito al principio del idilio XLIV, diciendo uno ὡς χρόνιος, respondió otro χρόνιος τι δέ τοι τὸ μέλημα. Καὶ νῦν οίας ἱκέτνωυ: pienso que se ha de leer ὁρᾶς, para que sea δεικτικῶς, dicho por paréntesis.

Καὶ δένδρεσι καθίζειν; puédese añadir á estos dativos esta letra ν, y puédese dejar también advertido esto para otros muchos lugares, como ἐν ὠυρεσι βοῶντα: también Tι δ ἄςρασι βοώτεω, y otros si hay. Acuérdome haber leído en cierto Gramático que con estos dativos pocas veces se junta ν, porque no hagan más dura la oración. En potencia habla.

Κάι δεσπότην Ανακρεοντα; advierte que será mejor leer Κάι δεσπότην ἐμοῖσι, porque este acusativo Ανακρεοντα parece que se le juntó del escolio.

D. FRANCISCO GÓMEZ DE QUEVEDO

Sólo tengo que hacer, declarar estas mudanzas de lecciones que hizo Henrico Stephano. Muda τίς en τὶ, porque dice que τίς quiere decir *quis es?*, quién eres; con ἐςι qué cosa es ésta; τι δ' quiere decir *por ventura, ¿qué te importa?*, ó *¿quién te mete en esto?* Bien confieso que parece más corriente lección, pero no es mala decir, para defender lo impreso, τις *¿quién eres tú*, que te metes en esto? Y es lo mismo y no menos elegante. Y propiamente vuelto, dice ¿quién eres tú?, ó ¿qué te importa saber esto? Las demás notas son necesarias, y traduje por ellas.

X

E'ρωτα κήρινον τις.

Un Cupidillo en cera retratado,
Blando sujeto á dios tan obstinado,
Quise comprar, por ser obra curiosa;
Y así, le pregunté á quien le vendía
En cuánto me daría
Del fiero dios la imagen ingeniosa.
Dijo que en cualquier cosa;
Pero que me avisaba
Que no era precio por lo que él le daba,
Sino por no tener un dios consigo
De la paz de los hombres enemigo.
—Dámele, repliqué, por un escudo
Este niño mandón, ciego y desnudo;
Deja que llegue el ídolo á mi casa;
Que ardiente fuego sin piedad me abrasa.
Y si acaso no hace que mi dueño,
Por quien mis ojos tristes quito al sueño,
Que me quiera y admita,
Y por mí se derrita,
Yo te prometo que, por pena, al ciego
Le haga yo que se derrita al fuego.

D. FRANCISCO GÓMEZ DE QUEVEDO

Ingeniosamente dice que el amor más apacible y más blando, el cual representa en el de cera, es tal de tirano, que, abiertos los ojos de la razón, le da de balde quien le tiene, sin otro precio mayor que el de no tenerle. Y aunque es verdad que parece sólo agudeza de sujeto decir Anacreón que le derritirá si no derrite á su dama y se la ablanda, tiene oculta significación. Y es así: que, antiguamente, entre los más principales ritos de los hechizos amatorios era el de la cera derretida en nombre de la cosa amada. Vése en la *Farmaceutria* de Teócrito en estas palabras:

Así como vencida de las llamas

> Se derrite esta cera, se derrita
> Daphni en mi ardiente amor.

Y Virgilio en la égloga que imitó este idilio, aunque dejó otras cosas, este rito puso como principal, desta manera:

> Como un mismo calor aquesta cera
> Ablanda, y este barro le endurece,
> Así con el amor suceda á Daphni.

Quiso, pues, decir: «Amor, mi remedio está en dos cosas; ó en vuestro poder, haciendo que mi señora se abrase por mí, ó en mí, haciéndoos abrasar á vos.» Y fué amenaza, como si dijera: Ello lo habéis de hacer, ó como autor, ó como instrumento de mi remedio; y si no lo hacéis como dios, lo habéis de hacer como hechizo, ardiendo en su nombre, y á su causa ídolo de cera conforme con los veneficios de Teócrito, y Virgilio; y Horacio, *Epodon*, libro *In Canidiam*, ad finem, *sic:*

> *An quæ movere cereas imagines*
> *Diripere Lunam vocibus possum meis.*

XI

Λέγουσιν αἱ γυναῖκες.

> Dícenme las doncellas:—Ya estás viejo,
> Anacreón; pregúntalo á tu espejo:
> Verás corvo tu cuello,
> Desierta la cabeza de cabello,
> Y nevada la barba encanecida
> Del invierno postrero de tu vida;
> La frente, de la edad villana arada,
> La boca, de los años saqueada.—
> Mas yo no sé si el tiempo ya pasado
> El honor de las sienes me ha robado,
> Y si hay en mí cabello qué se acuerde
> Del color negro de mi tiempo verde:
> Sólo tengo por cierto
> Que el anciano de canas más cubierto,
> Por esa misma causa,
> Le conviene en los gustos no hacer pausa,
> Y gozar mas de amores y de vino
> Cuando se ve á la muerte más vecino.

XII

Tí σοι θέλεις ποιήσω.

No sé yo de qué manera,
Golondrina, castigarte,
Pues que con voz tan sin arte
Porfías de esa manera:
  Cantando siempre en mis salas,
Y sabiendo que me ofendes,
Sin duda alguna pretendes
Que yo te corte las alas;
  Ó la lengua, á lo que creo,
Quieres que te corte yo,
Cual dicen te la cortó
En otro tiempo Tereo.
  ¿Qué pretendes enfadosa,
Que antes que el sol abra el día
Mis orejas á porfía
Hieres con voz rigurosa,
  Y de enmedio de mi sueño,
Con áspera voz y estilo,
Me arrebatas á Batilo,
Que es mi regalo y mi dueño?

XIII

Οί μεν καλὴν Κυθήρην.

En forma de capón Ati,
Loco por los montes altos,
Llamaba á Cibele á voces,
De Cibele enamorado.
  Y también los que bebieron
En las orillas de Clario
De Apolo el agua elocuente,
Andaban de juicio faltos.
  Yo sólo de tres maneras
Soy furioso y arrojado:
Pues la demasía del vino
Vence mi razón á ratos;
  También cuando harto estoy
De la fragancia del nardo,
Y por hermosas doncellas
De juicio mil veces salgo.

> Así que de tres maneras
> Contino furioso ando,
> Ya bebedor, ya poeta,
> Y ya ciego enamorado.

D. FRANCISCO GÓMEZ DE QUEVEDO

Ésta trasladó brevemente como en epílogo Julio Escalígero, en sus versos anacreónticos.

> Siendo furor el amar
> La voluntad y el querer,
> Si es furor también beber,
> Si es también furor cantar;
> Tres veces tengo furor,
> Furor, furor inconstante,
> Por poeta y por amante,
> Y por ser gran bebedor.

Dice así en latín á la letra. Y porque no hagamos volumen de ajenos trabajos, como los que hacen ostentación propia lo que trasladan de otros, remito á Catulo en cuanto á Ati y su fábula, y sobre él á Mureto, que curiosamente lo notó en este lugar.

Son las tres cosas que trae el poeta las que causan furor en el seso más honesto del mundo. Y aunque es verdad que la ira enfurece, *furor arma ministrat,* tómase por borrachera, pues emborracha la cólera: así lo dice la frasi castellana: *«borracho de cólera.»* Que el vino cause furor, claro es: y vese en Orpheo, himno: *«Aroma sahumerio del Trieterico Baco; Ignem seminans, Nyseie insane:»* «*Tú que siembras fuego, Niseio insano.»* Que el amor sea furor, Virgilio, IV, *Æneid.,* hablando de Dido:

> .....*Quid vota furentem*
> *Quid delubra juvant:*
> ¿Qué aprovechan los templos, los retablos
> Á la furiosa ya?

Y más abajo:

> *Uritur infelix Dido, totaque vagatur Urbe furens.*
> Arde la sin ventura Dido, y toda
> La ciudad anda del furor llevada.

Y más abajo, y más claro:

> *Ardet amans Dido, traxitque per ossa furorem.*
> Arde la enamorada Dido, y corre
> En llamas el furor por sus medulas.

Que la Poesía es furor es de averiguar. Determínalo Ciçerón diciendo: «*Bonus poeta nemo sine inflammatione animorum, et sine quodam afflatu quasi furoris.*» Y comúnmente llaman al suyo *divino furor* los poetas; y Platón, de la hermosura: «*Quien sin el furor de las Musas llega á las puertas de la Poesía, confiado en que con alguna arte será poeta, no lo entiende y se engaña.*» Diferéncianse, pues, estos furores desta suerte: que en el enamorado causa furor la voluntad alterada con los deseos; en el poeta el entendimiento levantado con la imaginativa; en el bebedor el vino y sangre alterada. El enamorado no está en sí, y está en la cosa amada; el borracho no es señor de sí; el poeta es de sola su imaginación. El furor del poeta es divino:

> *Est Deus in nobis, agitante calescimus illo;*

el del enamorado es humano, hijo de nuestra naturaleza; el del borracho, bestial. Aquél merece alabanza, el otro segundo, invidia; y éste, lástima.

XIV

Θέλω θέλω φιλῆσαι.

> Ya me he resuelto en amar;
> Ya tengo el alma sujeta:
> No quiero hacer al Amor
> Obstinada resistencia.
>   Aconsejóme que amase,
> Y neguéle la obediencia;
> Desprecié necio el consejo,
> Y enojéle de manera,
>   Que tomó el arco y la aljaba
> Del oro que el sol se peina,
> Y con fieras amenazas
> Me hizo sangrienta guerra.

Yo, como en un tiempo Aquiles
Cerca de las naves negras
Con fuerte lanza y escudo
Mostró su valor y fuerza,
  Así con Amor reñía;
Mas él tiró de manera
Jaras, que me fué forzoso
Huir, las espaldas vueltas.
  De tal manera tiró,
Que le faltaron las flechas;
Y así, enojado y corrido,
Para burlar mi defensa,
  Él mismo se tiró á mí
En lugar de una saeta,
Y, desatando mis miembros,
Abrió en el corazón puerta.
  Aposentóse en mi alma,
Y, siendo huésped en ella,
En maltratar su hospedaje
Muestra toda su grandeza.
  Que Amor batalla invisible,
En lo más guardado entra,
En lo más secreto habita,
En lo más hondo se cierra.
  Y así, las armas y escudo
Ninguna cosa aprovechan,
Ni estando el contrario dentro
Hacer la guerra acá fuera.

XV

Οὔ μὅι μέλει Γύγαο.

No de Giges las riquezas,
El Rey de los Sardios, pido;
No busco el oro escondido,
Ni le envidio las grandezas
Al tirano aborrecido.
  Que sólo pongo cuidado
En andar acompañado
De finísimos olores,
Y en que de rosas y flores
Ande el cuello coronado.
  Del día presente y ligero,
Pues que tan presto se va,

Cuidar solamente quiero;
Porque del día venidero
Dios sabe lo que será.
    Luego importa que bebamos,
Que á Baco en brindis llamemos,
Que las sienes coronemos,
Primero que aborrezcamos,
Muriendo, lo que queremos.

XVI

Σὺ μεν λέγεις τα Θήβης.

    Guerras de Tebas cantas, nuevo Apolo;
Otro de Troya sólo
Canta batallas duras;
Yo canto mi trabajo y desventuras:
No me destruyó á mí caballería,
No armada infantería,
No las escuadras graves,
No galeras ni naves;
Mas un valiente ejército pequeño,
Que aloja en los dos ojos de mi dueño,
Y desde ellos me tira
Tantas saetas cuantas veces mira.

XVII

Τὸν ἄργυρον τορεύσας.

    Famoso herrero Vulcano,
Pues con ingeniosa traza
Labras el metal villano,
Labra de plata una taza
Para mí con propia mano,
    La más honda que pudieres;
Y no me muestres, si quieres,
En ella, por invención,
El Plaustro, ni el Oríón,
Ni las estrellas que vieres:
    Porque ¿qué me importa á mí
Ver, cuando beba, á Bootes,
Y á las Pléyadas allí,
Ni que la Luna me notes

Tan bella como es en sí?
　　No estrellas formes, ni lides,
Mas cueros, vasos y cubas,
Con que el santo licuor mides;
Los racimos en las vides,
Y en los racimos las uvas.
　　Y juntamente con ellos
Muchos Cupidillos bellos,
Y á Baco, de mosto ardiente
Haciendo de boca fuente,
Y canal barba y cabellos.

XVIII

Καλὴ τέχνα τόρευσον.

　　Con ingeniosa mano y nueva traza
De plata fina lábrame una taza,
Artífice de ingenio soberano.
Nade en ella el Verano;
Retrátame en el suelo á Primavera,
Y una verde ribera;
Florezcan tus cinceles
Todo el vaso de rosas y laureles,
Y entre uno y otro rayo
Vístase del color de Baco mayo;
Y, como reina de las otras flores
Y del campo señora,
La rosa haga labor en sus labores,
Y el llanto de la Aurora,
Porque aun en los metales no se seque,
De las vides á lágrimas le trueque.
　　Y en estando la taza dibujada,
Dámela de buen vino coronada,
Que regale y despierte el apetito,
Y el forastero rito
De los nefarios sacrificios deja;
No tenga yo de ti ninguna queja,
Ni por todo él se vea
Imagen enojada, triste ó fea.
　　Dibuja en su lugar á mi deseo
De Jove el dulce sucesor Lyeo;
Temple el fuerte licor á los sedientos
Baco con los alegres casamientos;
Pinta al Amor sin armas y sin ropa;
Jueguen las Gracias dentro de la copa,

Debajo de la sombra regalada
De alguna vid sagrada,
Á quien tejan en lazos marañados
Pámpanos de racimos añudados.
   Demás desto quisiera
Que tu mano curiosa me añadiera
Un Febo hermoso espléndido en cabellos,
Ú jugando con él muchachos bellos.

D. FRANCISCO GÓMEZ DE QUEVEDO

Pide á Vulcano que le labre una taza ancha y honda.
Supone que eran comúnmente pequeñas, como se ve en
Atheneo. De autoridad de Dicearco Missenio, discípulo de
Aristóteles, afirma que los antiguos usaron pequeños vasos.
Anacreonte, fingiéndose ebrio (como hemos probado en
su vida) sin serlo, pide vasos copiosos. Chamaleon Hera-
cleota, en sus libros *De Ebrietate,* dice que, movidos del de-
leite, los poderosos usaron grandes vasos; pero también
confiesa que no fué entre los antiguos, y que los ociosos
griegos recibieron esto de los bárbaros. Y en los escritos
y pintura de los antiguos, sólo á los héroes se les halla el
rito, vaso grande suyo. Y lo que pueden oponer del con
que dió Ulises de beber al Ciclope, que debía de ser gran-
de, pues le emborrachó, fácil es la respuesta con probar
que le emborrachó mucho vino bebido en muchas veces, y
que no era el vaso grande; pues si lo fuera, no dijera Ho-
mero que bebió tres veces, en el IX de la *Odisea:*

Recibióle el Ciclope, bebió, y luego
Se alegró sumamente con el vino.
Tornó luego á beber con sed ardiente.
—Díme tu nombre, amigo, porque quiero
Con honesto hospedaje darte el pago.
Aunque también la tierra que habitamos
Los Ciclopes nos da vino á nosotros
De grandes uvas, y con ellas crecen
Las lluvias, que ellas mismas apretadas
Le producen y manan por las cuestas.
Pero este vino dulce que me has dado
Es del ambrosia y néctar de los Dioses.—

> Dijo el Ciclope; y yo del negro vino
> Le di otra vez.

Tres veces bebió, como consta por estas palabras. Queda
por responder cómo se emborrachó, si era pequeño vaso,
un hombre tan fuerte tan presto. Atheneo dice que por la
diferencia de la bebida, estando criado con leche. Manifiesto
engaño recibe Atheneo, pues Homero dice en boca del Ci-
clope que no solamente hay vino, pero ríos dél por las
cuestas: sólo confiesa que no le sabe tan bien. Dice luego
Atheneo más acertadamente que lo pudo causar la forta-
leza del vino, y no lo prueba, estando el lugar clarísimo en
Homero, en el mismo libro, hablando del Sacerdote de
Apolo:

> Éste me honró con dones muy preciosos:
> Siete talentos de oro bien labrado
> Me dió, y de plata fina un vaso todo.

Con que se reprueba por ciega la conjetura de Atheneo,
que dice era grande, por ser traído del despojo de los Ci-
cones. Prosigue probando la gran fuerza del vino:

> Y después doce cántaras de vino
> Incorruptible y dulce, cosa rara,
> Del cual nadie sino él sabía en casa,
> Y su mujer; pero cuando bebían
> Deste rojo licor dulce, á una parte
> Echaban veinte de agua.

Claramente se ve la fortaleza que tenía. También pudo ser
causa, ó ayudar á la fuerza el no haber comido antes que
bebiese, que es dañoso y desbarata con poco vino puro
cualquier estómago. Homero lo dice:

> Mas el Ciclope preparó la cena
> Matando á dos.

Que de eso le sirvió el emborracharle: de que no cumpliese
el número de los que había de matar, y lo que trocó era
de lo mucho que antes había comido. Dice Atheneo: ¿qué
diremos á lo del poculo, ó vaso de Nestor, que era tan
grande que apenas le podían levantar dos mancebos, y el
viejo le alzaba con una mano? Vea á Alciato en sus Em-

blemas quien quisiere, y verá esta dificultad declarada ha-
ciendo historia moral esto del vaso de Nestor, y represen-
tando en él la esfera, y en el viejo el hombre docto que
alcanza secretos negados á la poca edad de los mozos;
mas para con nosotros sea verdad que fué vaso, y tan gran-
de. Pero adviértase que se usaron estos más para tener vi-
no, que para beber en ellos; y eran como ahora acá la can-
diota, frasco ó barril. Y aunque algunos beben en ellas,
su uso no fué sino para tener vino y echarle en vasijas pe-
queñas, como se hace ahora de las cantimploras en las co-
pas. Fué encarecer las fuerzas de Nestor, como lo fuera
decir á uno acá que bebía con una tinaja alzándola en una
mano. Así se ha de entender en Virgilio, en el nono de la
Eneida:

> Rheto, que en vela estaba, lo vía todo;
> Pero, temiendo alguna gran desdicha,
> Detrás del vaso se escondió.

Sin duda eran de los que he dicho, pues se podía esconder
un hombre detrás dél. Consulte quien gustare en esto de
más prolijo discurso á Lázaro Baifio. Quede, pues, deter-
minado que, por no usarse vasos grandes y licenciosos, le
pide Anacreonte, por invención nueva, ancho y hondo y ca-
paz. Pide que en él no le retraten las estrellas, ni el cielo,
ni guerras crueles; porque estando bebiendo no quiere co-
sas filosóficas ni tristes, sino amatorias. Y así, pide que
le pinten cueros y cubas, cosas regocijadas, que ayudan á
Venus, y que la representación dellas abre el apetito á be-
ber más. También será causa más sutil ver que tenían por
borracho los antiguos al que en bebiendo trataba de gue-
rras. Y como las más veces se habla de lo que se está
viendo, porque el ver pintadas batallas no le diese ocasión
á tratar dellas, y pareciese borracho, pide que no se las
dibujen. Que tuviesen por borracho al que las contaba, ve-
se claro en un fragmento de Colofonio en Atheneo, donde
dice así:

> Bien merece alabanza el que, bebiendo,
> Dice sin titubar cosas modestas,
> Y muestra entero juicio en sus palabras;
> El cual ni trai á la memoria alegre
> De los Gigantes las batallas fieras,
> Ni los Titanes, ni de los Centauros
> Los prodigiosos casos, ú de nuevo
> Resucita las muertes ya pasadas,
> Cosa inútil y vana.

Y Anacreón en otro fragmento que no está en sus obras, y refiere Atheneo, dice:

> No podrá ser tu amigo ningún hombre
> Que, en bebiendo, con voces descompuestas
> Cuenta batallas, guerras y desgracias;
> Sino el que de las Musas se acordare,
> De sus blandos regalos y ternezas,
> Mezclados con deleite y con amores.

Esto todo toca á la ode XVII. Á la XVIII sólo se ha de notar que al sacrificio llama *forastero rito*, no porque no fuese propio á su religión, sino por no ser para las tazas, y ser dellas ajeno.

XIX

H᾽ γῆ μέλαινα πίνει.

> Bebe la tierra negra cuanto llueve,
> Y á la tierra el humor el árbol bebe.
> El mar bebe los vientos, que en sí cierra,
> Y el sol bebe la mar sobre la tierra;
> Y, por resplandor nuevo,
> Hasta la propia Luna bebe á Febo.
> Pues si estos son ejemplos verdaderos,
> Decidme, compañeros,
> ¿Para qué hacéis de mi paciencia prueba,
> Diciendo que no beba?

QUEVEDO

El mar bebe los vientos que en sí cierra.

Y es así, porque con la frialdad y vapores húmedos de la mar se engendran nubes que, llovidas, tornan á ella: y por eso hubo quien llamó á las nubes ríos recíprocos. *Eneida:*

Et in nubem cogitur aër.

Y el aire se cuaja en nubes.

Beber la Luna al Sol se entiende por los rayos y luz que dél recibe. No sé qué cosa se dice el valeroso y doctísimo soldado y poeta castellano Francisco de Aldana, que hablando de las estrellas en un fragmento suyo, que debemos á clemencia del tiempo:

Bébense unas á otras la influencia.

Si alcanzo sosiego algún día bastante, pienso enmendar y corregir sus obras deste nuestro poeta español, tan agraviadas de la emprenta, tan ófendidas del desaliño de un su hermano, que sólo quien de cortesía le creyere al que lo dice creerá que lo es.

XX

Η Ταντάλου ποτ' ἔςη.

Junto á los ríos de Troya
Níobe se volvió en piedra,
Y de Pandïón la hija
Volaba con plumas nuevas.
    Yo no quiero que los dioses
En ave ó piedra me vuelvan;
Sólo volverme tu espejo,
Porque me mires, quisiera.
    Quisiera ser vestidura,
Porque me trujeras puesta;
Agua quisiera tornarme,
Por lavar tus manos bellas.
    Ungüento quisiera ser,
Porque conmigo te ungieras;
Ó, por estar en tu cuello,
Ser el collar que le cerca.
    Quisiera ser el corpiño
Que tus pechos encarcela,
O, á lo menos, tu chapín;
Pisárasme así soberbia.

XXI

Δότε μοι, δότ', ὦ γυναῖκες.

Dadme acá, muchachas,
El vaso que os pido:
Beberé sediento
Hasta el Dios del vino.
    Porque ya, de seco (1),
El calor prolijo
De la sed que paso,
Me bebe á mí mismo.
    Estoy traspasado
Y apenas respiro;
Dadme ramilletes,
De Lyeo, amigos.
    Traedme guirnaldas,
Que el fuego excesivo
Que abrasa mi frente
Le templen con frío.
    Que los diligentes
Fuegos de Cupido
En otro lugar
Los tengo escondidos:
    Tengo reservado
Para sus martirios
Corazón diverso.
¡Ved si los estimo!

XXII

Παρὰ τὴν σκιὴν Βαθύλλου.

Á la sombra de Batilo
Pon (2), pintor, un árbol verde,
Por cuyos hermosos brazos
El Céfiro se pasee.
    Estén parleras las hojas,
Y corra junto una fuente
Que con vueltas de cristal
Enamorada la cerque.

(1) En el Ms. *deseo*, pero es error evidente.
(2) En el Ms., *por*.

Coro de pájaros libres
Con música le celebre,
Y ella de paso responda,
Porque esté corriendo siempre:
   Que así no habrá caminante
Que su jornada no deje,
Y á gozar de aqueste sitio,
Para descansar, no llegue.

XXIII

Ο'πλοῦτος εἴ γε χρυσοῦ.

   Si grande copia de oro recogida
Pudiera, amigos, alargar la vida,
No soy tan necio yo que no buscara
El oro donde quiera que se hallara,
Porque cuando la muerte me siguiera,
Sobornada con oro, se volviera.
Mas si es trabajo vano
Querer no ser mortal quien es humano,
¿Para qué me fatigo?
¿De qué me quejo? ¿Qué remedios sigo?
Que si los ciertos hados de la suerte
Me tienen destinado ya á la muerte,
¿De qué ha de aprovechar la plata y oro,
Y el copioso tesoro?
Fatíguense otros en buscar dineros;
Que yo con mis alegres compañeros,
Mojado con el vino,
Quiero pasar alegre mi camino.
Púdrase quien quisiere consumirse,
Y mátese de miedo de morirse;
Que á mí la muerte me hallará en la cama,
Escondido en los brazos de mi dama.

HENRICO STEPHANO

Anacreón confirmó con su vida lo que dice en estos versos: pues, habiéndole dado Polícrates dos talentos, viendo que los cuidados no le dejaban dormir, se los volvió diciendo: ὀν τιμᾶσθαι αὐτὰ τῆς φροντίδος: «*No estimo yo tanto estas cosas, que quiera por ellas vivir atormentado*»; ó «*Más estimo el ánimo quieto y seguro que el oro.*»

D. FRANCISCO GÓMEZ DE QUEVEDO

Al religioso Phocílides imitó en esto en su Commoni-
torio, donde llama al oro *appètecibile damnum, daño apete-
cible.* No pongo aquí todo el lugar, por ser más parecido á
otro en que Anacreonte trasladó á Phocílides. Este lugar
parece que les contradice Píndaro en la primera Olimp.

> Buena cosa es el agua,
> Y el oro es excelente y resplandece
> En las sumas riquezas,
> Como en escura noche ardiente fuego.

Y en la ode III de los *Olimpios,* Epode último, dice esto
mismo:

> El agua se aventaja
> Á esotros elementos:
> Y después es el oro
> Lo mejor de la tierra.

Esto realmente se entiende de bienes aparentes, que son
los de fortuna. Y Phocílides y Anacreón, que le imitó, ha-
blaron de bienes naturales y del alma, y en esos no tuvie-
ron por bien al oro. Así lo hizo Petronio Arbitro en su *Sa-
tiricon,* donde dice: «*¿Qué cosa no es común de las que hizo
naturaleza buenas? El Sol á todos da luz y día; la Luna,
acompañada de inumerables estrellas, también guía á las
fieras al pasto y al robo. ¿Qué cosa se puede decir más her-
mosa que el agua? Y con todo eso mana públicamente.*»

Al agua que dice Píndaro por cosa buena, natural la
confiesa, porque se da á todos y mana en público. Y por
esa misma razón no cuenta él al oro entre las cosas buenas
de la naturaleza, porque nace escondido, y no como el
agua y las demás cosas.

XXIV

Ε'πειδὴ βροτὸς ἐτέχϑην.

> Á pasar de la vida
> La senda larga y corta

Nací, mortal y flaco
Y lleno de congojas.
  Bien sé cuánto he andado
Del camino hasta ahora;
Mas de lo que me queda
No sé ninguna cosa.
  Dejadme, pues, cuidados,
Vivir contento á solas,
Y no os metáis conmigo,
Afligidas memorias;
  Porque quiero alegrarme
Antes que, rigurosas,
Del sudor de la muerte
Me cubran negras olas.
  Holgarme quiero, en tanto
Que mis dos ojos gozan
Del resplandor del día
Y de la luz hermosa.
  Hartaréme de vino,
Y, abrazado á la bota,
Cantará de Lyeo
Alabanzas mi boca.

XXV

Ὅταν πίνω τὸν οἶνον.

  Cuando, después que he bebido,
Duermo el calor que en la copa
Bebí, dulcemente al sueño
Encomiendo mis congojas.
  ¿Qué me quieren los cuidados,
Que apaciblemente roban
Los términos que á mi vida
Dan las fugitivas Horas?
  Lejos de mí reine altiva
En otros necios la honra;
Que toda mi calidad
Consiste en mi gusto sola.
  La vergüenza, ¿qué me quiere
Profano, si es religiosa,
Y las lágrimas y el luto,
Tiranos de la paz propia?
  Yo, que corra, ó que me pare,
Que me descubra, ú me esconda,

He de topar con la muerte,
Igualmente rigurosa.
 Pues si al cabo he de morir,
Dígame alguno: ¿qué importan
Los errores de la vida,
Y el trabajar en las cosas?
 Mi parecer es, amigos,
Que gastemos en coronas
A Mayo, y que á las cabezas
Den olores, gala y sombra.
 Con el vino, á quien la edad
Da más valor y más costa,
Acredite nuestro aliento
Las palabras de la boca.
 Que, en bebiendo, es cosa cierta
Que los cuidados reposan;
Que es Lethe el vino, en que beben
Olvidos tristes memorias.

XXVI

Ὅταν ὁ Βάκχος εἰσέλθη.

Luego que son posesión
Mis sentidos y mis fuerzas
Del Dios, que en líquido fuego
Arde el humor de mis venas,
 Luego que estoy del Dios lleno,
Se duermen todas mis quejas;
Porque es el vino letargo
De males y de tristezas.
 Á Creso no estimo en nada,
Y, sin pensarlo, mi lengua
Devotos himnos desata
Al inventor de las cepas.
 Gobierno así todo el mundo
Y pienso en cosas diversas,
Después que están mis cabellos
Añudados con la yedra.
 Váyase el desesperado
Á buscar muerte en la guerra,
Mientras yo, mi paso á paso,
Me voy hacia las tabernas.
 Según esto, pues que sabes
Que mi voluntad es ésta,

Dáme, niño, capaz vaso,
Para que me alegre y beba.
  Que es mucho mejor, sin duda,
Que fuera de mí me vean,
Que en tristes andas envuelto,
Cercado de muerte negra.

XXVII

Τὸν Διὸς ὁ παῖς ὁ Βάκχος.

  Cuando Baco, hijo de Jove,
Libero padre, y Lyeo,
Regala con dulce humor
La boca, esforzando el pecho,
  Luego doy licencia al gusto:
Que yo no tengo por feo
El obedecer del vino
Regocijados preceptos.
  Mas después que Venus santa
Con sus bailes y sus versos,
Sus requiebros y melindres,
Sus abrazos y sus besos,
  Me enternece, luego torno
Á mostrar que en mi celebro
(Gracias al ardor de Baco)
Hay más calor que no seso.

D. FRANCISCO GÓMEZ DE QUEVEDO

Escrito tenía largo comento á estas embriagueces, y
por no hacer prolijo el poeta, y ser los efetos del vino tan
claros, y tan experimentados, sólo quise poner contra es-
tos versos lo que dice el Sabio en los *Proverbios,* cap. XXIII:
«*Ne intuearis vinum, quando flavescit, cum splenduerit in
vitro color ejus, ingreditur blande, sed in novisimo mordebit,
ut coluber, et sicut regulus venena diffundet.*» «No mires al
vino cuando sonrojea y resplandece en el vidro su color,
que si al beber es blando, al fin muerde como víbora, y
derrama veneno como el régulo.»

No sólo dice que no le beban, pero que aun no le vean,
porque no engañe con apariencias de fragancia y color.

La causa por que no se ha de ver ni beber, y el veneno que derrama, declara el mismo en el propio tratado, cap. XX: «*Luxuriosa res est vinum, et tumultuosa ebrietas. Quicum-que his delectatur non erit sapiens.*» «Lujuriosa cosa es el vino, y alborotos trae consigo la embriaguez. Quienquiera que con ella se deleita no será sabio.» Bien expresamente excluía esta sentencia del número de los sabios á Anacreón, si no hubiéramos determinado en su *Vida* que, por escribir sin fastidio de los letores, escribió haciéndose amador de lo que aborrecía. Yo confieso que hay lugar que dice: «*Vinum bonum lætificat cor hominis*»: «El vino bueno alegra el co-razón del hombre»; mas esto todos los que lo entienden que lo dice por bueno al vino, y encomendando el uso dél, se engañan: que antes lo dice por el mal que hace, que es alegrar el corazón del hombre; pues siempre la alegría en él, y para él, la tuvo por mala Salomón, como lo mostró en el *Eclesiastes,* cap. VII: «*Cor sapientum ubi tristitia, et cor stultorum ubi lætitia.*» «Está el corazón del sabio donde hay tristeza, y el corazón del necio donde hay alegría.» Y por eso dijo en el mismo libro y capítulo: «*Melius est ire in domum luctus, quam in domum convivii*»: «Mejor es ir á la casa del luto y llanto, que á la de los convites»: y en este capítulo lo dice esto en otros muchos lugares. Bien sé que soy yo solo quien interpreta así la sentencia: «*Vinum bonum lætificat cor hominis*»; podrá ser que menos acerta-damente que yo deseo. Y si algún descompuesto bebedor se me opusiere diciendo que Teócrito en el idilio XXX dijo:

> *Vinum, o chare puer, dicit etiam vera,*
> *Et non ebrios oportet esse veraces.*
> El vino también dice las verdades,
> Como tú, niño hermoso:
> Y por esto conviene á los borrachos
> Nombre de verdaderos,

yo entiendo así: ὦ φιλε πᾶι λέγεται, porque aun acá lo deci-mos: «Niños y locos dicen las verdades», y lo hago en el

sentido comparativo al muchacho, y confieso que los borra-
chos dicen las verdades, y que el vino es verdadero. Mas
con Salomón niego que sea por prudencia ó virtud que in-
funda; sino, como dice en los *Proverbios*, cap. XXXI: «*Noli
Regibus, ò Lamuel, noli Regibus dare vinum, quia nullum
secretum est, ubi regnat ebrietas, ne forte bibant, et oblivis-
cantur judiciorum, et mutent causam filiorum pauperibus*»:
«No des á los reyes, ¡oh Lamuel! no des á los reyes vino;
porque no hay secreto ninguno donde reina la embriaguez;
no acaso beban y se olviden de la justicia y truequen con
el favor del rico la causa y razón del pobre.» Según esto,
más es incontinencia, locura, liviandad y defecto el decir
verdades, que otra cosa. Pues sin acertar nada, todo lo
derrama el vino, útil ó dañoso. Pudiera ocupar mucho pa-
pel con lugares de autores acerca desto del vino y em-
briaguez; mas remítome á ellos, que tomaron esto por solo
cuidado.

XXVIII

Ἄγε ζωγράφων ἄριςε.

Retrata, diestro pintor,
Retrátame, pintor diestro,
Mi dueño ausente, del modo
Que la dibujo en mis versos.
　Y pues de la rodia arte,
Ú la rosa, eres maestro,
Donde segunda vez nacen
En docta mano los muertos,
　Hágale aquesta lisonja
Tu pincel á mis deseos,
Y pinta negros y blandos
Sus cabellos lo primero.
　Y si es la cera obediente
Capaz de tantos misterios,
Pinta, si puede pintarse,
El olor de sus ungüentos.
　Dibujarásla, debajo
Del blando y negro cabello,

Frente de marfil, que baje
Á las mejillas su extremo.
   Negras las cejas la pinta;
No apartes sus arcos bellos,
Ni los juntes, mas de modo
Los tienes de pintar diestro,
   Que esté dudoso el divorcio
Que las pusieres en medio:
Pues desa misma manera
En su original las veo.
   Traviesos pinta sus ojos,
Y parezcan puro fuego,
Cual los de Minerva garzos,
Y blandos cual los de Venus.
   La nariz y las mejillas
Sean de leche y rosas hechos,
Y de claveles sus labios,
Á quien hurtan el aliento.
   La Persuasión á besar
Brinde en ellos los deseos,
Y dentro de la barbilla,
Y al rededor de su cuello,
   Anden las gracias volando;
Y, al fin, vestirás su cuerpo
Con un precioso vestido,
Mas que esté de suerte puesto,
   Que descubra alguna parte
De los elegantes miembros,
Que pueda de lo demás
Darnos testimonio cierto.
   No sé ya qué más te pida,
Pues parece que la veo,
Y aun sospecho que en la cera
Habla su retrato muerto.

D. FRANCISCO GÓMEZ DE QUEVEDO

Hase de advertir que en griego significa ῥόδον la rosa, que llamó así Plutarco por el olor que da; y la ciudad de Rodas, que dellas se llama así. Por qué á la pintura llama rodia arte, declara un lugar de Píndaro en los *Olimpios*, Od. VIII, *De Rodiis*.

«*Pallas eis libens fabrilem erudiit manum; hinc miris hominum clara laboribus efulsit Rhodos, ut per celebres vias scultorum manibus fiçta animalia vivis emula currerent.*»

«Palas por su gusto les enseñó el arte de la esculptura. Por esto fué ilustre Rodas con famosos trabajos de los hombres; tanto, que por las vías y caminos más usados y célebres, á imitación de los animales vivos, sirviéndoles de alma las manos de los esculptores, corrían los imitados y esculpidos.» Este lugar debo á Tribaldo de Toledo, hombre modestamente docto; y aunque es verdad que no prueba aquí sino de la esculptura, presupone que nunca anda la una sin la otra. No ignoro que este retrato hay quien le entienda esculpido en cera, y dado luego colores, como se hace hoy en España. Y así, siendo esculptura, se llama propriamente pintar, pues después se colora también. Aunque es verdad que Rhodas no haya tenido tanto nombre por la pintura, tómase por toda Grecia, como ciudad principal, y en Grecia por hartos testimonios consta que floreció el arte de la pintura. Y se colige de Petronio Arbitro: «*Iam vero Appelis, quem Græci monocronon appellant, etiam adoravi.*» «Ya vi las obras de Apeles, á quien llaman los griegos monocromon» (1); el cual apellido da Plinio á Hijemonio, el cual nota que las más célebres tablas de Apeles eran de cuatro colores. Y luego: «*Noli ergo mirari, si pictura defecit, cum omnibus diis hominibusque formosior videretur massa auri, quam quidquid Apelles, Phidiasve Græculi delirantes fecerunt.*» Yo leyera, *Græculi delineantes,* que conviene con su oficio. Traduzgo el lugar así: *Noli ergo mirari:* «no te espantes si acabó la pintura, si á todos los Dioses y los hombres pareció más hermosa la masa del oro que cuanto Apeles y Phidias y los griegos dibujando hicieron.» Que *delirando,* fuera desdecirse, pues dijo arriba: «adoré las obras de Apeles», y más arriba: «vi las manos de Zeugis, aun no vencidas de las injurias del tiempo, y algunos rudimentos de Protogenes, que competían la vida á

---

(1) Al margen: *V.e Collectanea ad Petronium.*

la naturaleza.» Así que por éstos y otros se puede disimular el título á Rhodas en la pintura, por ser parte principal de Grecia.

> La Persuasión á besar
> Brinde en ellos los deseos.

Elías Andrea vuelve: «Haz de la Suada sus labios»; entiende por la Diosa Henrico Stephano, sea *Phito* el labio, y es más conforme al original griego, que escribe:

γράφε χεῖλος οἶα πειθοῖς.

Pithus quiere decir *persuasión,* nombre de diosa profana que presidía á los que decían. Enio la llamó Suada; Horacio, Suadela, y Cicerón, gracia y donaire, cosa común á cualquiera que ve algo griego. Por esto traduje yo, no la diosa con nombre latino, como Elías Andrea, ni con nombre griego, como Henrico Stephano, sino lo que significa, que es lo que más hace al intento del poeta.

XXIX

Γράφε μοι Βάθυλλον οὗτω.

Á Batilo mi querido
Retrata desta manera:
Las hebras de sus cabellos
Por de fuera resplandezcan,
Y compuestas y ondeadas
Estén por de dentro negras,
Y desde la frente abajo,
Desordenadas las deja
Que sin ley se desparramen,
Tejiendo doradas trenzas.
Y más negro que un dragón (1)
Corone la frente negra
El bien compuesto cabello,
Que puebla la arcada ceja.
Dulcemente airados ojos
Y negros, harás que tengan
Blandura, si en ellos juntas
Á Marte y á Cytherea,

---

(1) Al margen en el MS.: «enmienda. y negreando en torno. L. δρχκον. δε. no como está en el original. δρακόντων.

Para que el Dios con el miedo
Y ella con amor suspenda.
Pinta por bozo en su barba
Lo que es flor en la azucena,
Y añade cuanto pudieres
El color de la vergüenza.
Pero yo no sé qué forma
Á los labios les convenga:
Hazlos colorados, gruesos,
Con elegancia tan nueva,
Que aun hasta el silencio mudo
Esté parlero en la cera.
Alegre y desenfadado
Le pinta el rostro; haz que venza
Su cuello al de Adonis blanco,
Y harás que de marfil sea.
Con las manos generosas
Pecho de Mercurio muestra,
Muslo de Pólux y vientre
Del dios que plantó las cepas (1).
Y encima del blanco muslo,
Que blando y bello se muestra,
Solícita ya de amores
Pinta una mocedad tierna.
Pero es escasa (2) tu arte,
Pues lo de mayor grandeza,
Que son las espaldas suyas,
Que nos las muestres te veda.
Sus pies pinta, aunque no importa,
Y cuanto quisieres lleva;
Deshaz el Phebo que haces (3)
Y haz dél y su belleza
Á Batilo: y si algún tiempo
Fueres á Samo opulenta,
Haz deste Batyllo Phebo:
Será obra docta y nueva (4).

---

(1) En el MS., *cejas*, pero es yerro evidente.
(2) En el MS., *escusa*.
(3) Así en el MS. Lo impreso:

> Deja ese Apolo que haces
> Y haz de esta misma manera...

(3) Así en el MS. En lo impreso:

> Dirás que es Batilo Apolo,
> Pues le es igual en belleza.

D. FRANCISCO GÓMEZ DE QUEVEDO

Nota este retrato de Anacreonte á la persona de Batilo el docto Henrico Stephano con particular doctrina. No expreso sus enmiendas, por haber leído el texto por ellas: sólo se me hace dificultoso declarar aquellos versos:

> Y más negro que un dragón
> Corone la frente tierna
> El bien compuesto cabello,
> Que puebla la arcada ceja.

Κυανω δρακωντον, y, aunque según Nicandro en su *Triaca* se llama el dragón χυανον δρακοντα, «tú conoce al verdinegro dragón», se pudiera decir por la ceja negra, que le imita en lo largo, según sus scoliastes, que dicen que tienen los dragones grandes cejas. Tengo que son espantosas en él, bien que elegantes, por negras, pobladas y largas. *Sex. Pompeo, de Verborum signif.: Dracones dicti* απο του δρακτιν, que es ver, porque tienen gruesa vista y fuertes ojos, y por esto como veladores se ponen á Esculapio, y por guardas se pintan á los tesoros antiguos: consta de Licophrón, en la Casandra, al fin: δρακον δε (1) φρουραις εσκεπασμεν επισκοπαις, que vuelve Escalígero: *ut uni plotio vellus avertant duci, servabat acri quod draco custodia* (2). Descalzo el un pie fué á hurtar al Rey el Vellocino, que guardaban dragones. Y así pudo, teniendo por tesoro la hermosura de los ojos de Batilo, para Polycrates, mandarle poner por cejas dos dragones que se los guardasen: algo tiene esto de sutil. Mas yo creo que sea más propio á la viveza de los ojos, pues de ver tiene el nombre, y Eliano dice que son enamorados. Conviene en algunas cosas esta pintura de Batilo con la que hace de su estatua Apuleyo en el II de los *Floridos.* Leo diferentemente que todos el original, y adonde vuelve Henrico Stephano:

(1) Al margen: «δρακοντο *Lege* δρακον. δε.»
(2) Al margen: «*Latine. supercilii corona nigra frontem.*»

Sic latus ipse vultus:
Eburna præteribam
Adonidea colla...

El rostro tenga ancho;
Mas olvidaba el cuello
De marfil como Adonis...

Yo traduje en mi versión:

Alegre y desenfadado
Le pinta el rostro; haz que venza
Su cuello al de Adonis blanco,
Y al marfil en la pureza.

Τὸν Ἀδώνιδος παρῆλθον
ἐλεφάντινος τράχηλος.

Yo leo con Daniel Heinsio, sobre Silio Itálico, παρέλθον, no verbo, sino participio, porque sin duda quiso decir eso el Poeta, y es más ajustada sentencia al discurso, y esotro era un descuido sin donaire ni importancia.

XXX

Ἀι μοῦσαι τὸν Ἐρωτα.

Las Ninfas (1) le hicieron
De coronas los lazos
Á Cupido, y de rosas
La cárcel le formaron.
   Y para no ofenderle,
Por ser un dios tan blando,
Le dieron por prisiones
Las galas del verano;
   Y preso desta suerte
Á Lycor le entregaron:
Á Lycor, por quien pudo
Bramar Júpiter santo.
   Al punto Cytherea,
Haciendo pregonarlo,
Prometió ricos dones
Por rescate y hallazgos.
   Mas quien conoce al dueño
La aconsejó que en vano

(1) En lo impreso, *Musas*, y es lo que dice el texto griego.

Procuraba librarle,
Y verle rescatado,
   Si, aunque se viese libre
De tan dulce tirano,
Hecho á servir, sería
Por su gusto su esclavo.

XXXI

Ἄφες με τοὺς θεούς σοι.

Dáme, no seas avaro,
El divino licor de Baco claro:
Vencer mis fuerzas con el vino quiero;
Quiérome enfurecer, pues de sed muero.
Que Orestes, otro tiempo, enfurecido,
Andaba sin sentido;
Y tú, Alcmeón, también llegaste á verte
Furioso y loco de la misma suerte,
Habiendo (ved qué grave desconcierto)
Sus propias madres muerto.
Pues yo, que á nadie he muerto, ni herido,
Y alegre me he bebido
Vino famoso y rubio de Lyeo,
Con título más justo y menos feo
Me puedo enfurecer; pues que se andaba
Por los desiertos Hércules famoso
Frenético y furioso
Con el arco, y Phiteo con la aljaba.
También Ayax, el rayo de la guerra,
Furioso y enojado (1),
El escudo embrazado
De siete orbes finísimos armado,
Esgrimiendo arrogante
La espada ardiente de Héctor fulminante.
Yo, pues, que ni rodela
Tengo, ni ronca trompa me desvela,
Y mi armería, en vez de aljaba y cotas,
Es bodega con jarros, tazas, botas,
Armas que nada ofenden ni maltratan,
Y á nadie, fuera de la sed, me matan,

---

(1) Parece que falta algo: que había de ser endecasílabo
este verso y consonar con *guerra*, ya que toda la composición
lleva pareados los consonantes, salvo al fin.

Bien, con mi bota sola
Abrazado sin miedo,
Enfurecerme honestamente puedo,
Sin peto, ni espaldar, celada y gola.

XXXII

Ἐι φύλλα πάντα δένδρων.

Si tú pretendes contar
Las hojas que Primavera
Con verdes manos reparte
Á los árboles y yerbas,
     Ó si de los altos mares
Quieres contar las arenas,
Cuenta los amores míos,
Que es más difícil impresa.
     Veinte damas lo primero
Tienes que contar de Athenas;
Á éstas añade quince;
Después un escuadrón cuenta
     De martelos en Corintho,
Corintho, de Acaya reina,
Celebrada en todo el mundo,
Por bellísimas doncellas.
     No te dejes los de Lesbos;
Hasta los de Jonia llega;
Que para Rodas y Caria
Dos mil amores te quedan.
     Espantaráste de oirme,
Y dirás que es cosa inmensa
Tanta cantidad de amores;
Pues aun ahora no empiezas:
     Que ni sabes los de Syro,
Ni los del Canopo y Creta,
Ciudades donde Cupido,
Como en corte suya, reina.
     No son tantos los calores;
Que Indios y Garidas queman,
Y Bactrios, como los dulces
Que alimento con las venas (1).

---

(1)   En la edición del siglo pasado hay en vez de estos ver-
sos estos otros:

              Mas no pretendas contar

D. FRANCISCO GÓMEZ DE QUEVEDO

Misterio tiene esta confusa cuenta de sus amores sin determinarla. Y declárase con dos lugares curiosos de Catulo; el primero, *Epig. V á Lesbia:*

> Vivamos, Lesbia, y amemos,
> Y no estimemos en nada
> Los invidiosos rumores
> De los viejos que nos cansan.
>   Pueden nacer y morir
> Los soles; mas si la escasa
> Luz nuestra muere, jamás
> Vuelve á arder en viva llama:
>   Perpetua noche dormimos.
> Y así, antes que la Parca
> De las prisiones del cuerpo
> Desciña con llanto el alma,
>   Dame mil besos, y ciento
> Luego, y con mil acompaña
> Éstos, y luego otros mil
> Y otros ciento me da blanda;
>   Y tras éstos otros mil,
> Y otros ciento; y, cuando hayan
> Confundido los millares
> La cuenta con esta traza,
>   Confusos los mezclaremos,
> Sin saber en qué fin paran,
> Y sin que ningún malsín
> Invidie gloria tan alta:
>   Que no nos podrá ofender,
> Aunque más malicia traiga,
> Pues sólo sabe que hay besos;
> Pero cuántos, no lo alcanzan.

Añade Mureto en sus notas: tenían por cierto que la fascinación no dañaba á aquellas cosas cuyo nombre ó número se ignoraba. Pero Josepho Scalígero sobre la séptima á Lesbia, que es ésta:

> ¿Preguntas con cuántos besos
> Tuyos me contento, Lesbia?

> Los fuegos que me atormentan
> En Cádiz, Bactria y las Indias,
> Porque es difícil empresa.

Respóndote que con tantos
Como hay en la Libia arenas;
   Ó en el Cirenaico campo
Las soporíferas yerbas
Entre el Oráculo ardiente
De Amón pobre de grandeza,
   Y el monumento sagrado
De Bato antiguo; ó quisiera
Tantos besos de tu boca
Cuantas doradas estrellas
   Ven, cuando la noche calla,
Los hurtos que amor ordena
En los obscuros amantes
Amigos de las tinieblas.
   Tantos besos solamente
Le sobran y le contentan
Al ya perdido Catulo
Por tu divina belleza,
   Que no los pueda contar
El curioso, ni los pueda,
Con ojo invidioso y malo,
Fascinar la mala lengua.

Fascinar es aojar; *fascino* es el ojo: había entre los gentiles dios del fascino, Príapo; éste era entre ellos dañoso en el alabar y ver. Escalígero, con su acostumbrada hipocresía, nota sobre esta epigrama lo que Mureto sobre aquélla, y añade que en las cosas que se guardaban se ponía esta palabra: *Multa*, mucho; porque como en ella no hay número determinado postrero, estaba libre del fascino. Anacreonte, pues, contando sus amores, por que no le suceda mal, y se los puedan invidiar, confunde los números, y acaba con la palabra *multa,* mucho, pues dice que aún no empezaba; que muchos más le quedaban en los Bactros. Y es, sin duda, así, porque habla con el que presume de curioso de contar las arenas del mar, y el fascino está en el contarlos y en el saber el número. Escalígero trae un lugar de Virgilio en las *Églogas* común, con que se prueba que hay fascino en la alabanza, y otro de Tertuliano: á él me remito.

No sería, según esto, muy lejos de razón pensar que el

et cætera castellano en todas las cosas grandes, títulos y señoríos, pues quiere decir lo demás, responda al *multa* latino, pues vemos que se teme tanto el ojo ó fascino en España, que las mujeres, en alabándoles un hijo, piden cuidadosamente que los bendigan, y hasta en los caballos los señores tienen por peligroso el no decirlo. Qué sea en realidad de verdad el fascino, y si le hay, y cómo lo creyeron los antiguos, y cómo le permitimos ahora, en el *Odium*, libro que estoy imprimiendo, donde hago la persona de filó·sofo, lo escribiré: que al propósito del poeta esto basta.

XXXIII

Σὺ μεν, φίλη χελιδὼν.

Cada año, golondrina, vas y vienes:
Solamente te fías del verano,
Y escondida el invierno te entretienes,
Y al Nilo vuelas por el aire vano.
Dichosa tú mil veces,
Que dejas las escarchas que aborreces;
No yo, que de Cupido
En verano y invierno
Soy un perpetuo nido,
Soy un amante infierno,
Pues en mi pecho anida
Pollo que yo sustento de mi vida.
   Cuando su rigor pruebo,
Escóndese en el huevo,
Y en él está cerrado,
Engendrando en mi amor y mi cuidado,
Con perpetuos recelos,
Infinitos polluelos,
Y de aquestos menores
Nacen otros mayores,
Y éstos, criados á su padre iguales,
Engendran otros tales.
   Según esto, decidme (aunque os asombre
Mi dicha): ¿en qué vendrá á parar un hombre
Á quien hace Fortuna
De tanto amor reciénnacido cuna,
Que una lengua no basta
Para contar tan abundante casta?

XXXIV

Μή με φύγης, ὁρῶσα.

No porque blanca mi cabeza mires,
Á cuyo honor perdido
Las manos de la edad se han atrevido,
De mis caricias, niña, te retires;
Ni desprecies, soberbia, mis amores
Porque venzan tus flores á las flores;
Ni me hagas agravios
Porque rojo clavel reine en tus labios;
Ni porque en tus dos ojos dos estrellas
Vean cuantas tiene el cielo menos bellas (1).
Mira que en las coronas de las rosas
De varias flores llenas,
Las blancas azucenas
Se tejen entre todas por hermosas.

XXXV

Ο ταῦρος ὑυτὸς, ὦ παῖ.

Yo sospecho, mancebo, que ese toro
Es Júpiter, el dios del alto coro,
Que por cuernos pudiera
Traer los de la Luna, si quisiera;
Y bien pudiera usar desta grandeza,
Si gustara de honrarlos,
Tan sólo con pasarlos
Del pie, con que los pisa, á su cabeza.
¿No ves cómo le esconde con las faldas
De Sidón una virgen las espaldas?
¿Y que, siendo pesado,
Navega el mar sagrado,
Cortando alegre con las uñas solas
Las ya obedientes olas?
Sin duda es él: que en todas las manadas
No hay otro que navegue ondas saladas.

---

(1) No consta este verso. Acaso Quevedo escribió *ha* en vez
de *tiene*.

XXXVI

Τὶ με τοὺς νόμους διδάσκεις.

¿Qué me estás enseñando
Filosofías vanas,
Y de los sabios necios
Sentencias y elegancias?
　¿De qué puede servirme
La lógica más alta,
Si sé por experiencia
Que no aprovecha nada?
　Enséñame á que beba
El licor de las parras,
Que es ciencia de provecho
Para el cuerpo y el alma;
　Enséñame á que ría
Con Venus la dorada,
Y junta, hermoso niño,
El vino con el agua;
　Que también se coronan
Las vergonzosas canas,
Por venerable nieve,
Bien que no por bizarras.
　Adormece mi juicio,
Primero que la Parca
Me dé en la sepultura
Á mi madre por cama.
　Antes que me dé el Sueño
Á la Muerte su hermana,
Y herencia de gusanos
Vea á mi cuerpo el alma:
　Que si ahora no bebo,
Muerto es cosa muy clara
Que no me darán vino
Ni tendré dello gana.

D. FRANCISCO GÓMEZ DE QUEVEDO

　Empieza diciendo que de nada sirve el ser docto, ni el saber mucho, y es opinión del santo Boecio, aún más encarecida en su *Consolación filosófica*. Donde dice que el que busca nombre y memoria por docto, es más miserable que el que no supo nada; porque el rústico, con una muerte del cuerpo, no teme más; y el sabio está con temor suspenso, aguardando la de su nombre y libros, que en los muchos días se dilata y no se evita. Fuera este discurso de Anacreón bien y honestamente dispuesto, si, como tiene el intento, tuviera el fin y el principio del capítulo XII del *Eclesiastes: «Memento Creatoris tui in diebus juventutis tuæ»*: «Acuérdate de tu Criador en los días de tu mocedad, antes que lleguen los días del mal y se acerquen los años en que digas: De lo hecho me arrepiento, y nada deste mundo me agrada»: así entiendo *«Non mihi placet.»* Y al fin: *«Et revertatur pulvis in terram, et spiritus revertatur ad Deum, qui dedit illum. Vanitas vanitatum, dixit Eclesiastes»*: «Y antes que el polvo del cuerpo se vuelva en tierra, y el alma se vuelva á Dios que la dió. Vanidad de vanidades, dijo el Eclesiastes.» Y, porque se vea más claramente autorizado Anacreón en la parte que desprecia la sabiduría, diciendo que no sirve de nada, y que es vana, véanse en el cap. XI del *Eclesiastes* estas palabras: *«Non enim est recordatio sapientis similiter, ut stulti, et futura tempora cuncta pariter oblivione operient, moritur doctus, ut indoctus»*: «Porque no hay más memoria del sabio que del ignorante, y los tiempos que han de venir todas las cosas igualmente cubrirán de olvido, por lo cual muere el docto como el ignorante.» Esto en el Eclesiástico encamina á virtud y á desprecio de la ambición y cosas terrenas, y en Anacreón se encamina á lascivos y poco honestos entretenimientos, tomando por capa este desengaño.

XXXVII

Ἴδε πῶς ἔαρος φανέντος.

Mira ya en las niñeces del verano,
Ricas de varias flores, por el llano
Las Gracias coronadas;
Vé las ondas del mar desenojadas,

El viento ocioso y de luchar cansado,
Tratable el cielo y bien vestido el prado.
Vé que el ánade torpe ya se fía
Del agua blanda que temió por fría;
Mira las grullas, que con leyes viven,
Cómo, volando, en letra el aire escriben,
Y alegres vuelven por el aire vano,
Como á ganar albricias del verano.
Ninguna escura nube envidia al suelo
La luz del fuego más galán del cielo;
Vé logrados del hombre los afanes;
La tierra, agradecida á los gañanes,
Escondida en las flores que ha parido.
Ya el olivo á su fruto está rendido
Y teme fértil y copioso exceso
En su parto su peso;
Las vides, de los pámpanos pobladas,
Se ven de sus racimos arrastradas:
Y, al fin, no hay árbol, grande ni pequeño,
Que no alegre á su dueño,
Mostrando entre su flor y entre su hoja,
Cuando galán la arroja,
Promesas verdes, que del tiempo fía,
Á quien la dulce madurez que espera,
Ya seguro de yelo ó nieve fría,
Dará el sabor y la color postrera.

XXXVIII

Ἐγὼ γέρων μὲν εἰμι.

Verdad es, mas no es afrenta,
Que estoy ya caduco y viejo;
Mas no les doy la ventaja
En beber á los mancebos.
Yo suelo guiar las danzas;
Mirad si flaco me siento,
Si, por báculo en las manos,
Llevo en los brazos un cuero:
Que de bordones de palo
No saco ningún provecho;
Que no hay leña virtuosa
Sino en la vid el sarmiento.
Mas si probarme deseas
Con luchar, vén y luchemos;

Enlacemos bien los brazos;
Abracemos bien los pechos:
  Que no temeré tus fuerzas,
Si mis amigos, primero,
Me dan vino que me preste
Ánimo, valor y esfuerzo.
  No dió, llegando á la Tierra,
La Tierra tal fuerza á Anteo,
Como á mí mi padre Baco
Me da cuando á él me llego.
  Ved lo que hiciera muchacho,
Si anciano, como os confieso,
Entre todos en los corros
Imitaré yo á Sileno.

XXXIX

Οτ' ἐγὼ πίω τὸν οἶνον.

  Luego que el vino suave
Despacio y con gusto bebo,
Las nueve Musas, alegre
Y de repente celebro.
  Al punto que bebo vino,
Los cuidados más molestos
Y su fuerza trabajosa
Se deshacen como sueño.
  Al punto que bebo vino,
Concertando varios juegos
Por los ya floridos campos
Me hace correr Lyeo.
  En bebiendo, á mi cabeza
Corona de rosas tuerzo,
Que con mano cudiciosa
Hurté al abril de sus senos.
  Honro mis sienes famosas
Con los robos de mis dedos,
Y celebro juntamente
La buena vida que tengo.
  En bebiendo y sahumando
Mis cabellos con ungüento,
Abrazado á hermosa dama
Canto á la burlona Venus.
  En bebiendo y alegrando
Con sangre de Basareo

La mía triste, que yace
Presa en las venas del cuerpo,
  Siempre apeteciendo el vino,
Siempre con él más sediento,
En los bailes y en las danzas
Me regocijo y alegro.
  Ésta es mi gloria y no más,
Éste solo mi remedio;
Dádiva suya es el brío
Que rige y manda mis miembros:
  Que como sé ya que á todos,
Por justa ley y decreto
De los eternos anales
Del Legislador eterno,
  Nos está ya decretada
La muerte negra, por puerto
Del mar alto desta vida,
Donde andamos siempre al remo,
  Procuro, ya que es forzoso
Tomar tierra, pues navego,
Engañar esta memoria
Con gustos y pasatiempos.

XL

Ἔρως ποτ' ἐν ῥόδοισι.

No vió Cupido una abeja
Que, escondida en unas rosas,
Para labrar su colmena
Ingeniosamente roba.
  Madrugó para hurtar
Lo que la mañana borda,
Haciendo sus materiales
De los llantos de la Aurora.
  Fué á cortar un ramo dellas,
Y ella, que ve que la cortan
Jardín, sustento y riqueza,
Al Dios picó venenosa.
  Dió el niño licencia al llanto,
Soltó medroso las hojas,
Y en sus lágrimas y en ellas
Dió al prado nácar y aljófar.
  —Muerto soy, madre,—la dice:—
Mi vida será muy poca,

Porque una pequeña sierpe
Y con alas, á quien nombran
Los jornaleros abeja,
Me ha picado.—Mas la Diosa
Respondió:—Si una serpiente
De cuerpo y fuerza tan poca
Puede dar dolor tan grande
Desarmada, humilde y sola,
¿Cuánto mayor le darás
Tú con las flechas que arrojas?
Bien es que sepas lo que es
Dolor, y que le conozcas,
Para que te compadezcas
De muchos que por ti lloran.

D. FRANCISCO GÓMEZ DE QUEVEDO

Yo ordené en mi tradución la letra griega, que descuidadamente volvieron todos los traductores, así Henrico Stephano como Elías Andrea, en este modo:

¿Si la punta de la abeja
Causa tan grande dolor,
Cuánto piensas que les duele
Á los que hieres, Cupido? (1)

Quiso decir, con ilación forzosa y elegante, lo que yo traduje, que es: «Si una abeja puede dar tanto dolor desarmada, ¿cuánto mayor le darás tú con tus flechas?» Y la postrera copla declara la energía que calladamente cierran (2) estas palabras. Ayudóme á esta advertencia el licenciado Rioja, enmendando cuando se la comuniqué el postrer verso desta ode así:

Ἔρως ὅσοις σὺ βάλλεις.

Y así es verdad que corresponde más á la ilación dicha. Yo toco religiosamente los originales, y así, nunca, aunque le hallé falto, corregí el verso, aunque compuse la sentencia. Esta ode está traducida en un romance castellano, compostura de que España es inventora, como de otras

_____

(1) En el impreso, *Amor*, como pide la asonancia.
(2) En el impreso, *encierran*.

cosas que en materia de letras dan envidia á los extranje-
ros, que, á fuerza de sudor y trabajo, apenas alcanzan á en-
tenderlas. Empieza el romance:

> Por los jardines de Chipre
> Andaba el niño Cupido, etc.

XLI

Ἰλαροὶ πίωμεν οἶνον.

> Bebamos alegres vino
> Y al Bromio padre cantemos:
> Á Bromio, autor de las danzas;
> Pues los que cantan los versos
>   Á Bromio alaban, y sirven
> Á Bromio los que los juegos
> Ordenan; Bromio es igual
> Á Cupido en privilegios,
>   Y con Bromio Cytherea
> Da nueva vida á su cuerpo.
> Él inventó los temblores
> Alegres, ya que no honestos;
>   Él es padre de las Gracias,
> Él quita todos los miedos,
> Es triaca del dolor,
> Cura los males con sueño;
>   Y si acuden los muchachos
> Aprisa, con vasos (1) llenos
> Del vino que los corona,
> Los trabajos más molestos,
>   Sus fieros, sus amenazas,
> Huyen como con el viento
> Pobres y humildes aristas,
> Que lleva tras sí soberbio.
>   Carguémonos, pues, de vino;
> No haya de él en nuestro pecho
> Lugar ninguno vacío;
> Los cuidados aliviemos.
>   ¿Qué te aprovecha el estarte
> Con tus males consumiendo,

---

(1) *Pasos,* en el MS., pero ha de ser *vasos,* como en el im-
preso.

Quejándote de si fuiste
Pobre, rico, sabio ó necio?
¿Quién sabe lo que ha de ser,
Siendo nuestro vivir ciego,
Peligroso lo presente,
Dudoso lo venidero?
Lo que importa es anegarnos
En el licor de Lyeo;
Que dejar que el tiempo corra
Es gozar mejor del tiempo.
Revuelva allá sus edades,
Pues Dios le dió tal imperio;
Pasemos y vengan otros,
Ley con que se vuelve el cielo.
Mas pasemos coronados,
Ya que es fuerza que pasemos,
Y sírvanos todo mayo
De lazos á los cabellos.
No ignoren ningún olor
Nuestros regalados miembros,
Y sin hermosa señora
Ni un hora sola pasemos.
Y al que quisiere cuidados,
Háganle muy buen provecho;
Que no le pueden faltar
Si es hombre y vive muriendo.
Y, entretanto que él suspira
Debajo de tanto peso,
Á Bromio, en corros alegres,
Celebraremos con versos.

XLII

Ποθέο μὲν Διονύσου.

Deseo hallarme en las danzas
Que guía y ordena Bromio:
En las que danzo, me río;
Las que yo no gozo, lloro.
. Bebo con igual aliento
Á los más gallardos mozos,
Y no me tiembla la mano
Cuando las cítaras toco.
Á pesar de la vejez,
Blanda voz y alegre entono,

Ni son las menos alegres
Las letras que al dios compongo.
  Mis cabellos los añudo,
Muchos blancos, negros pocos,
Con jacintos, que, por grave,
Ya á la vejez la corono.
  Y, viéndome tan galán,
Mis edades desconozco;
Con Primavera compito
Y escondo en flores mis copos.
  Por digno de amor me juzgo,
Blandas vírgines retozo,
Y ardo como leña seca,
Más, y más presto, que todos.
  Si esto solamente tengo
Por bueno, y esto por propio
Lo tengo, invidiar á nadie
No podré de ningún modo.
  ¡Dichoso yo, á quien es dado
Que pueda alabarme solo
De que, invidiándome el mundo,
No estoy de nadie invidioso!
  De las saetas sutiles
(Por ser formadas del soplo
Que compone las palabras
En la boca del curioso)
  Huyo, porque mi quietud
No halle en su nota estorbo;
Y por vivir sin registros
De un velador malicioso,
  Los puros banquetes santos,
Las mesas donde el adorno
Da devoción ó respeto,
Ni las busco, ni las toco.
  Sólo se trata mi hambre
Con la mesa donde el oro
No corona los manteles,
Donde sin mesura como.
  Que aunque se quiebra (1) ú derrita,
Más tratable es barro ú plomo;
Que con gusto, y no con joyas,
Sustento el cuerpo y engordo.
  Con las danzas me entretengo;

---

(1) Así el MS., y entonces parece que habría de decir después *derrite*.

Con las niñas me remozo;
Sé tañer y sé cantar;
Quietud me alimenta y ocio.

XLIII

Μακαρίζομέν σε, τέττιξ.

Cigarra, que mantenida
Con rocíos del Aurora
Cantas subida en el árbol
Con voz alegre y á solas.
　　De cuanto ves en el campo
Eres reina, pues lo gozas,
Y de todo lo que al mundo
Traen con el curso las Horas.
　　Eres del gañán amiga,
Pues á ninguna persona
Ofendes, y eres profeta
De la primavera hermosa.
　　Amante Febo, y las Musas
Que viven en Helicona,
Diéronte para cantar
Voz apacible y sonora.
　　La vejez no te deshace:
Naciste en la tierra, y sola
Á la música y los himnos
Tienes afición notoria.
　　No tiene tu cuerpo sangre;
Ningún dolor te congoja;
En todo eres semejante
Á los dioses de la gloria.

D. FRANCISCO GÓMEZ DE QUEVEDO

La cigarra, ahora sabandija desapacible y porfiada, fué
antiguamente en gran precio por su voz y música, aun an-
tes de Anacreonte, como se ve en el padre de las letras,
Homero, en el tercero de la *Ilíada*, por estas palabras:

> *Sedebant in pópulo senes in Scaeis portis,*
> *Senectute jam à bello cesantes, sed concionatores*
> *Boni, cicadis similes* (1), *quæ in silva*

---

(1) Al margen: «Ioan. Tzetz. Chil. 8, 166 dice que Homero
los comparó á las cigarras por habladores.»

Arbori incidentes vocem dulcem mittunt.
Tales Troianorum ductores erant in turre.

> Estaban á la puerta Scea sentados
> Los viejos, á quien era privilegio
> La cana edad para que descansasen
> Del cuidado y el peso de las armas;
> Mas por esto acertados consejeros,
> Semejantes en todo á las cigarras,
> Que dulce voz despiden en la silva
> Sobre un árbol sentadas: tales eran
> Los generales frigios en la torre.

Claro se colige que las tenían por cosa buena y digna de alabanza, pues compara á ellas los sabios ancianos de Troya; y que su voz fuese de estima bien se colige, pues dice *dulce voz*. Confirma esto Achiles Estacio Alejandrino en su *Clytophon y Leucipe*, lib. I: «*In nemore aves, aliæ domesticæ humanoque cibo mansuefactæ pascebantur; aliæ libere in arborum cacuminibus ludebant; partim quidem proprio cantu insignes, cicadæ videlicet, atque hirundines.*»

Y más adelante:

«*Cicadæ Auroræ cubile, hirundines Terei mensam canebant.*» «En el bosque de las aves, unas eran domésticas y regaladas con mantenimiento humano, y así se sustentaban con él; otras, libres, jugaban en las copas de los árboles, y parte insignes por su propio canto, como las cigarras y las golondrinas. Las cigarras cantaban los retretes del Aurora, y las golondrinas las mesas de Tereo.»

Aquí también las llama insignes por su voz; y el decir que canta los aposentos del Aurora no es más de decir que canta á la mañana, que puede ser en agradecimiento del sustento que le da en su rocio, como dice la misma ode:

> Cigarra que, mantenida
> Del rocío del Aurora...

Virgilio: «*et pastæ rore cicadæ.*» «Cigarras sustentadas del rocío», y para decir á uno que se sustentaba del aire, decían: *Aëre et rore pastus:* «sustentado con aire y rocío.» Y en el otro:

Dum thymo pascentur apes, dum rore cicadæ.

Mientras que se sustentan las abejas
Del tomillo, y del rocío las cigarras.

De lo cual es argumento el humor que dejan cuando las espantan y huyen; y Teócrito lo confirma en el Idilio *Opilliones: «aere ne fovet vitam, seu rore cicada.»*

No se sustenta con el aire solo,
Como con el rocío de cigarra.

Y Philón Judío, tratando de la vida famélica de los philósofos judáicos, dice: *«Asueti aëre vesci, quod cicadæ solent.»* «Acostumbrados á mantenerse con aire, como las cigarras lo acostumbran», porque mitiga, según yo pienso, y alivia la voz y la fatiga del continuo cantar. Y Nacianceno: *«Sciemus an re vera solo aëre pascantur cicadæ.»* «Sabremos si es verdad que de solo aire se sustenten las cigarras.» Y esto dice Erasmo, que las ayuda á cantar, declarando que *Cicada vocalior,* «más parlero que Cigarra», se dijo por el amigo de cantar. Con esto queda menos escondida la causa de loar tanto de música á la Cigarra, y de hacer della tanto caso. Que no tiene sangre se ve, y es por el alimento; y el hacer luego consecuencia que es semejante á los dioses porque no tiene sangre, tiene ocasión en el divino Homero, lib. V: tratando de la herida que dió á Venus en la mano Diomedes, pone el tener sangre ó no la tener por diferencia de hombre á Dios, con estas palabras: *«Fluebat autem inmortalis Deæ sanguis humor, qualis fluit beatis Diis, non enim cibum comedunt neque bibunt ardens vinum, ideo exsangues sunt et immortales appellantur».*

Sangre (1) de la inmortal diosa corría;
No sangre, mas humor, como conviene
Que corra de los miembros de los dioses,
Que ni comen manjares de la tierra,
Ni beben vino indómito y ardiente.

----

(1) Al margen: ‘ἰχὼρ se llama la sangre de los dioses. Homero, V. *Ilíad.*»

Exsangues umbræ, sombras desangradas, llaman los poetas las almas para llamarlas eternas, á diferencia del cuerpo que es sombra con sangre. Refiere en sus notas de Plinio Henrico Stephano que carecen de bocas las cigarras; pero que tienen en el pecho un cierto pico con el cual lamen el rocío de que se sustentan, y con cuya pureza regalan la voz y la aclaran.

XLIV

E᾽δόκουν ὄναρ τροχάζειν.

Parecióme entre sueños
(Que yo nunca reposo,
Sin pensión en mis gustos,
Si lo son los que gozo)
   Que andaba yo volando
Al un lado y al otro:
Fué ligero y pesado
Este sueño á mis ojos.
   Parecióme que vía
Á Amor, que perezoso
Me seguía y alcanzaba,
Aunque volaba poco;
   Porque eran contrapeso
Á sus plumas de oro,
En los pies delicados
Fuertes grillos de plomo.
   Pregunto yo, adivinos,
Agoreros famosos,
Á quien errores nuestros
Dan crédito de doctos,
   ¿Qué será aqueste sueño?
Pero yo me respondo:
Que en mis sucesos leo
Lo que ya temo y lloro.
   Sin duda, significa
Que yo, que, cauteloso,
Amores tan diversos
Hoy con enjuto rostro
   Los cuento, ahora, preso
En aqueste amor solo,
He de quedar cautivo,
En venganza de todos.

XLV

Ὁ ἀνὴρ ὁ τῆς Κυθήρης.

En las herrerías de Lemno
Estaba un tiempo el marido
De Venus, que mal juntaron
Blanca Diosa á negro oficio.
    Saetas estaba haciendo
Del metal más puro y limpio,
Á quien hicieron las llamas
Obediente á los martillos.
    Á los Amores las daba,
Y, entretanto que Cupido
Y Venus dan á sus puntas,
Ella miel, veneno el niño,
    Marte, que de las batallas
Vuelve en la sangre teñido,
Haciendo del polvo gala,
De armas y despojos rico,
    Vibrando una gruesa lanza,
De cuyo golpe continuo
Se siguió sangre, y á ella
El postrero parasismo,
    En desprecio del Amor,
Parece que airado dijo:
—Éste es brazo, y ésta es flecha,
Y no tus varas de mirto.
    —Verdad es,—dijo el Amor
Medio afrentado y corrido;—
Pues recibe una saeta,
Y haz burla, después, del tiro.—
    Recibióla alegre Marte;
Venus se rió, y, herido
El dios, empezó á dar voces,
Ardiendo el aire en suspiros:
    —Niño, quítame esta jara,
Que de todo me desdigo.
—Guárdala,—respondió Amor;—
Que sólo duele al principio.

XLVI

Χαλεπὸν τὸ μὴ φιλῆσαι.

No amar es pesada cosa,
Y amar es cosa pesada;

Mas amar sin posesión
Es desgracia de desgracias.
No vale en amor nobleza;
No las letras, ni las armas,
Ni las costumbres famosas,
Ó por buenas, ó por malas.
Sólo el dinero enamora;
Solamente el oro agrada;
Maldiga Dios al primero
Que á su estimación dió causa.
Por él entre los hermanos
Amistades no se guardan,
Ni se respetan los padres;
Por él las guerras se trazan.
Pero lo peor de todo
Es que ya por él las almas
De los que amamos de veras
Perecen sin esperanza.

D. FRANCISCO GÓMEZ DE QUEVEDO

He dejado de poner todas las notas de Henrico Stephano, porque las declaraciones son leves y flacas, y las enmiendas van en mi tradución por haber leído con él las pocas que tradujo: aquí cita dos lugares de Propercio poco importantes.

Imitó en esta ode Anacreón á Phocílides en la conclusión della; dice el lugar de Phocílides así en mi tradución:

Es de todos los vicios la avaricia
La madre universal; la plata y oro
Son un precioso engaño de la gente.
¡Oh oro, causa de los males todos,
Enemigo encubierto de la vida,
Cuya fuerza y poder todo lo vence!
¡Ojalá que no fueras á los hombres
Apetecible daño! por ti el mundo
Padece guerras, riñas, robos, muertes;
Por ti, viendo que el hijo ha de heredarle,
Es el hijo á su padre aborrecible;
Por ti no tienen paz deudos, ni hermanos.

Las propias palabras son de Anacreón; y Propercio las sigue encarecidamente, lib. III, eleg. XII.

Aurum omnes, victa jam pietate, colunt:
Auro pulsa fides; auro venalia jura:
Aurum lex sequitur, mox sine lege pudor.

Vencida la piedad, todos adoran
El oro; y con el oro desterrada
Está la fee y verdad, y los derechos
Vendibles los ha hecho el oro; y sigue
La ley al oro, y presto la vergüenza
Dará, sin temer ley, en insolente.

¡Qué bien pensadas palabras y bien dispuestas! Ampliólas Ovidio acerca de las fuerzas del oro en las cosas del amor, con su natural elegancia, en el segundo del *Arte de amar*.

Carmina laudantur, sed munera magna petuntur;
Dum modo sit dives barbarus, ille placet.
Aurea sunt vere nunc sæcula: plurimus auro
Venit honos: auro conciliatur amor.
Ipse licet venias musis comitatus Homeri,
Si nihil attuleris, ibis, Homere, foras.

Alaban los poemas, pero piden
Dádivas grandes y, aunque el rico sea
Bárbaro, ése apetecen y ése agrada.
Agora son los siglos verdaderos
De oro: mucha honra tiene quien le tiene;
Con el oro el amor se compra y vende.
Así, que, aunque tú vengas con las Musas,
De Homero acompañado, ten por cierto
Que si no trais dineros, al momento
Te pondrán en la calle, nuevo Homero.

Traduje *carmina* «poemas» y no «versos», siguiendo la opinión de Francisco Silvio Ambiano en la Centuria II, cap. CV, de sus *Progimnasmas*, ó instituciones al arte oratoria, donde pone la diferencia que hay de *carmen* á *versus* así: «Verso se entiende de uno solo, *Carmen, quod à canendo factum est, de aliquo toto opere dicatur melius*. El carmen que de cantar fué hecho, así se dirá mejor de toda una obra» pequeña se entiende: creo que á la palabra latina *carmen* responde en nuestra lengua *cantar* ú *canción*. Y aun la composición lo demuestra, pues aunque Rengifo con su *Arte de consonantes*, para inquietar muchachos, haga el nombre de canción particular género de poesía, es nombre

genérico á todo poema corto que se puede cantar. Que un
soneto y unos tercetos, y cualquier himno ú oda, ú epi-
grama, se llame poema, y se deba llamar así, y no la obra
grande, la cual es *poesis*, ó poesía, léese en estos versos de
Lucilio:

> *Nunc hæc quid valeat, quidve huic intersit illud*
> *Cognosces: primum hoc, quod dicimus esse poema,*
> *Cujusvis operis pars est non magna poema:*
> *Pars est parva poema proinde, ut epistola quævis:*
> *Illa poesis opus totum, ut totum* (1) *Illias una*
> *Est Ͽέσις Annalesque Ennii.*

> Agora considera lo que valen,
> Y en lo que se difiere esto de aquello
> Conocerás; y advierte, lo primero,
> Que aquesto que decimos ser *poema*,
> Que es el poema de cualquiera obra
> No grande parte; es muy pequeña parte
> El poema, es, como si digamos, una carta;
> Es poesis la obra toda entera,
> Como toda la *Ilíada* de Homero
> Es Tesis, y de Enio los Anales (2).

Otros han tenido otra opinión; pero yo sigo ésta por las
expresas palabras de Lucilio, y ser opinión de . . . . . (3)
como refiere Diógenes Laercio. Larga ha sido la digresión,
más forzosa, para dar razón de mi tradución de Ovidio.
Pongamos fin á lo que puede el dinero, con los encareci-
mientos ingeniosos de Petronio Arbitro:

> *Quisquis habet nummos, secura navigat aura,*
> *Fortunamque suo temperat arbitrio.*
> *Quidvis nummis præsentibus opta,*
> *Et veniet, clausum possidet arca Jovem.*

> El que tiene dineros, con buen viento
> Navega, porque compra la bonanza,
> Y á su albedrio tiempla la fortuna.
> El dinero en la mano, cualquier cosa

(1) En el impreso, *tota.*
(2) Así se lee en el MS. este trozo, tan desaliñado, que pue-
de dudarse si está en verso ó en prosa.
(3) En blanco, en el manuscrito y en el impreso.

Desea: que ella vendrá, porque al gran Jove
Tiene en el arca, á su mandar cerrado.

Enmiendo el verso *secura naviget aura,* «navegue con aire seguro»; porque si navega con aire seguro, ¿qué debe al dinero? ú ¿qué encarece?; y leo *secura navigat,* «navega con seguro viento», como quien dice: quien lleva dineros, siempre lleva buen temporal, que el dinero se le da. Así dice la epigrama algo, y desotra manera no hace sentido, aunque la haya dejado pasar así Josefo Escalígero.

XLVII

Φιλῶ γέροντα τερπνὸν.

Miro alegre, viejo y mozo,
Los bailes de las doncellas;
Esfuérzome en sólo bellas;
Que así lo que puedo gozo.
    Bien puedo ser viejo yo
Para bailes tan extraños
En las canas y en los años;
Pero en la cordura no.
    Hállome recién nacido
Para bailar sin cuidado;
Que, aunque el rostro se ha pasado,
El seso nunca ha venido.

XLVIII

Δότε μοι λύρην Ομήρου.

Dadme la lira de Homero,
Á donde nunca la guerra
Manchó con sangre ú con llanto
Las más que divinas cuerdas.
    Dadme la lira suave,
En quien su garganta diestra
Fué admiración de los dioses
Y pasmo de las estrellas.
    Dadme las tazas y vasos;
Dadme para que así beba;

Que quiero mezclar los bailes
Del banquete y de la mesa.
    Y dadme del mejor vino,
Para que, bebiendo, pueda,
Regalada la voz blanda,
Desatar mejor la lengua (1).
    Los brindis acostumbrados
Beberé, pues ellos tiemplan
El instrumento del pecho,
Dadores de vida nueva,
    Para que después fatigue
Con ligeros pies la tierra,
Y al són de cítara dulce,
Con descompostura honesta,
    Diga palabras dudosas,
De divino licor llenas,
Y hallaréis en sus razones
Más buen olor que sentencias.

XLIX

Ἄγε ζωγράφων ἄριϛε.

    Oye, famoso pintor,
Oye las canciones diestras
De la lira en que los versos
Viven con dulzura inmensa.
    Oye, mas no con su viento,
Sonar las suaves cuerdas,
Y deja á Baco sus flautas,
Órganos de las tabernas.
    Y pinta, que esto te toca,
Ciudades de gente llenas
Y alegres, y en sus semblantes
La risa dibuja y muestra.
    Y, si le fuere posible
Á tu pincel y á la cera,
Dibuja de los amantes
La determinación ciega.

----

(1) Al margen: «*Lege* κύπελλα δαιτὸς, *id est, convivii mala
in exemplari* Θεσμιᾰν *sacrarum.*»

L

O τὸν ἐν πότοις ἀτειρῆ.

El dios que al mancebo enseña
Á beber vino sin miedo,
Á alegrarse con beber,
Y á danzar luego en bebiendo,
  Á los hombres trai ahora
Amores y gustos nuevos,
Y el licor que de las uvas
Nació entre pámpanos tiernos;
  Para que donde estuvieren
Lágrimas de dios tan bueno,
Sin enfermedad vivamos,
Tengan valentía los miembros.
  Porque así doble las fuerzas
Nuestro corto entendimiento,
Hasta que con pies desnudos
Vuelva el otoño soberbio,
  Y con espumosos labios
La dulce vendimia, envueltos
En las hojas los racimos
Y en pámpanos los cabellos.

LI

Ἀρα τίς τόρευσε πόντον.

  ¡Que se atreviese un buril
Á labrar en una taza
Tan al vivo el mar, que teme
El que bebe sus borrascas!
  ¡Que diese mano atrevida
Alma á los peces de plata,
Y que se viesen sus ondas
En breve espacio cifradas!
  ¡Que usase artífice humano
Retratar á Venus santa,
Á quien con alma segura
Ningún dios miró la cara!
  ¡Que á la madre de los dioses,
Que á la hija de las aguas,
Dibujase entre las ondas
Que del mar los golfos arman!

Desnuda sobre las olas,
Bien así como va el alba
(Hermoso parto del cielo)
Entre la leche y la grana.

Cubrieron blancas espumas,
Invidiaron ondas blancas
Á los ojos del curioso
Lo que la vergüenza guarda.

Mirad cómo está jugando
Sobre las corrientes claras,
Sembrando en el mar amores
Y en medio del agua llamas.

Anda cual ova hermosa
Que por el mar se resbala,
Con blando cuerpo, obediente
Á lo que el viento la manda.

Nada, y el piélago, ufano
Viendo que al nadar le abraza,
Hasta su cuello se atreve:
Tanto sus ondas levanta.

Sin duda cubriera el rostro
Que imperio en todos alcanza;
Pero respetó en sus ojos
Á toda la esfera cuarta.

Serena sobre las ondas
Quedó de perlas (1) bordada,
Pues vió el mar en sus cabellos
Un sol que de día se baña.

Pareció como azucena
Que en jardín el cuello alza,
Presunción de primavera
Y corona de sus plantas.

Violeta que, presumida,
Al cielo muestra su gala,
Primero honor del verano,
Y su primera alabanza.

El mar la sirve de espejo
Y en su pura luz se engasta;
Sienten los peces su fuego;
Los dioses verdes se abrasan.

Allí, fatigando el mar
Sobre un delfín, la acompaña
Cupido; por divertirla,

---

(1) En el MS., *verlas*, pero creemos que es errata del ama-
nuense de Quevedo.

La ordena fiestas y danzas.
En círculos de cristal
Dan los peces vueltas varias,
Y Venus, con sólo verlos,
Los enamora y los paga.
    Luego, con lasciva risa,
Menos honesta que blanda,
Amaneció en sus dos labios
Más rosas que la mañana.

LII

Τὸν μελανοχρῶτα βότρυν.

¿Queréis ver del vino sancto
Las divinas excelencias,
Y los desprecios del agua,
Que se arrastra por la tierra?
    Pues advertid qué de mozos,
Á quien hace sombra apenas
El tierno bozo en los labios,
Le llevan al hombro en cestas.
    Ved cuántas doncellas blandas,
Invidia de las estrellas,
Le tienen por dulce carga,
Danzando con él acuestas.
    Solícitó el caminante,
Mirad qué guardada cuelga
Del arzón la bota y frasco,
Que le anima y le refresca.
    Mas, en llegando á un arroyo
Los mancebos, las doncellas,
Ved qué medrosos apartan
El pie de las aguas frescas.
    Teme muerte el caminante
En el agua, y arrodea,
Por no mojarse ó pisarla,
Hasta topar otra senda.
    De robustos pies pisadas
En los lagares, engendran
De su propio llanto el vino
Las uvas que en sí le cierran.
    ¡Qué alegres andan danzando
Los que le pisan y aprietan!
Que el vino hasta en sus principios,

Aun á quien le ofende alegra:
  Pues apremiándole cantan
Á Baco risueñas letras,
Y de himnos y de mosto
El dulce lagar se llena.
  Suspéndelos la harmonía
Que distilándose lleva,
Y, encarcelado en tinajas,
Viendo que hierve, se huelgan.
  Después aun los viejos canos
Consumidos y hechos tierra,
Bebiéndole, á sus edades
Acuerda la ligereza;
  Y, olvidados de sus años,
Bailan á són y dan vueltas,
Desmintiendo en las arrugas
El cansancio y la pereza.
  El mancebo que se halla
En la verde primavera
De la vida, en quien lozano (1)
Espíritu anima y reina,
  Si después de haber bebido
Ve alguna muchacha bella
Á quien el sueño ha robado
Los dos ojos, de amor flechas,
  Y que, recostada y sola
En alguna escura cueva,
Huyendo del sol, se fía
De la sombra escura y fresca,
  Animado del descuido
Al tierno lado se llega,
Y, por no la despertar,
Con los ojos la requiebra.
  Véncese de su deseo,
Abrázala, y si, despierta
Ella, á sus solicitudes,
Á su ruego, á sus ofertas,
  No le responde amorosa
Y le despide soberbia
Contra la ley de su gusto,
Obediente á su vergüenza,
  Al punto, viendo perdidas
Sus palabras y promesas,
Determinado se toma

_____

(1)   En el MS., sin duda por yerro, *gozaron*.

Lo que pedido le niega;
  Que el vino, cuando está junto
Con la mocedad discreta,
Desta manera negocia,
Y es provechosa insolencia.

D. FRANCISCO GÓMEZ DE QUEVEDO

Contra estas alabanzas del vino tiene Propercio con más razón unos vituperios, lib. II, eleg. XXXII:

Ah pereat, quicumque meracas reperit uvas
  Corripuitque bonas nectaris primus aquas.
Icare Cecropiis merito jugulate colonis,
  Pampineus nosti, quam sit amarus odor.
Tu quoque ó Eurythion vino Centaure peristi;
  Necnon Ismario tu, Polipheme, mero.
Vino forma perit; vino corrumpitur ætas;
  Vino sæpe suum nescit amica virum.

Mal haya el que primero halló en las uvas
El vino encarcelado, y el primero
Que con este licor que llaman néctar
Corrompió la pureza de las aguas.
Tú, Ícaro, con causa degollado
De los cecropios ciudadanos, sabes
Cuánto es amargo olor el de los pámpanos;
Tú también, ó Eurytón, Centauro, fuiste
Muerto con vino: y tú, gran Poliphemo,
Con el Ismario vino de tu huésped.
Con el vino se pierde la hermosura;
Con el vino la edad se ofende y cansa;
Y á veces con el vino no conoce
La dama á su galán: ¡ved cuánto puede!

LIII

Στεφανηφόρου μετ' ήρος.

Con el verano, padre de las flores,
Juntemos de la rosa las loores:
La rosa es flor y admiración del cielo,
Deleite de los hombres en el suelo;
La rosa, por los prados
De yerbas y de flores varïados,
Á las ninfas amantes
Hace á las diosas bellas semejantes;

La rosa entre las plantas más perfetas
Da (1) cuidado y sujeto á los poetas,
Pues á cantar sus hojas los obliga.
La rosa es de las musas blanda amiga;
Y, aunque nace tejida en las riberas
Entre desapacibles cambroneras,
Mal acondicionada en sus espinas
Con sus colores finas,
Del que la corta en el jardín lozano
Regala la nariz, si hirió la mano;
Y, engastada en torcidas esmeraldas,
Hace dignas de Apolo las guirnaldas;
Y en los días solenes,
Cuando, pródigo Baco de sus bienes,
Da vinos olorosos
(Á quien la antigüedad hace preciosos),
La rosa es la primera golosina
Á que la vista el apetito inclina.
Mas decidme: ¿qué cosas
Hay buenas sin las rosas?
Por ventura, la Aurora,
Cuando, al nacer del día, perlas llora,
¿No muestra con rosada mano abierta
Del Oriente la puerta?
¿No, con rosados brazos,
Tejen las ninfas al Amor los lazos?
¿No llaman muchos doctos escritores
Rosada á Venus, madre de las flores?
Mas ¿para qué me canso? Por ventura,
¿No es de mortales accidentes cura?
Defiende de la hambre de la tierra
Al cuerpo que en el túmulo se cierra,
Y resisten sus galas
Del tiempo vario las veloces alas;
El olor que tenía
Cuando en sus mocedades trascendía,
Venciendo el humo que en Pancaya arde,
Á su vejez le da que se le guarde.
¿Su nacimiento, pues, no es generoso?
Cuando en el espacioso
Mar nació Venus con belleza suma,
Nieta del agua, y hija de la espuma,
Y cuando, armada con escudo y hasta,
Del celebro de Júpiter Minerva

---

(1) En el MS., *de.*

Nació virgen robusta, eterna, casta,
Para quien alta ciencia se reserva,
Entonces de las rosas el linaje
Á todas las estrellas hizo ultraje,
Y el sol bebió en sus hojas desde Oriente
Lágrimas de la Aurora blandamente;
Y es su grandeza tanta,
Que la congregación de dioses santa
Regó con néctar dulce y reservado
Á menos que divina eterna boca,
Que no es grandeza poca,
El descortés rosal que nació armado,
Para que dél naciese y se criase
Planta amiga de Baco, que le honrase.

LIV

Ο'τ' ἐγὼ νέοις ὁμίλουν.

Luego que escuadrón de mozos
Miro, parece que vuelvo
Á la mocedad antigua
Los muchos años que tengo.
 Y así, aunque yo me hallo,
Como todos dicen, viejo,
Me esfuerzo alegre á danzar,
Por pasar mejor mi tiempo.
 Tuérceme rosas y flores
Que acompañen (1) mis cabellos,
Las blancas con el color,
Las otras con el aliento.
 Vejez molesta y cansada,
Apártate de mí lejos,
Porque yo entre los muchachos
Quiero divertirme en juegos.
 Tráeme grandes, y á menudo,
Vasos de buen vino llenos,
Y mirad un viejo verde
Que en beber muestra su aliento.
 Miralde alegre jugar;
Velde beber descompuesto;
Miralde cómo, furioso
Por danzar, se va cayendo.

_____

(1) En el MS., *acompañan*.

LV

Ἐν ἰσχίοις μὲν ἵπποι.

Suelen tener (1) los caballos
Que en su hermosura se alaban
De tener por padre al viento
Que trai á Mayo en las alas,
   Suelen traer por señal
De su generosa raza,
Labrada con duros hierros,
En el pellejo la marca.
   La soberbia del turbante
Al persa honra y señala:
Cada cosa tiene nota
Que de las otras la aparta.
   Pero yo, en mirando un hombre,
Luego conozco si ama,
Porque tienen cierta nota
Todos los que amor abrasa,
   Que se les ve en la color
Y se les muestra en la cara;
No lo disimula el cuerpo
Y dícelo claro el alma.
   Lenguas de fuego lo dicen
Parleras en las entrañas,
Y el corazón, que alimenta
De sí propio eternas llamas.

D. FRANCISCO GÓMEZ DE QUEVEDO

Ofrécese para declarar esto, ú entenderlo mejor, un lu-
gar que el doctísimo Propercio, blando y enamorado, dice
así:

> *Nec dum etiam palles, vero nec tangeris igne,*
> *Hæc sunt venturi prima favila mali.*

   Aun no estás amarillo; aun no te quemas
Con verdadero fuego de amor puro:
Estas son las centellas que primero
Pronostican al alma el mal futuro.

---

(1) Así en el impreso y en el MS.; mas parece que sería
mejor lección *traer*, como luego dice.

Y Ovidio, en el primero *De Arte amandi*, dice que esta amarillez es señal de enamorado, en estas palabras:

Candidus in nauta turpis color, etc.

Mal parece al marinero
La color blanca y perfeta,
Pues el mar y el sol le obligan
Á tener la cara negra;
Mal parece al labrador,
Que siempre sulca la tierra
Debajo del aire frío
Con azadones y rejas;
Y tú, que, por ganar fama,
Paladia corona esperas,
Mal parecerás, si blanco
El robusto cuerpo muestras.
Todo amante esté amarillo:
Que esta color de tristeza
Es la que más le conviene
Y la que más se le allega.

Hasta aquí son obras que por cabales en mi Poeta se llaman así. No quise despreciar de tan grande autor ni los fragmentos, y así traduje estos dos:

FRAGMENTO I

¡Qué cosa es tan agradable
El andarse paseando
Donde, preñados del cielo,
Producen yerba los campos!
Adonde con blando soplo
Céfiro apacible y manso
Á las flores en que juega
Hurta el aliento de paso.
¡Qué agradable cosa es ver
La vid sagrada de Baco,
Y el pámpano que promete
En duro agraz tiernos granos!
Y lo más dulce es tener
Una doncella en los brazos,
Que incita á Venus y brota
Amor por ojos y labios.

FRAGMENTO II

Viendo que ya mi cabeza
Siente los hurtos del tiempo,
Que no hay guedeja en mis sienes
Que me acuerde el color negro;
    Ya que se llevó tras sí
Mi mocedad mis cabellos,
Y que el llegar y el estar
Y el irse fué en un momento;
    Ya que, por falta de dientes,
Como el niño el manjar bebo,
Y que, sin guardas la voz,
No obedece á los acentos;
    Ya que, según lo corrido
De la vida, claro veo
El poco trecho que queda
Y la prisa con que ruedo,
    Arrepentidos sollozos
Doy, en lágrimas envueltos,
Porque aguardé el postrer día
Á temer (1) muerte y infierno.
    Trabajosa es la bajada,
Es desapacible reino,
Á donde delgadas sombras
Sufren pena ú gozan premio.
    Abierto está para todos,
Recibe el mozo y el viejo,
Y nunca el que entra una vez
Vuelve á contar lo que hay dentro.

D. FRANCISCO GÓMEZ DE QUEVEDO

Por este fragmento se conoce que Anacreón creyó la inmortalidad del alma, y en segunda vida, pena ú gloria. Empieza este fragmento en griego:

Πολιοὶ μὲν ἡμὶν ἤδη
Κρόταφοι. . . . .

「Ya tengo canas las sienes, y la cabeza blanca»; por qué para decir viejo (particularmente de toda la cabeza) señala

---

(1) En el MS., *tener*, por yerro del amanuense de Quevedo.

las sienes canas, lo declara en su primero problema Alexandro Aphrodiseo así: pregunto ¿por qué Homero llamó de las canas de las sienes á los hombres πολιοκροταφους?

Nota que esta palabra, junta en el principio deste fragmento, la pone dividida en dos veces Anacreón en los versos primero y segundo:

> 1 Verso Πολιοι—
>
> 2 Verso Κροταφοι—

Respóndese que la causa de llamar Homero así á los hombres, y señalar por canas las sienes, es porque en ellas empiezan las primeras, y las más, porque las primeras partes de la cabeza tienen más de humedad que las postreras: «al rededor de las sienes», se entiende toda la frente con ellas.

Acabé esta paráfrasi y notas como pude y supe, y no como quisiera, y prometo agradecimiento al que piadoso perdonare mis descuidos, y docto enmendare los yerros, devoto al autor agraviado en mi desaliñada versión. Vivo y muerto, por cortesía ó religión, pido con la postrera voz á los doctos este dón modesto y propio de sus ánimos. Añada el que más supiere, y séame gloria el ardimiento de empezar, pues forzosamente me deberá mi lengua, si no buena obra, buen deseo.

Lasciva est nobis pagina, vita proba.
Lege: La vida es buena, aunque es vicioso el libro.

Á LA CUSTODIA DE CRISTAL

QUE DIÓ EL DUQUE DE LERMA Á SAN PABLO DE VALLADOLID (1)

SONETO

(En *El Parnaso Español*, Musa I, y en *Las tres Musas
últimas castellanas.)*

39.   Sea que, descansando, la corriente
Torcida y libre de espumoso río
Labró, artífice duro, yerto (2) y frío,
Este puro milagro transparente;
Sea que, aprisionada, libre fuente
Encarceló con hielo su albedrío,
Ó, en incendios del sol, l' alba el rocío
Cuajó á región benigna del Oriente (3);
Ó ya monstruo (4) diáfano naciese,
Hijo de peñas duras, parto hermoso,
Á llama universal rebelde hielo (5),
Fué bien que Cielo á Dios contrahiciese (6),
Porque podáis decir, Duque glorioso,
Que, aunque imitado y breve, le dais Cielo.

Á DON LUIS CARRILLO

HIJO DE DON FERNANDO CARRILLO, PRESIDENTE DE INDIAS,
CUATRALBO DE LAS GALERAS DE ESPAÑA Y POETA

SONETO

(En *El Parnaso Español*, Musa I.)

40.   Ansí, sagrado mar, nunca te oprima
Menos ilustre peso, ansí no veas

---

(1) El título de este soneto en *Las tres Musas últimas* es mucho más
largo: «Á un hermosísimo pedazo de cristal, de que el Duque de Lerma con
grande gusto hizo una custodia que para el Santísimo Sacramento dió al
convento de San Pablo de Valladolid. Dice poéticamente las opiniones que
hay cerca de la naturaleza del cristal.»

(2) En *Las tres Musas... hierro.*

(3) En *Las tres Musas* aparecen mejorados estos dos versos, de la
manera siguiente:

Ó *endureció en las lluvias y* el rocío
Bebida al sol, y lágrimas á Oriente.

(4) *Monstro.*

(5) *Al sol y al agua inobediente* hielo...

(6) · Fué bien que *el* Cielo *tal compuesto hiciese...*

Entre los altos montes que rodeas
Exenta de tu imperio alguna cima;
    Ni, ofendida, tu blanca espuma gima
.Agravios de haya humilde, y siempre seas,
Como de arenas, rico de preseas
Del que la luna más que el sol estima;
    Ansí tu mudo pueblo esté seguro
De la gula solícita; que ampares
De Thetis al amante, al hijo nuevo:
    Pues, en su verde reino y golfo obscuro,
Don Luís la sirve, honrando largos mares,
Ya de Aquiles valiente, ya de Febo.

1610
Á LA MUERTE DE D. LUÍS CARRILLO [1]
(En las *Obras de don Lvys Carrillo y Sotomayor*, Madrid, Juan de la Cuesta, M.DC.XI.)

41.   Miré ligera nave
Que, con alas de lino, en presto vuelo
Por el aire suave
Iba segura del rigor del cielo
Y de tormenta grave.
En los golfos del mar el sol nadaba
Y en sus ondas temblaba,
Y ella, preñada de riquezas sumas,
Rompiendo sus cristales,
Le argentaba de espumas,
Cuando, en furor iguales,
En sus velas los vientos se entregaron,
Y, dando en un bajío,
Sus leños desató su mismo brío,
.Que de escarmientos todo el mar poblaron,
Dejando de su pérdida en memoria
Rotas jarcias, parleras de su historia.

En un hermoso prado

---

(1)   Esta composición fué reimpresa en *El Parnaso Español*, Musa III, con el siguiente epígrafe: *Canción fúnebre, á la muerte de don Luís Carrillo y Sotomayor, Cavallero de la Orden de Santiago y Quatralbo de las Galeras de España*. Anotaremos las variantes:

Verde laurel reinaba florecido (1),
De pájaros poblado,
Que cantando robaban el sentido
Al Argos del cuidado.
De verse con sus hojas tan galana
La tierra estaba ufana,
Y lisonjero le inquietaba el viento (2),
Cuando una nube fría
Hurtó en breve momento
Á mis ojos el día,
Y, arrojando del seno un duro rayo,
Tocó la planta bella,
Y juntamente derribó con ella
Toda la gala, Primavera y Mayo:
Quedó el suelo de verde honor robado,
Y vió en cenizas su soberbia el prado.

Vi, con pródiga vena,
De parlero cristal un arroyuelo
Jugando con la arena,
Y enamorando de su risa el cielo,
Y á la margen amena (3),
Una vez murmurando, otra corriendo,
Estaba entreteniendo.
Espejo guarnecido de esmeralda
Me pareció al miralle;
El prado, su guirnalda (4);
Mas abrióse en el valle
Una envidiosa cueva de repente,
Enmudeció el arroyo,
Creció la escuridad del negro hoyo,
Y sepultó recién nacida fuente,
Cuya corriente breve restauraron
Ojos que de piadosos la lloraron.

(1)   Verde laurel reinaba *presumido*,...
(2)   Y *en aura blanda le adulaba* el viento...
(3)   Y enamorando de su risa *al* cielo.
         Á la margen amena...
(4)   Espejo guarnecido de esmeralda,
         Me pareció, al miralle,
         Del prado *la* guirnalda...

Un pintado silguero (1)
Más ramillete que ave parecía;
Con pico lisonjero,
Cantor del alba, que despierta el día (2),
Dulce cuanto parlero,
Su libertad alegre celebraba,
Y la paz que gozaba,
Cuando en un verde y apacible ramo,
Codicioso de sombra,
Que sobre verde alfombra (3)
Le prometió un reclamo,
Manchadas con la liga vió sus galas (4),
Y de enemigos brazos,
En largas redes, en ñudosos lazos,
Presa la ligereza de sus alas,
Mudando el dulce, no aprendido canto,
Bien que contra razón, en triste llanto (5).

Nave, tomó ya puerto;
Laurel, se ve en el Cielo trasplantado,
Y dél teje corona;
Fuente, encañada á la de Gracia corre (6)
Desde aqueste desierto;
Pájaro, regalado
Serafín, pisa ya la mejor zona (7),
Sin que tan alto nido nadie borre:
Así, que el que á don Luís llora no sabe
Que, pájaro, laurel, y fuente, y nave,
Tiene en el Cielo, donde fué escogido,
Flores, y curso largo, y puerto, y nido.

_____

(1) Un pintado *gilguero*...
(2) Cantor de *la* alba, que despierta *al* día:
(3) Que sobre *varia* alfombra...
(4) Manchadas con la liga *vi* sus galas...
En las *Obras* de Carrillo, *alas*, sin duda, por errata del impresor.
(5) *En lastimero són*, en triste llanto.
(6) Fuente, *hoy más pura* á la de Gracia corre...
(7) *Y* pájaro, *con tono* regalado,
      Serafín pisa ya la mejor zona...

EPITAPHIVM
D. FRANCISCI GOMEZ DE QUEVEDO
D. LUDOVICO CARRILLO
(En las *Obras de don Lvys Carrillo y Sotomayor.*)

Inveni portum, spes, & fortuna valete.

42. *Quisquis vitæ naufragio iactaris, siste, & lapidem consule, & ipse lapis, si siccis oculis, & advorte, repentinos fati insultus.* Hic somno meo dormio Ludovicus Carrillo, & vitæ satur conviva recedo, *qui paulò ante viva umbra fui, quid sum, advorte, quid eris, scies, lex est, non pœna mori. Iob, Aleph.*

יהוה נתן ויהוה לקח

Vixi, & quem dederat, cursum fortuna peregi, in religione piè, in bello gloriose, in mari prosperè, Diui Iacobi purpureum ensem nobilis pectore gessi, miles manu, & corde, & loquutus sum calamo, & lyra, nunc osibus solutis, muto lapide, & loquaci silentio loquor. Si vis accede, & ultima-verba audi.

Vita brevis, gloria fallax, salus dubia, cura edax, divitiæ infidæ, vana nobilitas, peritura fama, hominibus ludunt, tu si æternum nomen quæris, secundam mortem timebis, viator: Christianam virtutem dilige: Et magna pars tui vitabit Libitinam, *ama bonam mentem, æternamque mihi requiem aprecari, dum cursu tuo eodem itinere me fugientem assequeris, somnus enim me fratri suo tradidit, anno* 1610, *ætatis* 27. *Dic bona verba quæso pro lacte, & floribus rite inferias persolvens.*

ELOGIO
AL DUQUE DE LERMA D. FRANCISCO[1]
CANCIÓN PINDÁRICA
(En *El Parnaso Español,* Musa I.)

STROPHE I
De 16 versos.

43. De una madre nacimos,
Los que esta común aura respiramos;

---

(1) Algunas ediciones añaden: *cuando vivía valido del señor rey don Felipe III.*

Todos muriendo en lágrimas vivimos,
Desde que en el nacer todos lloramos.
Sólo nos diferencia
La paz de la conciencia,
La verdad, la justicia, á quien el cielo
Hermosa, si severa,
Con alas blancas envió ligera
Porque serena gobernase el suelo.
Ella asegura el tránsito á la vida.
Feliz el que la cándida pureza
No turba en la riqueza,
Y aquel que nunca olvida
Ser polvo, en el halago del tesoro,
Y el que sin vanidad desprecia el oro.

ANTISTROPHE I
De 16 versos.

Como vos, ¡oh glorioso
Duque, en quien hoy estimación hallaron
Las virtudes, y premio generoso!
Ved cuál sois, que con vos se coronaron.
Nunca más felizmente
En la gloriosa frente
De Alejandro su luz amanecieron;
Ni en la alma valerosa
De César, que, ya estrella, á volar osa,
Mayores alabanzas merecieron.
Ni de Augusto las paces más amadas
Fueron: pues, de blandura y de cuidado
Vuestro espíritu armado,
Haces dejó burladas,
Previniendo la suerte, que, enemiga,
Al que irritarla presumió, castiga.

EPODO I
De 21 versos.

Por vos, desde sus climas peregrino,
Devoto á la deidad del rey de España,
El alárabe vino.
No es poco honrosa hazaña
Que, vencido el camino
Y perdonado ya del mar y el viento,

Por justo y religioso, el noble intento,
Debajo de sus pies ponga el turbante
El persa, honor y gloria de levante.
Por vos Ingalaterra
Descansa y nos descansa de la guerra.
Y Francia, madre de ínclitos varones,
Del peso de las armas aliviada,
Trae por adorno varonil la espada,
Que ya opuso de España á los leones.
Y las islas postreras,
Que, por merced del mar, pisan el suelo,
Clemencia nunca vista en ondas fieras,
Por vos, por vuestro celo,
Admitirán la paz con que les ruega
Quien con su voz de un polo al otro llega.

STROPHE II
De 16 versos.

Curcio, mancebo fuerte,
Con glorioso desprecio y atrevido
Tocó las negras sombras de la muerte,
Cuando, de ardor valiente y persuadido,
Clara fama seguro
Buscó en el foso obscuro,
El precio dedicando de su vida
Al pueblo temeroso (1);
Y en el horror del cóncavo espantoso
Intrépido sostuvo en su caída,
Como Encélado, montes (2) desiguales,
Á quien, premiando el alto beneficio,
Hicieron sacrificio
En aras inmortales,
Pues, muriendo por dar á Roma gloria,
Dió su vida á guardar á su memoria.

ANTISTROPHE II
De 16 versos.

Vos, del forzoso peso

---

(1) En la edición príncipe, al margen de los primeros versos de esta estrofa: «Vale. Maxim., lib. 5, cap. 6. Liv. lib. 7. Paul. Orosio, lib. 3, cap. 5.»

(2) Apostilla de la primera edición: «Los siete de Roma.»

De tan grande república oprimido,
Con juicio igual y con maduro seso,
Á Curcio aventajado y parecido,
Por darla algún remedio,
Arrojándoos en medio
De los más hondos casos y más graves,
De Atlante sois Alcides,
Que le alivia en sus paces y en sus lides,
Guardándole á Philipo la dos llaves
Con que de Jano el templo ó abre ó cierra.
Vos, con cuello obediente á peso tanto,
Compráis el laurel santo;
Y á vos toda la tierra,
Cual Roma sólo á Curcio que la ampara,
Sacrificios dedica en feliz ara.

EPODO II
De 21 versos.

¡Oh, bien lograda y venturosa vida
La vuestra, á quien la muerte trae descanso,
Cuando ella es parricida,
Y en un reposo manso
Llegará la partida!
Sueño es la muerte en quien de sí fué dueño
Y la vida de acá tuvo por sueño.
Apacible os será la tierra y leve;
Que fué larga, diréis, la vida breve,
Porque en el buen privado
Es dilación del premio deseado,
Invidia de la gloria que le espera,
La edad prolija y larga. ¡Oh, cómo ufanos
Vuestros padres y abuelos soberanos
Que España armados vió (de la manera
Que á Jove los gigantes,
Soberbio parto de la parda tierra,
Que fulminados yacen fulminantes),
Escarmiento á la guerra
Darán, de vos en nietos esforzados,
Sus hechos y sus nombres heredados!

INSCRIPCIÓN AL TÚMULO
DEL REY DE FRANCIA ENRIQUE IV [1]
SONETO
(En *El Pornaso Español*, Musa III.)

44. Su mano coronó su cuello ardiente
Y el acero le dió cetro y espada;
Hízose reino á sí con mano armada;
Conquistó y gobernó francesa gente.
  Su diestra fué su ejército valiente;
Sintió su peso el mar; vió fatigada
El alto Pirineo de gente osada
La nieve, ceño cano de su frente.
  Su herencia conquistó, por merecerla;
Nació rey por la sangre que tenía;
Por la que derramó fué rey famoso.
  Á Fortuna quitó (por no deberla
Sólo á la sucesión) la monarquía,
Y vengó á la Fortuna un alevoso.

MEMORIA FÚNEBRE
DEL MISMO REY ENRIQUE IV
SONETO
(En *El Parnaso Español*, Musa III.)

45. No pudo haber estrella que infamase
Con tal inclinación sus rayos de oro,
Ni á tanta majestad perdió el decoro
Hora, por maliciosa que pasase.
  Ni pudo haber deidad que se indignase
Y diese tan vil causa á tanto lloro;
Rayos vengan la ira al alto coro:
No era bien que un traidor se la vengase.
  Gusto no pudo ser matar muriendo,
Y menos interés, pues no respeta

---

(1) Dióle muerte con un cuchillo Ravaillac, el día de la coronación de la Reina. (Nota de la primera edición.)

La desesperación precio ni gloria.
Invidia del infierno fué, temiendo
Que la guerra, y la caja, y la trompeta,
Despertaran de España la memoria.

EPITAFIO PARA EL MISMO
SONETO
(En *El Parnaso Español*, Musa III.)

46.
No llegó á tanto invidia de los Hados,
Ni bastó para tanto fuerza alguna:
Temió quejas del mundo la Fortuna,
De quien sus brazos fueron respetados.
  Y veisle: yace en mármores helados,
(Ansí lo quiere Dios) el que ninguna
Diestra temió debajo de la luna;
El que armó con su pecho sus soldados.
  La cana edad le perdonó piadosa;
La flaca enfermedad le guardó vida
Con que buscar pudiera honrosa muerte.
  Todo lo malogró mano alevosa,
Quitando al mundo el miedo, en una herida
Del más vil hombre al príncipe más fuerte.

1611
SÁTIRA Á LOS COCHES
ROMANCE
(En *Las tres Musas últimas castellanas.*)

47.
Tocóse á cuatro de enero
La trompeta del juicio,
Á que parezcan los coches
En el valle del registro.
  Treinta días dan de plazo
Para ser vistos y oídos;
Para dar premio á los buenos,
Como á los malos castigo.

Fueron pareciendo todos
Dentro del término dicho
Á juicio, aunque no final:
Tal el sentimiento ha sido.
El primero que llegó
Al tribunal contenido,
Fué un coche de dos caballos,
Uno blanco, otro tordillo.
«Acúsome en alta voz
—Dijo—que há un año que sirvo
De usurpar á las terceras
Sus derechos y su oficio.
»Que he sido caballo griego,
En cuyo vientre se han visto
Diversos hombres armados
Contra Elenas, que han rendido.
»Que aunque fembras y varones
He llevado y he traído,
De día por los jarales,
De noche por los caminos (1)
»Que he visto quitar la pluma
Á mil yernos palominos;
Y, sin que lleguen al sexto,
Penallos en tercio y quinto.»
Calló este coche, y llegó
Otro, en extremo afligido,
Quejándose de su suerte,
Y aquestas razones dijo:
«Los que priváis con los reyes,
Tomá ejemplo en mí, que he sido
Coche excelencia, y agora
Soy, como esclavo, vendido.
»Comprárame un pretendiente,
Que me trae desvanecido,
Desde su casa á palacio
Y de ministro en ministro.
»Tiéneme en una cochèra,
Adonde el agua y el frío
Se entran á conversación
Todas las noches conmigo.

(1) Parece que faltan versos, porque queda pendiente el sentido.

»Tráese destrozado á sí,
Y sus caballos mohinos,
Y de ayunar á san Coche
Está en los huesos él mismo.»
　Más dijera, á no atajarle
Cinco vizcoches, movidos,
Que del susto del pregón
Cocheril aborto han sido.
　Que se dispense con ellos
Piden, y fué respondido
Que se estén en sus cocheras;
Que es condenallos al limbo.
　Tras éstos se quejó un coche
De que había persuadido
Á una doncella á casarse
Con un viejo de ella indigno.
　Era niña y era hermosa,
Y agora pierde el juicio,
Viendo que el coche le falta
Y que le sobra el marido.
　Un coche pidió licencia,
Atento que había servido
Todo lo más de su tiempo
En bodas y en cristianismos.
　Á este coche interrumpieron
Cinco ó seis coches mininos,
Que, por menores de edad,
Pretenden ser eximidos.
　Á estos les condenaron,
Por favor, y por ser niños,
Á que sirvan de literas,
Ó que se estén suspendidos.
　Tras aquéstos llegó al puesto
Un coche verde, que ha sido
El sujeto á quien más debe
Cierta mujer y marido.
　Desde el alba hasta la noche
Les sirve de albergue y nido,
Y, aunque duermen dentro de él,
Ha dicho un contemplativo:
　«Aqueste es coche imprestable,
Porque ambos han prometido

No desamparar su popa
Por cosa de aqueste siglo.»
   Fueron llegando otros coches,
Pero no fueron oídos,
Porque tocaron las once,
Y se dió punto al juicio.
   Dejando para otro día
Los que aquí no han parecido:
Las quejas de los cocheros,
De las damas los suspiros.

Á LA PRIMAVERA [1]

(En la *Segunda parte de las Flores de poetas ilustres de España*, ordenada en 1611 por D. Juan Antonio Calderón, y publicada en Sevilla en 1896.)

48.   Pues quita Primavera al tiempo el ceño [2]
Y el verano risueño
Restituye á la tierra sus colores,
Y adonde vimos nieve vemos flores [3],
Y las plantas vestidas
Gozan las verdes vidas,
Dando, á la voz del pájaro pintado,
Sombra á los ramos y silencio al prado,
Sal, Aminta, que quiero [4]
Que, viéndote primero,
Agradezca sus flores este llano
Más á tu blanco pie que no al verano [5].
   Sal, por verte al espejo de la fuente:
Pues, suelta su corriente
Al cautiverio rígido del frío [6],

---

(1) Está en la primera edición de *El Parnaso Español* (Musa IV) con este epígrafe: *Llama á Aminta al campo en amoroso desafío.* Anotamos las variantes:

(2) Pues quita *al año Primavera* el ceño...

(3) Y *en donde* vimos nieve vemos flores...

(4) *Las ramas sombras* y silencio *el* prado,
   Vén, Aminta, que quiero...

(5) Así en *El Parnaso.* En las *Flores* de Calderón:
   Más á tu *blando* pie que no al verano.

(6) *Vén, veráste* al espejo de esta fuente,
   Pues, suelta *la* corriente
   De el cautiverio *líquido* de el frío...

Perdiendo el nombre aumenta el suyo al río.
Las aguas que han pasado
Oirás por este prado
Llorar no haberte visto, con tristeza;
Mas en las que mirares tu belleza
Verás alegre risa
Y cómo les dan prisa,
Murmurando la suerte á las primeras (1)*
Por poderte gozar las venideras.
     Si te detiene el sol ardiente y puro,
Sal, que yo te aseguro (2)
Que si te ofende le has de vencer luego,
Porque él pelea con luz y tú con fuego (3);
Mas si gustas de sombra,
En esta verde alfombra
Una vid tiene un olmo muy espeso,
No sé si diga que abrazado ó preso (4),
Y á sombra de sus ramas
Pueden dar nuestras llamas,
Ya las llamen abrazos ó prisiones (5),
Envidia al olmo y á la vid pasiones.
     Vén, que te aguardan ya los ruiseñores,
Y los tonos mejores,
Por que los oigas tú, dulce tirana,
Los dejan de cantar á la mañana.
Tendremos envidiosas
Las tórtolas dichosas (6)
Pues, viéndonos de gloria y gusto ricos,
Imitarán los labios con los picos:
Aprenderemos dellas
Soledad y querellas,
Y, en pago, aprenderán de nuestros lazos

---

(1) Y como *las* dan prisa,
     Murmurando *su* suerte á las primeras...

(2) *Vén*, que yo te aseguro...

(3) *Pues se vale él de* luz y tú *de* fuego...

(4) Quirós de los Ríos, en la impresión de Sevilla antes citada, omitió, por descuido, este verso; pero está en el códice del Duque de Gor, que le sirvió de original.

(5) *Le darán* nuestras llamas,
     Ya *los digan* abrazos ó prisiones...

(6) Las tórtolas *mimosas*...

Su voz requiebros y su pluma abrazos.
¡Ay! si vinieses ya, ¡qué tiernamente,
Al són de aquella fuente,
Gustáramos los aires y los vientos,
En besos, no en razones ni en acentos!
Y tantos te daría,
Que los igualaría
A las rosas que visten este suelo
Y á las estrellas que nos muestra el cielo.
Pues besara en tus ojos,
Soberbios con despojos,
Y en tus mejillas (no hay igual), tan bellas,
Sin prado rosas y sin cielo estrellas (1).
Hallárános aquí la blanca aurora (2)
Riendo, cuando llora;
La noche, alegres, cuando en cielo y tierra (3)
Tantos ojos nos abre como cierra.
Seremos cada instante (4)
Nueva amada y amante:
Y así hallará en firmeza tan subida
La muerte engaño y suspensión la vida,
Pues verán nuestras bocas
Desde estas altas rocas

---

(1) Falta esta estrofa en las *Flores* de Calderón. Debió de añadirla Quevedo después del año 1611, y la tomamos de un códice que fué del Conde del Águila y hoy para en la Biblioteca Capitular y Colombina de Sevilla. En *El Parnaso:*

> ¡Ay, si *llegases* ya qué tiernamente,
> Al *ruido de esta* fuente,
> *Gastaremos las horas* y los vientos,
> En *suspiros y músicos* acentos!
> *Tu aliento bebería*
> *En ardiente porfía*
> *Que igualase las flores de ese suelo*
> Y las estrellas *con que alumbra* el cielo,
> *Y sellaría* en tus ojos,
> Soberbios con despojos,
> Y en tus mejillas *sin igual*, tan bellas,
> Sin prado *flores* y sin cielo estrellas.

(2) *Hallárános* aquí la blanca Aurora...

(3) Preferimos en este verso la lección de *El Parnaso* á la de Calderón, que dice.

> La noche *alegre*, cuando en cielo y tierra. .

(4) *Fuéramos* cada instante...

Las tórtolas lascivas y viudas,
Que por sobra de lenguas están mudas (1).

Á UNA FÉNIX DE DIAMANTES

QUE AMINTA TRAÍA AL CUELLO

SONETO

(En *El Parnaso Español*, Musa IV.)

49.
Aminta, si á tu pecho y á tu cuello
Esa fénix preciosa á olvidar viene
La presunción de única que tiene,
En tu rara belleza podrá hacello.
  Si viene á mejorar, sin merecello,
De incendio, que dichosamente estrene,
Hoguera de oro crespo la previene
El piélago de luz en tu cabello.
  Si varïar de muerte y de elemento
Quiere, y morir en nieve, la blancura
De tus manos la ofrece monumento.
  Si quiere más eterna sepultura,
Si ya no fuese eterno nacimiento,
Con mi invidia la alcance en tu hermosura.

Á AMINTA

QUE SE CUBRIÓ LOS OJOS CON LA MANO

SONETO

(En *El Parnaso Español*, Musa IV.)

50.
Lo que me quita en fuego me da en nieve
La mano que tus ojos me recata;
Y no es menos rigor con el que mata,
Ni menos llamas su blancura mueve.

---

(1) Y *ansí tendría* en firmeza tan *crecida*
La muerte *estorbo* y suspensión la vida,
Y vieran nuestras bocas,
En ramos de estas rocas,
Ya *las aves consortes, ya las* viudas,
Más elocuentes ser cuando más mudas.

La vista frescos los incendios bebe,
Y, volcán, por las venas los dilata;
Con miedo atento á la blancura trata
El pecho amante, que la siente aleve.
  Si de tus ojos el ardor tirano
Le pasas por tu mano por templarle,
Es gran piedad del corazón humano;
  Mas no de ti, que puede, al ocultarle,
Pues es de nieve, derretir tu mano,
Si ya tu mano no pretende helarle.

CENIZA EN LA FRENTE DE AMINTA
EL MIÉRCOLES DE ELLA

SONETO
(En *El Parnaso Español*, Musa IV.)

51.   Aminta, para mí cualquiera día
Es de ceniza, si merezco verte;
Que la luz de tus ojos es de suerte,
Que aun encender podrá la nieve fría.
  Arde, dichosamente, la alma mía;
Y, aunque amor en ceniza me convierte,
Es de fénix ceniza, cuya muerte
Parto es vital, y nueva fénix cría.
  Puesta en mis ojos dice eficazmente
Que soy mortal, y vanos mis despojos,
Sombra obscura y delgada, polvo ciego.
  Mas la que miro en tu espaciosa frente
Advierte las hazañas de tus ojos:
Pues quien los ve es ceniza, y ellos fuego.

ENCARECIENDO
LAS ADVERSIDADES DE LOS TROYANOS
EXAGERA MÁS LA HERMOSURA DE AMINTA

SONETO
(En *El Parnaso Español*, Musa IV.)

52   Ver relucir en llamas encendido
El muro que á Neptuno fué cuidado;

Caliente, y rojo con la sangre el prado,
Y el monte resonar con el gemido,
Á Xanto en cuerpos y armas impedido,
Y en héroes, como en peñas, quebrantado;
Á Héctor en las ruedas amarrado,
Y en su desprecio á Aquiles presumido;
Los robos licenciosos, los tiranos,
La máquina de engaños y armas llena,
Que escuadras duras y enemigos vierte,
No lloraran, Aminta, los troyanos,
Si, en lugar de la griega hermosa Elena,
Paris te viera, causa de su muerte.

Á AMINTA

QUE PARA ENSEÑAR EL COLOR DE SU CABELLO
LLEGÓ UNA VELA Y SE QUEMÓ UN RIZO QUE ESTABA JUNTO AL CUELLO

SONETO
(En *El Parnaso Español*, Musa IV.)

53.
Enriquecerse quiso, no vengarse,
La llama que encendió vuestro cabello;
Que de no codiciarle, y poder vello,
Ni el tesoro del sol podrá librarse.
    Codicia fué, que puede mal culparse,
Robarle quien no pudo merecello;
Milagro fué pasar por vuestro cuello,
Y en tanta nieve no temer helarse.
    Ó quiso introducir el sol su llama,
Y aprender á ser día, á ser Aurora,
En las ondosas minas que derrama,
    Ó la hazaña de Heróstrato traidora
Repite, y busca por delitos fama,
Quemando al Sol el templo que él adora.

CELEBRA EL CABELLO DE UNA DAMA
QUE HABIÉNDOSELE MANDADO CORTAR EN UNA ENFERMEDAD
ELLA NO QUISO

IDILIO (1)
(En *El Parnaso Español*, Musa IV.)

54.   ¿Cómo pudiera ser hecho piadoso
Dar licencia villana al duro acero
Para ofender cabello tan hermoso?
Y ¿quién, á tu salud tan lisonjero,
Quiso que la arte suya se mostrase,
Donde el dudoso efecto le agraviase? (2)
    Pues si ayudarla intenta diligente (3),
Cuando en peligro está naturaleza,
El experto filósofo y prudente (4),
¿Cómo quien su tesoro y su belleza,
Tejido en esas trenzas le cortaba,
Bien que lo prometiese, la ayudaba?
    Mal pudo ser remedio de tu vida
Cortar todo el honor y precio della,
Si se pudiera hallar mano atrevida
Y sin piedad en cosa que es tan bella,
Pues cortara en los lazos que hoy celebras,
Tantas vidas amantes como hebras (5).
    El bárbaro deseo del romano,
Que las vidas de todos sobre un cuello
Quiso ver, por cortarlas con su mano (6)

---

(1) D. Pedro Aldrete Quevedo, sin tener en cuenta que este idilio
había sido publicado en *El Parnaso Español*, lo insertó en *Las tres Musas
últimas (Calíope)*, llamándole erróneamente *silva* y encabezándole con este
epígrafe: *Cabellos de Aminta, que mandó un médico que se los cortasen en
un tabardillo, [y] ella no le obedeció: Es agradecimiento á Aminta, y re-
prehensión al Doctor*. Anotaremos las variantes.

(2) Quiso que *el arte suyo* se mostrase,
     Que por asegurarla la agraviase?

(3) Que si ayudar pretende solamente...

(4) El experto filósofo prudente...

(5) Pues cortara en los lazos que celebras
     Tantas vidas *en ellos* como hebras.

(6) Quiso ver, por cortarlas *de* su mano...

De un golpe, quien cortara tu cabello
Le cumpliera crüel, pues de mil modos
Tienen las vidas de él pendientes todos (1).
  Estratagema fué y ardid secreto
El persuadir la Muerte se cortase
Cabello á quien, por lástima y respeto,
Era fuerza que aun ella perdonase:
Que ofender tal belleza quien la viera,
Hasta en la Muerte atrevimiento fuera.
  Á tu propria salud antepusiste
Cuerda temeridad en conservarle (2);
Todo lo que merece conociste,
Pues fuera no lo hacer desestimarle;
Que, aun por no te obligar á tal locura,
Á sí se corrigió la calentura.
  Y cuando medicina tan severa
Para dolencia igual sólo se hallara,
Ella misma, de lástima, se fuera (3),
Y la salud de invidia se tornara,
Pues estaba, sin duda, ya celosa
De ver en ti la enfermedad hermosa.
  Si en Absalón fué muerte su cabello,
Bien que gentil, también dejar cortalle
Lo fué para Sansón; y en ti el perdello
Viniera en los sucesos á imitalle,
Pues murieran en él cuantos le vieron,
Como con el jayán los que estuvieron.
  Reine, honor de la edad, desordenado
Tu cabello, sin ley, dándola al cielo;
No le mire viviente sin cuidado (4),
Ni libertad exenta goce el suelo.
Invidia sea del sol, desprecio al oro,
Prisión á l'alma, y al amor tesoro.
  La Muerte, que la humana gloria ultraja,
Le venere hasta tanto que le vea

_____

(1) Tienen las vidas *dél colgando* todos.
(2) Á *su* propia salud antepusiste,
     Cuerda temeridad, *el* conservarle...
(3) *Á mal tan riguroso no* hallara,
     La enfermedad, de lástima, se fuera...
(4) No le mire *ninguno* sin cuidado...

Blanco ya, del color de la mortaja.
Y cuando edad antigua le posea
Y de la postrer nieve le corone,
Por lo hermoso que ha sido, le perdone (1).

Á AMINTA

QUE IMITE AL SOL EN DEJARLE CONSUELO CUANDO SE AUSENTA

(En Las tres Musas últimas castellanas.)

55.   Pues eres sol, aprende á ser ausente
Del sol, que aprende en ti luz y alegría;
¿No viste ayer agonizar el día
Y apagar en el mar el oro ardiente?
   Luego se ennegreció, mustio y doliente,
El aire, adormecido en sombra fría;
Luego la noche en cuanta luz ardía,
Tantos consuelos encendió al Oriente.
   Naces, Aminta, á Silvio del ocaso
En que me dejas sepultado y ciego;
Sígote obscuro con dudoso paso (2).
   Concédele á mi noche, y á mi ruego,
Del fuego de tu sol, en que me abraso,
Estrellas, desperdicios de tu fuego.

CANCIÓN AMOROSA

(En Las tres Musas últimas castellanas.)

56.   Decir puede este río,
Si hay quien diga en favor de un desdichado,
El tierno llanto mío;
Decirlo puede el prado,
Aminta rigurosa,
Más por mi mal que por tu bien hermosa.

---

(1) En *Las tres Musas*, sin duda por yerro del copiante ó de la imprenta, *las* en vez de *le* en los versos segundo, cuarto, quinto y último de esta sextina, y en el tercero, *blancos*, en lugar de *blanco.*

(2) Al margen de este terceto: *Virgilio: Ibant obscuri sola sub nocte.*

Oyendo aquestos (1) cerros
Tu injusto agravio y mis querellas justas,
Dulcísimos destierros,
Pues de mis penas gustas,
Acabaráme olvido,
Y antes muerto estaré que arrepentido.
 Dulce imposible adoro:
¡Ay del que sin ventura quiere tanto!
Pierdo el tiempo si lloro,
Las palabras si canto,
Y la vida si quiero;
Piérdome en todo, y por perderme muero.
 ¡Qué de veces previne
Quejas para decirte, y al instante
Que á ver tu rostro vine
(Propio temor de amante),
Un mover de tus labios
Me trujo olvido á infinidad de agravios!
 ¡Qué de veces tus ojos,
De tanta voluntad dueños injustos,
Me trujeron enojos
Y me robaron gustos,
Trayendo con sus rayos,
Al alma julios y á la orilla mayos!
 Flacas van mis manadas,
Que sienten el dolor que tú no sientes;
Buscando van cansadas:
Buscan agua en las fuentes,
Sin ver que están secretas,
Agua en mis ojos, hierba en tus saetas.
 Viéronme estas arenas
En otro tiempo, cuando Dios quería,
Libre de las cadenas
Que tienen en prisión el alma mía.
¡Oh libertad sagrada,
Quien te perdió no tema perder nada!

---

(1) En la primera edición *estos*, pero la errata parece evidente.

AMANTE

QUE VUELVE Á VER LA FUENTE DE DONDE SE AUSENTÓ

SILVA

(En *Las tres Musas últimas castellanas.*)

57.
Aquí la vez postrera
Vi, fuente clara y pura, á mi señora,
De esta verde ribera
Reverenciada por Diana y Flora;
Aquí dió á mi partida
Lágrimas de piedad en largo llanto;
Aquí, al dejarla, mi dolor fué tanto,
Que mostró el corazón dudosa vida.
Aquí me aparté de ella
Con paso divertido y pies inciertos.
Heme hurtado á mi estrella:
Vuelvo á la soledad de estos desiertos;
Todos los veo mudados,
Y los troncos, que un tiempo llamé míos,
De sus tiernas niñeces olvidados,
Huyendo de mirarse en estos ríos,
Que los figuran viejos,
En el agua aborrecen los espejos.
No ya, como solía,
Halla en las ramas, al bajar al llano,
Verdes estorbos el calor del día:
Muy de paso visita aquí el verano.
Los troncos, ya desnudos,
Sepultados en ocio, yacen mudos
De este monte á los ecos,
Y á las deidades santas,
La araña sucedió en los robles huecos.
Rocas pisadas de mortales plantas
Fatigan esta arena.
Mucho le debes, fuente, á la verbena,
Que sola te acompaña;
¡Qué pobre de agua tu corriente baña
La tierra que dió flores y da abrojos!
¡Cómo se echa de ver en tus cristales
La falta del tributo de mis ojos,
Que los hizo crecer en ríos caudales!

¡En qué de partes de tu margen veo
Polvo, donde mi sed halló recreo!
    Ya no te queda, fuente, otra esperanza,
Tras prolija tardanza,
De cobrar tu corriente y su grandeza,
Sino la que te doy con mi tristeza,
De aumentarte llorando,
Por no saber de Aminta, mi enemiga.
Dímelo, fuente amiga,
Pues lo vas con tus guijas murmurando;
Que si interés de lágrimas te obliga,
No excusaré el verterlas por hallarla.
Ya me viste gozarla,
Y en medio del amor, con mil temores,
Llorar más que la aurora en estas flores.
No me tengas secreto
Esto que te pregunto; y te prometo
De hurtarte al sol á fuerza de arboleda,
Y de hacer que te ignore
Sed que no fuere de divinos labios:
Y de que bruto y torpe pie no pueda,
Mientras el sol la seca margen dora,
Hacer á tu cristal turbios agravios.
Darte hé por nacimiento,
No, cual naturaleza, dura roca,
Mas, en marfil, de un sátiro la boca,
Que muestre estar de ti siempre sediento.
Escribiré en tu frente
Tal ley al caminante:
«No llores, si estás triste; vé adelante:
Que de los desdichados, solamente
Glauro puede llorar en esta fuente;
Y si sed del camino
Te obligare á beber, ¡oh peregrino!
Mira que estas corrientes,
Después que fueron dignas de los dientes
De Aminta, han despreciado
Cualquier labio mortal. No seas osado
Á obligarlas á huir; ¡ay! no lo creas,
Cuando otro nuevo Tántalo te veas.»
    Tras esto, le daré verdes guirnaldas
Al sátiro, del robo de estas faldas;

Y á ti mil joyas del tesoro mío
Con que granjees las ninfas de tu río;
De suerte, que en mis dádivas y votos
Conozcan mares grandes,
Cuando escondida entre sus senos andes,
Que tiene tu deidad acá devotos.

AL SUEÑO [1]

(En las *Flores de Poetas* coleccionadas en 1611 por D. Juan Antonio Calderón
y publicadas por primera vez en Sevilla, 1896.)

58. ¿Con qué culpa tan grave,
Sueño blando y süave,
Pude en largo destierro merecerte,
Que se aparte de mí tu olvido manso?
Pues no te busco yo por ser descanso,
Sino por muda imagen de la muerte.
Cuidados veladores
Han hecho inobedientes á mis ojos [2]
Á la ley de las horas;
No pudieron vencer á mis dolores [3]
Las noches, ni dar paz á mis enojos;
Madrugan más en mí que en las auroras [4]
Lágrimas á este llano:
Que amanece mi mal muy más temprano.
Bien persuadido tiene la tristeza [5]
Á mis dos ojos que nacieron antes
Para llorar que para ver. Tú, sueño [6],

(1) Publicada en *Las tres Musas últimas castellanas*, con este título:
El sueño. Anotaremos las variantes, y también las de un códice que posee
D. José Sancho Rayón.

(2) *Hacen* inobedientes *mis dos* ojos...
      Hacen inobedientes *á los* ojos... (MS. de Sancho Rayón.)

(3) No *han podido* vencer á mis dolores...

(4) Madrugan más en mí, que las Auroras (MS. de S. R.).

(5) Que amanece *á* mi mal *siempre* temprano;
      Y tanto, que persuade la tristeza...
      Y siempre les persuade la tristeza... (MS. de S. R.)

(6) Preferimos la lección del códice de la Colombina, citado en las
notas del núm. 48. Así en el de Gor como en *El Parnaso* dice:
      Para llorar que para *verte, sueño*.

De sosiego los tienes ignorantes,
De tal manera, que al morir del día (1)
Con luz enferma, vi que permitía
El sol que le mirasen en Poniente;
Con pies torpes, al punto, ciega y fría,
Cayó de las estrellas blandamente
La noche tras las sombras pardas mudas (2)
Que el sueño persuadieron á la gente.
Escondieron las galas á los prados
Y quedaron desnudas (3)
Estas laderas, y sus peñas, solas;
Duermen ya, entre sus montes recostados,
Los mares y las olas.
Si con algún acento
Ofenden las orejas (4),
Es que, entre sueños, dan al cielo quejas
Del yerto lecho y duro acogimiento
Que blandos hallan en los cerros duros (5).
Los arroyuelos puros
Se adormecen al són del llanto mío,
Y, á su modo, también se duerme el río.
Con sosiego agradable
Se dejan poseer de ti las flores;
Mudos están los males;
Que no hay cuidado que hable:
Faltan lenguas y voz á los dolores,
Y en todos los mortales
Yace la vida envuelta en alto olvido.
Tan sólo mi gemido
Pierde el respeto á tu silencio santo:
Yo tu quietud molesto con mi llanto
Y te desacredito
El nombre de callado, con mi grito.

---

(1)   De tal manera, que al morir *el* día...

(2)   La noche tras las pardas sombras mudas...

(3)   Falta este verso en *Las tres Musas últimas,* pero está en los tres códices.

(4)   Hasta aquí en el códice del Duque de Gor, sin duda por negligencia del copiante. Transcribimos de *Las tres Musas últimas* el resto de la composición, anotando las variantes del códice de Sancho Rayón y del de la Colombina.

(5)   Que hallan blandas en los cerros *duros*...

Dame, cortés mancebo, algún reposo:
No seas digno del nombre de avariento,
En el más desdichado y firme amante
Que lo merece ser por dueño hermoso (1);
Débate alguna pausa mi tormento.
Gózante en las cabañas
Y debajo del cielo
Los ásperos villanos;
Hállate en el rigor de los pantanos
Y encuéntrate en las nieves y en el hielo
El soldado valiente,
Y yo no puedo hallarte, aunque lo intente (2),
Entre mi pensamiento y mi deseo.
Ya, pues, con dolor creo (3)
Que eres más riguroso que la tierra,
Más duro que la roca,
Pues te alcanza el soldado envuelto en guerra,
Y en ella mi alma por jamás te toca (4).
Mira que es gran rigor: dame siquiera
Lo que de ti desprecia tanto avaro
Por el oro en que alegre considera,
Hasta que da la vuelta el tiempo claro;
Lo que había de dormir en blando lecho,
Y da el enamorado á su señora,
Y á ti se te debía de derecho (5);
Dame lo que desprecia de ti agora
Por robar el ladrón; lo que desecha
El que invidiosos celos tuvo (6) y llora.
Quede en parte mi queja satisfecha:
Tócame con el cuento de tu vara (7);

---

(1) Faltan este verso y el anterior en el códice de Sancho.

(2) En el códice de Sancho y en el de la Colombina, y lo mismo en cuanto á las variantes que siguen:

Y yo no puedo hallarte *eternamente....*

(3) *Por lo cual, sueño,* creo...

(4) *Pero* mi alma por jamás te toca.

(5) *El que da aficionado* á su señora
Las horas que te debe de derecho.

(6) *Sufre.*

(7) En el códice colombino:

Tócame con el *viento* de tu vara...

Oirán (1) siquiera el ruido de tus plumas
Mis desventuras sumas;
Que yo no quiero verte cara á cara,
Ni que hagas más caso
De mí que hasta pasar por mí de paso;
Ó que á tu sombra negra, por lo menos,
Si fueres á otra parte peregrino,
Se le haga camino
Por estos ojos de sosiego ajenos.
Quítame, blando sueño, este desvelo,
Ó de él alguna parte,
Y te prometo, mientras viere el cielo,
De desvelarme sólo en celebrarte.

Á UN LEYVA [2]

(En las *Flores de Poetas* coleccionadas por D. Juan Antonio Calderón.)

59.

Diste crédito á un pino
Á quien del ocio duro avara mano (3)
Trujo del monte al agua peregrino,
¡Oh Leyva, de la dulce paz tirano! (4)
Viste, amigo, tu vida
Por tu cudicia á tanto mal rendida (5).
Arrojóte violento
Adonde quiso el albedrío del viento:
¿Qué condición del Euro y Noto inoras?
¿Qué mudanzas no sabes de las horas?
Vives, y no sé bien si despreciado
Del agua, ó perdonado:
¡Cuántas veces los peces que el mar cierra (6)

(1) *Oigan*, en ambos códices.

(2) En el códice de Gor tanto puede leerse *Á una Mina* como *Á un Leiua*, y esto último debe de ser, pues la composición está dirigida á un sujeto de ese apellido, á quien se nombra dos veces. En *Las tres Musas últimas castellanas* tiene esta silva el siguiente epígrafe: *Á una mina de oro contra la codicia*. Indicamos las variantes.

(3) Á quien del ocio *rudo* avara mano...

(4) ¡Oh *Loiba ciego, de tu* paz tirano!

(5) Por *la codicia* á tanto *mar vendida*.

(6) ¿Cuántas veces los *monstros* que el mar cierra...

Y tuviste en la tierra
Por sustento, en la nave mal segura,
Les llegaste á temer por sepultura!
¿Qué tierra tan extraña
No te obligó á besar del mar la saña?
¿Cuál alarbe, cuál scita, turco ó moro,
Mientras al viento y agua obedecías (1),
Por señor no temías?
Mucho te debe el oro
Si, después que saliste,
Pobre reliquia, del naufragio triste (2),
En vez de descansar del mar seguro,
Á tu codicia hidrópica obediente,
Con villano azadón, en cerro duro
Sangras las venas del metal luciente (3).
¿Por qué permites que trabajo infame
Sudor tuyo derrame?
Deja oficio bestial que inclina al suelo
Ojos nacidos para ver el cielo.
¿Qué fatigas la tierra?
Deja en paz los secretos de esta sierra.
¿Qué te han hecho, mortal, destas montañas
Las escondidas y ásperas entrañas,
Á quien defiende apenas negra hondura? (4)
¿No ves que á un mismo tiempo estás abriendo
Al metal puerta, á ti la sepultura? (5)
Piensas (y es un engaño vergonzoso) (6)
Que le hurtas riqueza al indio suelo:

------

(1) *Cuando al agua y al viento* obedecías...
(2) Pobre reliquia *de* naufragio triste...
(3) Sangras las venas *al* metal luciente.

(4) Preferimos en este pasaje la lección de *Las tres Musas;* en el códice están trastrocados estos cinco versos, de modo tal, que alguno de ellos no hace buen sentido:

> ¿Qué te han hecho, mortal, destas montañas
> Las escondidas y ásperas entrañas?
> ¿Qué fatigas la tierra?
> Deja en paz los secretos *de la* sierra,
> Á quien defiende apenas *su* hondura.

(5) *Mira* que á un *tiempo mismo* estás abriendo
Al metal puerta, á ti la sepultura.

(6) *Piensa,* pero es errata evidente.

Oro llamas al que es dulce desvelo
Y peligro precioso,
Rubia tierra, pobreza disfrazada (1)
Y ponzoña dorada.
¡Ay! no lleves contigo
Metal de la quietud siempre enemigo;
Que aun la naturaleza, viendo que era (2)
Tan contrario á la santa paz primera,
Por ingrato y dañoso á quien le estima,
Y por más esconderte sus lugares (3),
Los montes le echó encima;
Sus caminos borró con altos mares.
    Doy que á tu patria vuelvas al instante
Que el Occidente dejas saqueado,
Y que el mar sosegado,
Con amigo semblante,
Debajo del precioso peso gima
Cuando sus fuerzas líquidas oprima
La soberbia y el peso del dinero (4);
Doy que te sirva el viento lisonjero,
Si su furor recelas;
Doy que respete al cáñamo y las velas
Y, por que tu camino esté más cierto
(Bien que imposible sea),
Doy que te salga á recibir el puerto

---

(1) Que le hurtas riqueza al *duro* suelo;
    Oro *le* llamas, *y* es dulce desvelo;
    Es peligro precioso,
    Rubia tierra, pobreza *acreditada*...

(2) *Pues* la naturaleza, viendo que era...

(3) Por *dañoso y contrario* á quien le estima,
    Y por más *escondernos* sus lugares...

(4) También para fijar este pasaje preferimos la lección de *Las tres Musas* á la del códice de Gor, que es incompleta y poco sintáctica, cosa debida, de seguro, á la escasa minerva del amanuense de quien Calderón se valía. Dice el manuscrito:

    Doy que á tu patria vuelvas al instante
    Que el Occidente dejas saqueado,
    Y que dél vas triunfante;
    Doy que el mar sosegado
    Debajo del precioso peso *gime*
    Cuando sus fuerzas líquidas *oprime;*
    Doy que te sirva...

T. II.

Cuando tu pobre casa ya se vea (1):
Rico, díme si, acaso,
En tus montones de oro
Tropezará la muerte ó tendrá el paso;
Si añidirá á tu vida tu tesoro (2)
Un año, un mes, un día, un hora, un punto.
No es poderoso á tanto el mundo junto:
Pues si este dón tan pobre te es negado,
¿De qué esperanzas vives arrastrado? (3)
Deja (no caves más) el metal fiero;
Vé que sacas consuelo á tu heredero;
Vé que buscas riquezas, si se advierte,
Para premiar deseos de tu muerte (4).
Sacas ¡ay! un tirano de tu sueño;
Un polvo que después será tu dueño,
Y en cada grano sacas dos millones
De envidiosos, cuidados y ladrones (5).
Déjale ¡oh Leiva! si es que te aconsejas
Con la santa verdad honesta y pura (6),
Pues él te ha de dejar si no le dejas,
Ó te le ha de quitar la muerte dura.

(1) Doy que *respeta el* cáñamo *á tus* velas,
    Y, si temes del mar el desconcierto
    (Bien que imposible sea),
    Doy que te *sale* á recibir *al* puerto,
    Si pobre casa tienes, que te vea.

(2) Tropezará la muerte ó tendrá el paso,
    Ó añadirá á tu vida tu tesoro...

(3) *No lo podrás hacer, ni* el mundo junto:
    Esto, pues, si no puede, ¿á qué esperanza
    Truecas segura paz en tal tardanza?

(4) *Y que juntas tesoro,* si se advierte,
    Para *comprar* deseos de tu muerte.

(5) En *Las tres Musas* está invertido, con menor fortuna, el orden de estos dos pensamientos:

    En cada grano sacas dos millones
    De invidiosos, cuidados y ladrones;
    Sacas ¡ay! un tirano de tu sueño
    Y un polvo que después será tu dueño.

(6) Déjale ¡oh *Loibal* si es que te aconsejas
    Con la santa verdad, *sincera* y pura...

Á UNA NAVE [1]

(En las *Flores de Poetas* coleccionadas por D. Juan Antonio Calderón.)

60.
¿Dónde vas, ignorante navecilla,
Que olvidando [2] que fuiste un tiempo haya,
Aborreces la arena desta orilla
Donde te vió con ramos [3] esta playa,
Y la mar, en sus olas espantosa [4],
Si no más rica, menos peligrosa?
Si fiada en el aire, con él vüelas
Y á las iras del piélago te arrojas,
Temo que desconozca, por las velas,
Que fuiste tú la que movió con hojas:
Que es diferente ser estorbo al viento,
Ó servirle en la selva de instrumento.
¿Qué cudicia te da reino inconstante,
Siendo mejor ser árbol que madero,
Y dar sombra en el monte al caminante,
Que escarmiento en el agua al marinero?
¿Por qué truecas las aves en pilotos
Y el canto dellas en sus roncos votos?
¿No ves lo que te dicen esos leños
Vistiendo de escarmiento las arenas,
Y aun en ellas, los huesos de sus dueños,
Que muertos alcanzaron tierra apenas?
Mira que á cuantas olas hoy te entregas
Sobre ti das imperio si navegas [5].
¡Oh, qué de miedos te apareja airado
Con su espada Orïón! y en sus centellas,
¡Cuánto más te dará el cielo nublado
Temores que no luz en sus estrellas!
Á arrepentirte aprenderás en vano,

---

(1) En *Las tres Musas últimas*, con este epígrafe: *Exhortación á una nave nueva al entrar en el agua*. Indicamos las variantes, y también las del códice del Sr. Sancho Rayón. En el colombino esta composición está en un todo conforme con *Las tres Musas*.

(2) Que *olvidada* que fuiste un tiempo haya... (MS. de S. R.)

(3) Con *ramas*. (Id.)

(4) *Y el mar también, que amenazarla osa...*

(5) En *Las tres Musas* los pareados de esta sextina son el final de la anterior, y el de ésta los de aquélla. Como se ve, hay mejor congruencia en la lección de ambos códices, que en esta parte están conformes.

Hecha burla del mar furioso y cano (1).
¡Qué pesos te previene tan extraños
La cudicia del bárbaro avariento!
¡Cuánto sudor te queda en largos años!
¡Cuánto que obedecer al agua y viento!
Y, al fin, te verá tal la tierra luego,
Que te desprecie por sustento el fuego.

Tú, enseñada á los robos de un milano
Cuando eras haya, ¡oh nave peregrina!
Esclava de un pirata y de un tirano,
Serás del rayo de Sicilia dina;
Y más pronto que piensas, si te alejas,
El puerto desearás que ahora dejas (2).

¡Oh, qué de veces rota en las honduras
Del alto mar, ajena de firmeza,
Has de echar menos tus raíces duras
Y del monte la rústica aspereza! (3)
Y con la lluvia te verás de suerte,
Que en lo que te dió vida, temas muerte (4).

No invidies á los peces sus moradas,
Ni el gran seno del mar, enriquecido (5)
De tesoros y joyas, heredadas
Del cudicioso mercader perdido:
Más vale ser sagaz de temerosa,
Que verte arrepentida de animosa.

Agradécele á Dios, con retirarte,
Que aprisionó los golfos y el tridente,
Para que no saliesen á buscarte;

----

(1) Corregimos en este pasaje algunos yerros del MS. de Gor. En *Las tres Musas:*

> *Más veces te dará el cielo nublado*
> Temores, que no luz *con las* estrellas;
> *Aprenderás á arrepentirte* en vano,
> Hecha *juego* del mar furioso y cano.

(2)   Tú, *cuando mucho, á* robos de un milano
En tiernos pollos hecha, peregrina
Y esclava de un pirata *ó* de un tirano,
Te harás del rayo de.Sicilia dina,
Y más *presto* que piensas, si te alejas,
El puerto *buscarás* que ahora dejas.

(3)   Y del monte *las peñas ó* aspereza...

(4)   Falta esta sextina en el códice de Gor.

(5)   *Mira el* seno del mar enriquecido...

No seas quien le obligue inobediente
Á que nos encarcele en sus extremos,
Porque, pues no nos buscan, los dejemos (1).
   No aguardes que naufragios acrediten,
Á costa de tus jarcias, mis razones:
Deja que la hondura en paz habiten
Los mudos moradores á montones;
Y si de navegar estás resuelta,
Llantos prevengo ya para tu vuelta (2).

Á UNA FUENTE [3]

(En las *Flores de Poetas* coleccionadas por D. Juan Antonio Calderón.)

61. ¡Qué alegre que recibes,
Con toda tu corriente
Al sol, en cuya luz bulles y vives,
Hija de antiguo bosque, sacra fuente!
¡Ay! cómo de sus rubios rayos fías
Tu secreto caudal, tus aguas frías!
Blasonas confiada en el verano,
Y menosprecias al ivierno cano (4);
No le maltrates, porque en tal camino
Ha de volver, aunque se va enojado,
Y mira que tu nuevo sol dorado
También se ha de volver como se vino:
De paso va por ti la primavera
Y el ivierno; ley es de la alta esfera:
Huéspedes son; no son habitadores
En ti los meses que revuelve el cielo.
Seca con el calor, amas el hielo,
Y presa con el hielo, los calores.
Confieso que su lumbre te desata

---

(1) Falta esta sextina en los dos códices.

   (2) Deja que *en paz sus campos los* habiten
      Los *nadadores mudos, los tritones;*
      Mas si de navegar estás resuelta,
      Ya le prevengo llantos á tu vuelta.

(3) En *Las tres Musas últimas* se titula esta composición *El arroyo.*
En el códice de Sancho Rayón, *Á una fuente.*

   (4) Y *haces bravatas* al ivierno cano...
En el códice de Sancho Rayón *menosprecias,* lo mismo que en el de Gor.

De cárcel transparente,
Que es cristal suelto y pareció de plata;
Pero temo que, ardiente,
Viene más á beberte que á librarte,
Y debes más quejarte (1)
Del que empobrece tu corriente clara,
Que no del hielo que, piadoso, viendo
Que te fatigas de ir siempre corriendo,
Por que descanses te congela y para.

RELOJ DE ARENA [2]

(En las *Flores de Poetas* coleccionadas por D. Juan Antonio Calderón.)

62. ¿Qué tienes que contar, reloj molesto,
En un soplo de vida desdichada
Que se pasa tan presto;
En un camino que es una jornada
Para volar desde éste al otro polo,
Siendo jornada que es un paso solo (3);
En una noche, que es una hora fría (4),
Y en un año, que pasa en sólo un día,
Y en una edad, que pasa en sólo un año?
¿Qué tienes que contar en tanto engaño?
Que, si son mis trabajos y mis penas,
No alcanzaras allá, si capaz vaso (5)
Fueses de las arenas
Del ancho mar á donde tiende el paso.
Deja que corra el tiempo sin sentillo;
Que no quiero medillo (6)
Ni que me notifiques de esa suerte

---

(1) Y más debes quejarte...
Los códices de Gor y Sancho están conformes.

(2) En *Las tres Musas últimas* intitúlase esta composición *El relox de arena*. Anotamos las variantes.

(3) *Breve y estrecha de* este al otro polo,
Siendo jornada que es un paso solo?

(4) Este verso y los tres que le siguen no se hallan en la edición príncipe ni en ninguna de las siguientes.

(5) No *alcanzarás* allá si capaz vaso...

(6) *En donde el alto mar detiene* el paso.
Deja *pasar las horas sin sentirlas,*
Que no quiero *medirlas...*

Los términos forzosos de mi muerte (1).
No me hagas más guerra;
Déjame, y de piadoso nombre cobra (2):
Que harto tiempo me sobra
Para dormir debajo de la tierra.
 Pero si acaso por oficio tienes
El contarme los días,
Presto descansarás: que aquel cuidado
Mal acondicionado
Que alimento lloroso
En abrasadas venas,
Menos de sangre que de fuego llenas,
No sólo me apresura
Los pasos, mas acórtame el camino,
Si con pie doloroso,
Mísero peregrino,
Doy cercos á la triste sepultura
Que en la cuna empecé á temer lloroso.
Ya sé que soy aliento fugitivo,
Y así, ya temo, ya también espero
Que seré polvo, como tú, si muero,
Y que soy vidro, como tú, si vivo (3).

(1) Los términos forzosos de *la* muerte.

(2) Déjame y *nombre de piadosa* cobra...

(3) Quevedo, años después, rehizo de tal manera estos últimos versos,
que lo mejor será copiar todo el pasaje, tal como lo publicó su sobrino don
Pedro Aldrete en *Las tres Musas últimas:*

> Pero si acaso por oficio tienes
> El contarme *la vida,*
> Presto descansarás; que *los cuidados*
> Mal *acondicionados*
> Que *alimenta* lloroso
> *El corazón cuitado y lastimoso,*
> *Y la llama atrevida*
> *Que Amor ¡triste de mí! arde en mis* venas
> (Menos de sangre que de fuego llenas),
> No sólo me apresura
> *La muerte, pero abréviame* el camino;
> *Pues,* con pie doloroso,
> Mísero peregrino,
> Doy cercos á la *negra* sepultura.
> *Bien* sé que soy aliento fugitivo;
> *Ya sé,* ya temo, ya también espero
> Que *he de ser* polvo, como tú, si muero,
> Y que soy vidro, como tú, si vivo.

1613

LÁGRIMAS DE JEREMÍAS

CASTELLANAS

ORDENANDO Y DECLARANDO LA LETRA HEBRAICA

CON PARAPHRASIS Y COMENTARIOS EN PROSA Y VERSO.

DEDÍCALO AL CARDENAL

D. BERNARDO DE SANDOVAL Y ROXAS

desde la torre de Joan Abbad en 8 de Mayo de 1613

D. FRANCISCO DE QUEVEDO VILLEGAS

A Don Bernardo de Sandoval y Roxas, Cardenal Arzobispo de Toledo, del Consejo de Estado y Inquisidor General.

63. Veneración ha sido poner yo la boca en las lágrimas (que según fueron de copiosas, no ha bastado á enjugar el tiempo) de tan gran profeta. Y confieso que estarán agraviadas trasladándolas de sus ojos á mis labios. En esto ofrezco mis estudios, que son cortos, y mis deseos, que son grandes, á la clemencia, santidad y doctrina de V. S. I., que sabe premiar voluntades y perdonar y disculpar yerros. Dé Dios á V. S. I. la vida y salud que España y la Religión há menester. En la Torre de Joan Abad, 8 de Maio de 1613.—Licenciado D. Francisco Gómez de Quevedo.

Al Reverendo P. F. Lucas de Montoya, insigne teólogo, y predicador de la Victoria, Orden de los Mínimos, en Madrid.

¿Qué puede enviar un hombre solo desde un desierto, sino lágrimas? Ahí envío á V. P. ésas, que son de estima,

por ser derramadas de los ojos de Jeremías, que, recogidas
en mi mano por mi pluma, van á los suyos á desagraviarse
de mi estilo y de mi ignorancia. Piedad es corregir des-
cuidos y errores del no conocido, y religión enmendarlos
en el amigo. Yo que lo soy, y devoto suyo, cierto estoy de
que mostrará que me tiene por digno destos nombres me-
jorando mis escritos. Dé Dios á V. P. su gracia y salud.
La Torre de Joan Abad, á 12 de Junio de 1613.—D. Fran-
cisco de Quevedo.

AFORISMOS MORALES

SACADOS DEL PRIMER ALFABETO DE JEREMÍAS

Aleph.

Quien cae de la grandeza adquirida, solo yace, como la
viuda á quien falta amparo. Que no hay desierto como la
miseria, que entre la gente lo es; y no hay título exento de
mudanza. Sola se ve la ciudad, viuda la señora, esclava la
princesa.

Bet.

Quien se deja llevar de bienes de fortuna y fía della
llorará cuando todos descansan y en la noche por fuerza,
porque nunca goza de claridad ni día. No halla el malo
quien lo consuele, de todos los que acarició; desprécianle
sus amigos, y vuélvense enemigos. Que lo malo hasta al
que lo hace parece mal, y al que lo aconseja peor; de donde
se colige que los malos sólo tienen amigos para su per-
dición.

Ghímel.

Necio es quien, siendo malo y vicioso, peregrina por
ver si muda con los lugares las costumbres. El que así lo
hace, está, si peregrina, en otra parte, pero no es otro. La

jornada ha de ser, del que es, al que debe ser, y fuera razón que hubiera sido. Al que castiga Dios en Jerusalem por malo, también lo castigará donde fuere; y así es bien mudar de vida y no de sitio.

Dáleth.

En la ciudad donde no se vive á la religión no hay puerta en pie; las calles se enlutan; los sacerdotes lloran; todo perece, porque ella es la defensa de la República y el fundamento del gobierno político; porque si Dios no guarda la ciudad, en vano trabajan los que la guardan.

He.

No sólo han de dejar de ofender á Dios los padres por el castigo que temen en sí, sino por piedad de sus hijos, á quien Dios no perdona, por castigarlos en todo lo que más quieren. Así lo dijo muchas veces, y así lo hizo.

Vau.

Adonde hay pecado, aun corporal hermosura no hay, y todo falta como falte Dios; y así, los ricos y poderosos que le ofenden, hambrientos y pobres, en nada tienen sosiego ni hartura.

Zain.

Es digno de escarnio el que se acuerda de los trabajos pasados sólo cuando se ve en otros mayores: pues había de ser así, que la memoria de los pasados había de evitar lo porvenir, para no llegarlos á sentir presentes. Y así, no merecen que tengan lástima dellos, pues esta memoria había de ser remedio y no tormento.

Heth.

Quien no se acordare en todas las cosas humanas del mal fin que pueden tener, le tendrá malo, pues sólo temerle malo le da bueno.

Jod.

No guarda Dios de sus enemigos á quien no guarda sus mandamientos y preceptos; que no merece amparo de Dios, quien á Dios le niega.

Caph.

Quien olvida á Dios por el oro y riquezas, cuando Dios le olvida no hallará aun para la vida humana remedio, ni sustento para vivir quien le despreció para vivir bien.

Lámed.

No hay dolor tan desesperado como el que pasa quien, habiendo sido amenazado con él, en lugar de evitarle le irrita. Y es necio quien, estando en algún trabajo, llama quien le vea en él, y no quien le remedie.

Mem.

No puede huir del castigo el pecador: que el pecado y el delito le embaraza con redes los pies; pues siempre pisa dudosos laberintos la conciencia mala.

Nun.

El hombre que, olvidado de Dios, le ofende, con los mismos delitos acuerda á Dios de su castigo; y viene á darle por carga y á ponerle por yugo sus mismos pecados, los cuales son tan molestos, que públicos le afrentan, y secretos le rinden, y de cualquier modo le castigan.

Sámech.

No esconde, ni reserva, ni defiende ninguna grandeza de la ley, y mano, y vista de Dios á los poderosos. Todos los más escogidos tienen su tiempo señalado, el cual vendrá cuando el Señor le llamare, no cuando ellos quisieren, pues nunca le aguardan.

Ain.

Vanas son las lágrimas que derrama el afligido en el mal, porque no hay quien lo consuele; pues pudiera consolarse y aun remediarse á sí mismo con llorar las culpas con que le mereció. Pues es cierto que hay tres diferencias de lágrimas: naturales en la tristeza, artificiales en la hipocresía, y provechosas en los arrepentimientos.

Phe.

Por muchas cosas se deben amar los enemigos y persiguidores, y una de las más principales es el venir de la mano de Dios, y por su orden; que, si castigan, son instrumentos de justicia; y, si amenazan, prevención de su piedad.

Sade.

Dos géneros de gente provocan á ira á Dios; particularmente los que no oyen á Dios, ni quieren escuchar las palabras de su boca, y los que las oyen y las desprecian, y no las obedecen. Y éstos son peores, no porque desprecian la opinión de Dios, como los primeros, sino las obras. Y en castigar á estos tales se justifica Dios en sus palabras. Esto mostró al Profeta diciendo: *Hodie si vocem ejus audieritis, nolite obdurare corda vestra.* Si hoy oyéredes su voz, no endurezcáis los corazones vuestros.

Coph.

Quien en las necesidades acude á otro que á Dios, ni halla verdad en los amigos, ni salud en los remedios, ni mantenimiento en los campos.

Res.

No conoce paz ni sosiego el corazón del tirano, donde Dios no vive; la maliciosa tristeza le posee, ni se ve libre de tribulaciones; fuera de sí las penas que aguarda y merece lo espantan y amenazan, y dentro la conciencia rigurosa es como verdugo.

Sin.

Todas las desgracias del mundo vuelan. Tres cosas ¡oh mortal! tienes que sentir: la primera, que es fuerza que te sucedan desventuras y trabajos; la segunda, que es uso publicarlos unos á otros; la tercera, que es natural creerlos todos, y no remediarlos ninguno. Mirad cuáles somos, que el que cuenta trabajos ajenos pretende nombre de curioso y no de humano; y el que los oye, en vez de aprovecharse, se escandaliza. Sólo Dios oye los afligidos, porque sólo él oyéndolos los remedia.

Thav.

Una de las alegrías que da Dios á los justos es el castigo de los malos sin enmienda, no porque les desean el mal, sino porque les alegra el castigo en el pecado, y la justificación de Dios en la obstinación de los pecadores.

TRENOS.

DON FRANCISCO DE QUEVEDO VILLEGAS.

VERSIÓN LITERAL CASTELLANA

¡Cómo estuvo á solas la ciudad grande de pueblo! Fué como viuda la grande en las gentes; señora en las ciudades, fué tributaria.

Aleph.

Aprended, poderosos,
Á temer los castigos
De Dios omnipotente;
Pues hoy Jerusalén, viuda y sola,
Os enseña llorosa en lo que paran
Grandezas mal fundadas de la tierra.

¡Ay! ¡Cómo está sentada triste y sola
La ciudad que otro tiempo frecuentada
Se vió de ilustre pueblo!
Sin gente que guardar están sus muros,
Y la que fué gloriosa pesadumbre
Inútil busto yace. Está del modo
La gloriosa señora de las gentes
Que la triste viuda
A quien muerte de hijos y marido
Dejó en manos del llanto, y luto, y pena.
¡Ay, quién se lo dijera cuando alegre
Daba ley á la Tierra! Largos años
Obedecida fué gloriosamente
Y ahora esclava. ¡Ved cuánto ha sido
Lícito al enemigo, en sus grandezas!
Captiva la princesa
De las otras ciudades y provincias,
Enseña á trabajar sus tiernas manos,
Y con ellas, humilde y tributaria,
Su libertad ofende y su nobleza.

VERSIÓN LITERAL CASTELLANA

Llorar lloraban la noche, y su lágrima sobre su mejilla; no halla consolador de todos sus amigos; todos sus compañeros faltaron en ella; por enemigos fueron á ella.

Beth.

Vuelto se ha Dios contrario y enemigo;
Su casa no perdona:
Que en el día de su ira,
Del escabel, ó templo donde tuvo
Sus pies, toma venganza:
Nadie enoje á Señor tan justiciero,
A quien tanto agradaron,
Aun en la que llamaba un tiempo hija,
Bien que culpada, tantos desconsuelos.

I. B.

Ved su dolor inmenso,
Pues no pasó ninguna noche enjuta
De lágrimas amargas de sus ojos,
Que, del negro dolor perpetuadas,
Hacen ruido y señal en sus mejillas.
Toda ocupada en desatarse en llanto,

No halló piedad, ni cortesía alguna;
La que nunca pensó para consuelo
Haberla menester, aborrecióla;
Quien antes la adoró burlóse de ella;
El que por más amigo
A su prosperidad fué lisonjero,
Y viéndola en las manos de la ira
Volviéronse enemigos y contrarios.

VERSIÓN LITERAL CASTELLANA

Cautivóse Judá de aflicción y de muchedumbre de servitud. Ella estuvo entre las gentes; no halló descanso; todos sus perseguidores la alcanzaron entre las apreturas.

Ghímel.

Juzgad si tiene el premio que merece
La que sólo lloró verse perdida
Sin sentir el perderse.
Oid, por escarmiento,
Que Dios, que al justo ampara,
También abre los ojos sobre el malo.

Ghímel.

Judea, desterrada,
Con pie viudo, ajenos campos pisa;
Que las muchas afrentas,
La multitud de bárbaros, el yugo
Que el tirano cargó sobre su cuello,
Fueron causas forzosas
A que volviese, sola y peregrina,
A sus campos nativos las espaldas,
Y entre diversas gentes,
Con quien ella habitaba,
A tan grande dolor no halló descanso;
Y los que deseaban, invidiosos,
Con malicioso corazón sus ruinas,
Y verla destruída,
Alcanzaron á verla derruída,
Dando vergüenza de sí misma á todos,
A los trances postreros conducida,
Entre los que la afligen y atribulan.

VERSIÓN LITERAL CASTELLANA

Caminos de Sión enlutados de que no vienen á la Pas·

cua; todas sus puertas asoladas; sus sacerdotes suspirando,
sus doncellas tristes, y ella amarga á ellas.

Dáleth. D. 3.

Descolorido espanto
Halló Jerusalem en todas partes,
Porque á Dios no temió cuando triunfaba,
Y, en pena de que, siendo puerta suya,
Dió á los vicios entrada,
La vil pobreza infame
Permitió que por ella
Sus faustos y riquezas asaltase;
Y que tuviese imperio,
De la hambre amarilla y flaca armada,
Para obligarle á tales sentimientos.

Dáleth.

De Sïón los caminos y las calles,
Cuyo polvo cogieron tantos príncipes,
En púrpuras gloriosas, cuyas piedras
El concurso gastó de ciudadanos.
Lloran el ver que un ocio tan obscuro
Les descanse del peso y ruido antiguo;
Lloran de ver que planta forastera
No venga á acompañar sus fiestas grandes.
Persuadidas las puertas del descuido,
Arruinadas imitan á sus dueños;
Tristes los sacerdotes echan menos
En las aras las víctimas y ornatos,
Y el fuego que de entrañas y hostias puras
Hizo ceniza, ya sin alimento,
En ellas sepultado se sosiega.
Y á tanto llega el mal, á tanto el daño,
Que la medrosa amarillez se atreve
A la lozana flor de la hermosura,
En las vírgenes bellas.
Insolente el dolor lo posee todo;
Todo lo tiene el mal que todos tienen.

VERSIÓN LITERAL CASTELLANA

Fueron sus angustiadores por cabeza; sus enemigos la
despojaron; que el Señor lo habló por muchedumbre de

sus revelos: sus niños anduvieron en captiverio delante del angustiador.

Hc.

Hecha estoy vivo ejemplo
De lo que son las cosas de este mundo;
Mirad que sirvo sólo de escarmiento;
Sea maestro á vosotros mi quebranto,
Pues vivo solamente
Para hartar de venganza al enemigo,
Mientras da Dios aplauso á mis tragedias.

He.

Hecho, Señor, en mí se ve el contrario
De las cosas que un tiempo á Dios tuvieron
Por guarda ¡ay Dios! que la memoria misma
Rehusa el renovarlas.
Con nuestras joyas y despojos triunfa
Segura su soberbia. Así va el mundo
Que nuestra desnudez la viste ahora;
Mas ¿qué mucho, si Dios sobre Judea
Habló con voz airada y espantosa,
Y, en palabras severas,
Airado castigó la rebeldía,
La inobediencia ingrata,
Que quitó la disculpa á su pecado?
Delante al captiverio van los niños,
Acusando las culpas de sus padres,
Que tienen antes (ved qué desventura)
Cárcel que no razón para sentilla.
Detrás los vencedores van haciendo
De esas lágrimas pompa, y todos juntos,
En la prisión del cáñamo los brazos
Levantamos á Dios, como podemos,
Cercado de dolor, nadando en llanto,
El negro corazón; los ojos tristes.

VERSIÓN LITERAL CASTELLANA

Y salió de la hija de Sión toda su hermosura; fueron sus Príncipes como cívicos; no hallaron pasto y anduvieron sin fuerza delante el perseguidor.

Vav.

Del castigo del cielo merecido

No reserva el honor y la grandeza
A los más poderosos;
Que alcanza á todas partes
Del Dios de los ejércitos la mano (1).

Vav.

Violenta fué y prestada la flor pura
De la hermosura blanda,
Con que lozano triunfo
Las hijas de Sión del mundo fueron;
Pues ni señal ninguna ni reliquia
Se ve que de su gala
Dé relación. Aun no han quedado ruinas
Por donde el caminante
Tragedia muda y lastimosa lea:
Arrebató el decreto de los cielos
Su pompa y bizarría;
Sus poderosos ciudadanos ricos,
De la hambre amarilla fatigados,
Con desmayo solícito caminan;
Buscan mantenimiento
Entre la seca arena y piedras duras,
Y, del ayuno flaco persuadidas,
Cualquier cosa apetecen,
Y la necesidad hace regalos
Las ponzoñas vedadas á la vida,
Y, al fin, todo les falta:
Tanto, que el alimento
Envidian á las aves y á las fieras.
Anda como cansado
El siervo, en busca de la hierba y fuente;
Que no perdona altura,
Ni cóncavo secreto,
De la sed y la hambre persuadido.
Por esto, temerosos,
Dan miserable triunfo al enemigo,
Y sin color y fuerzas van delante
Del rostro del Señor que los castiga,
Cercadas de ira negra las entrañas,
Y armados de amenazas rigurosas
Los ojos vengativos.

---

(1)   Y esto (porque, como dice Antonio del Río) significa *Vav* principio, ó caridad.— *Nota del manuscrito de la Biblioteca Nacional.*

VERSIÓN LITERAL CASTELLANA

Acordóse Jerusalem días de su aflicción y su amargura;
todas sus codicias fueron de días antes de caer su pueblo
en mano de angustiador, y no dan ayuda á ella. Viéronla
angustiadores; riéronse sobre su fiesta.

Zain.

La más ofensiva arma
Que contra el pueblo hebreo
Armó de Dios la vengativa mano
Fué la memoria suya
De los perdidos bienes,
Cuando lloró en poder del captiverio,
Y el recuerdo de verse desdeñada
Jerusalem por pública ramera,
Habiendo merecido
De la boca de Dios nombre de esposa.

Zain.

Sollozando revuelve,
En ciegas desventuras sepultada,
Jerusalem esclava,
En lo hondo del pecho
Las afrentas crüeles que ha pasado,
Y en los días que fueron á sus ojos
Pobres de claridad, con luz escasa,
En maliciosas horas,
Se acuerda de las prendas
Agradables y dulces que tenía,
Y de las cosas de que fué adornada
Cuando al tiempo dió envidia;
Señora de las gentes,
Repetía los años
En que bárbara espada
Posó contra su sangre,
Sin que hallasen amparo
En humana piedad sus aflicciones.
Esto á solas lloraba,
Más desdichada, pues con tantos bienes
No perdió la memoria rigurosa
Del tiempo que los tuvo,
Ni mereció alcanzar algún olvido;
Y ahora que con lágrimas recibe
Al sol, y ahora que, nadando en ellas,

A la noche recibe, mas no al sueño,
No hay quien la dé el socorro que desea.
Ved lo que sentirá la que gloriosa
Su cuello levantó sobre la tierra,
Y ve que sus desdichas no le deben
A nadie ni un suspiro,
Y que los que otro tiempo
Fueron desprecios suyos la persiguen,
Cuando con secos ojos el contrario
Ve lástimas tan grandes,
Y lo que siente más es que profano
Sus sábados ofende, y embaraza
Con juegos y con fiestas, cosa indigna
A su tristeza y religión sagrada.

VERSIÓN LITERAL CASTELLANA

Pecado pecó Jerusalem; por tanto, por inmunda fué; todos sus honradores la menospreciaron, que vieron su vergüenza; también suspiró y volvió atrás.

Heth.

El temor que la cerca,
La vida que en el nombre solamente
Se diferencia de la muerte amarga,
El arrepentimiento perezoso,
Nacido del dolor desesperado
Lleva consigo, á donde va, el pecado.

Heth.

Jerusalem pecó con gran pecado,
Que él de sí propio fué castigo justo;
Y así los unos se burlaron de ella,
Los otros la dejaron,
Como á mujer ramera
A quien el más sangriento
Aparta con desprecio del amante,
Y los más poderosos,
Y todos los más nobles y prudentes
La tuvieron en poco,
Porque vieron desnudos en su cuerpo
Los miembros reservados,
Que cuidadosamente la vergüenza
A los ojos esconde;

Vieron su afrenta y su ignominia clara,
Y así, aunque suspiraba,
Mezclando las palabras con las quejas,
No la valió para que no volviese
Atrás, y se acercase
Al principio del mal de que huía.

VERSIÓN LITERAL CASTELLANA

Su enconamiento en sus faldas; no se acordó de su postrimería, y descendió miserablemente no consoladora ella. Vé, Señor, mi aflicción: que se engrandeció el enemigo.

Teth.

La que dejó la gracia con que ilustra
Las almas el Señor de las estrellas;
La que los bienes suyos,
Que ennoblecen espíritu divino,
Dejó por lodo vil en él envuelta,
No merece ser vista de sus ojos.

Teth.

Tiñe los pies profanos
En el tributo que sus meses mancha,
Y en las pisadas suyas
Quema las hierbas el humor ardiente,
Y con tal desaliño
Su vestidura infama,
Y declara cuán poco se le acuerda
De la vergüenza antigua y religiosa.
Ninguna profecía
Que anticipó á su pena la advertencia
Halló crédito alguno;
Los avisos pasaron despreciados,
Porque su presumida confianza
No se acordó del fin que á las grandezas
Negocian el descuido y el pecado.
Y así, no prevenida,
Del peso de sí misma arrebatada,
Venganza á los pasados,
Fábula á los presentes,
Y á los que han de venir mudo escarmiento
Se ha vuelto poco á poco.
Hubo quien la ayudase
A caer miserablemente y triste,

Mas no quien humedezca
Sus desdichas, llorando lastimado:
Oyen, mas no acompañan sus gemidos.
Abre, Señor, tus ojos
Sobre mis desventuras,
Pues no podrá dejar de enternecerte
Ver que hace majestad de mis trabajos
El bárbaro enemigo
Y que soberbio triunfa de las gentes
Que un tiempo fueron tuyas, y que esperan
Que si perdona tu enojado brazo
Reliquias lastimosas,
Que han de tornar á ser cuidado tuyo.
Mira, Señor, en mí mis desventuras;
Pues has llegado á tanto,
Que ya más poderoso,
Burladora cabeza
Mueve sobre mi llanto mi contrario.

VERSIÓN LITERAL CASTELLANA

Su mano extendió el angustiador sobre todas sus codicias que vieron gentes, que vivieron en su santuario, que encomendaste no viniesen en sus congregaciones á Ti.

Iod.

Tal fué la obstinación del pueblo hebreo,
Que ni temieron plagas,
Ni creyeron divinas profecías,
Ni mandatos de Dios reverenciaron;
Y así dejado de la mano suya,
Porque adoró las obras de sus manos,
Se ven las del contrario que temía.

Iod.

Indignado el contrario,
La mano codiciosa
Extendió sobre todas sus riquezas,
Y robo y presa suya
Fueron su bizarría;
Y el adorno profano,
Y cualquier cosa de valor y precio.
Vió pisar su divino sanctuario
Las enemigas plantas forasteras:

Vió del templo en los claustros reservados,
Tanto que aun á los ojos
Limitabas con leyes la licencia,
Las gentes que mandaste
Que en el consejo tuyo
No viniesen á hacerte compañía.

VERSIÓN LITERAL CASTELLANA

Todo su pueblo suspiró buscando pan; dieron sus codicias por comida para tornar alma. Vé, Señor, y nota que fué glotona.

K. Caph.

Cayó desvanecida de la altura;
Vióse sobre las nubes,
Y ya, de ellas cubierta,
Se ve en medrosa noche sepultada;
Y presas las dos manos
En lazos rigurosos
Sólo como el que ruega.
Levanta á Dios las palmas,
Sin poder defenderse,
Ni trabajar para adquirir sustento.

Caph.

Con suspiros ardientes solicita
Piedad del alto cielo,
Y en lágrimas está su pueblo todo:
Fáltales pan cuando el dolor les sobra,
Y el buscar alimento
Es todo su cuidado y su fatiga;
Que la hambre rabiosa,
Mal acondicionada y persuadida,
No perdona ninguna diligencia
En Jerusalem triste;
Pues por pacto común, bestial y bruto,
Ruega con sus tesoros,
Sólo para tornar el alma al cuerpo,
Que pretendió indignada
Desatarse del lazo de la vida,
Que la necesidad vencida tuvo.
Mira á cuánta vileza
Me hallo reducida,
Que como bestia (bien que lo haya sido)
Mi cuidado mayor y diligencia

En el pasto lo pongo, de manera
Que me señalan todos por glotona.

VERSIÓN LITERAL CASTELLANA

¡Oh! á vosotros todos, los que pisáis camino: notad y
ved si hay dolor como mi dolor, que fué hablado en mí, que
lo habló el Señor en día de ira de su furor.

Lámed.

La que á nadie trataba con desprecio,
Ahora ya que están apoderados
De su corazón duro
Tantas tribulaciones;
Ahora que el castigo
Ha llegado, aunque tarde, á sus pecados,
A todos comunica
Su mal, y siente sólo
Pasarle, y no el haberle merecido:
Que aun es mayor delito que el primero.

Lámed.

Los que por el camino
Peregrinos andáis, así no os toque
A vosotros el mal que con imperio
En mis entrañas reina,
Que os paréis á mirar (bien que os lastime)
Si hay dolor que se iguale al dolor mío.
Mirad bien lo que ha hecho
El Dios de los ejércitos conmigo;
Pues como á la lozana vid hermosa,
Que con hojas se vió toda cubierta
Y cargada y poblada de racimos,
A quien el labrador, después, alegre,
Del peso dulce alivia,
Así me vendimió de Dios la mano,
Y aun he quedado yo más despojada.
Que ella, con el verano,
Restitución de aqueste robo espera,
Pero yo no la aguardo,
Porque sé que de Dios no la merezco:
Que Él me avisó ¡mirad cuánto es piadoso!
Enojado en el día
De su ira y furor, que ya me alcanza.

VERSIÓN LITERAL CASTELLANA

De los cielos envió fuego en mis huesos, y prendió; extendió red á mis pies; hízome tornar atrás; dióme destrucción, y todo el día dolorida.

Mem.

Mereció no menores desventuras
La que manchó profana,
Con ciega idolatría,
La religión antigua y heredada;
Pues fué mancha tan honda,
Que á lo más reservado
Del corazón llegó, y á lo postrero
De sus entrañas las raíces tuvo,
Y así, como sacarla no se pudo,
Para purificar de alguna suerte
A Jerusalem triste,
Sobre ella envió Dios fuego del cielo.

Mem.

Mirad la gravedad de mis ofensas,
Pues que no solamente como á viña
De quien cobró el sudor de su trabajo
Labrador cuidadoso,
Me despojó de Dios la mano airada;
Mas envió á mis huesos
Del cielo fuego ardiente
Y, volviendo en ceniza
A los más poderosos de mi pueblo,
Me enseñó en el castigo
A temer sus enojos
Y á conocer mis culpas y pecados.
Quise huir las manos de su ira,
Y esconderme del brazo de las llamas,
Y hallé engañado en redes
La senda y el camino;
Cercóme Dios de lazos;
Burló mi diligencia
La prisión que me tuvo,
Y atrás me hizo volver donde me veo,
Ajena de consuelo,
Mientras en mis dos ojos,
Las horas que del cielo nos derriban,

Resbalando los años,
Registran lastimosas
Lágrimas que me ayudan
A gastar en tristezas todo el día.

VERSIÓN LITERAL CASTELLANA

Ató yugo de mis inobediencias; en su mano ayuntá-
ronse; subiéronse sobre mi cuello; enflaqueció mi fuerza;
dióme el Señor en poder de quien no me pueda levantar.

Nun.

No siente la licencia con que el fuego
De sus medrosas llamas
Hace alimento las riquezas suyas,
No el ver desparramados
A los más poderosos,
Por falta de sustento,
Como suelen, sin ley, flacos rebaños
Errar por todas partes:
Pues sólo siente ver que sus desdichas
Las heredan sus hijos,
Y ve la sucesión que imaginaba
Que sería sempiterna,
Que aun el común aliento que respira
Es merced del dolor que la atormenta.

Nun.

Número fué tan grande
El de las culpas y pecados míos,
Que sobre mi cabeza
Los vió el Señor eterno;
Y el descanso y la paz que en ellos tuve
Despertaron su ira,
Y en vela le tuvieron
Para que apresurase mi castigo;
Y así madrugo sólo á fabricarme,
De mis propios delitos
Yugo no menos áspero que grave,
Que, venciendo mi cuello al importuno
Peso, me sean castigo, infamia y carga.
Verán todos en mí cómo mis obras
(Así lo quiere Dios) son mis afrentas,
Pues con virtud cansada
Mis fuerzas se han tendido

Á máquina tan grande de pecados;
Y lo peor de todo es que no hallo
Manera de librarme;
Que me ha dejado Dios en tales manos,
Que ni sé, ni podré salir ya dellas,
Ni más levantaré cabeza ufana.

VERSIÓN LITERAL CASTELLANA

Derribó todos mis gallardos el Señor; en medio de mí
llamó sobre mí el concierto, el plazo para quebrantar mis
mancebos el lagar; pisó el Señor á la Virgen de la hija de
Judá, ó compañía.

Sámech.

Siento, no mis trabajos,
Mas ver que, riguroso y vengativo,
Me esconde Dios en su piedad consuelo,
Por los pecados míos,
Que son la causa y son el fundamento
De tantas desventuras
Como mis hombros débiles sustentan:
Amargo fructo de mis culpas ciegas.
Que tan sin esperanza de socorro
Me tienen, pues ninguno
Oye mi cauptiverio y mis afrentas,
Que no llame piadosa
La mano del Señor, que me atormenta,
Según que yo lo tengo merecido.

Sámech.

Sin acordarse de que fuí su hechura,
De entre las manos mías,
Y de delante de mis propios ojos,
En medio de mis penas y trabajos
Me derribó el Señor los más valientes
Y los más poderosos,
Y, dejándome sola y desarmada,
El tiempo dedicado á mi castigo
Llamó por mi desdicha;
Voló con alas de veloces horas,
A su voz obediente,
Y armado de decretos soberanos
Y de plazos forzosos,
Desventurados días

Me trujo que llorar; trújome noches
Que hicieron intratable
Con mis ojos al sueño.
Hizo lisonja á Dios cualquiera gente,
Que desde lejos vino
A ser duro instrumento
De las desdichas mías.
Ved en lo que paró toda mi pompa,
Y hasta dónde llegó de Dios la ira,
Que, como en los lagares,
Pisado el grano, corre en abundancia
Puro licuor y dulce de las vides,
Así, pisada toda mi grandeza,
Y los más escogidos
Vi, debajo de plantas forasteras,
Correr copiosamente
La sangre de mis hijos,
Y de Jerusalem antes intacta
Y pura como virgen religiosa.
Miraba esto el Señor desde su trono,
Y mostraba severo
Que le eran mis tragedias agradables,
Y daba con sus ojos
Aplauso á mi dolor, y al enemigo.

VERSIÓN LITERAL CASTELLANA

Por esto yo llorosa; mi ojo, mi fuente desciende aguas;
que se alejó de mi consolador, que consuela mi alma; fue-
ron mis hijos destruídos, que se engrandeció el enemigo.

Ain.

Aparté mis dos ojos
De la serena luz, blanca y hermosa
Aurora de aquel día,
A quien nunca la noche se ha atrevido,
Y á la escuridad ciega
Los entregué, de modo,
Que, por tinieblas mudas y desiertas,
Perdidos pasos doy con pie dudoso.
Dejé la fuente clara
Que de las piedras de la ley nacía,
Por el arroyo turbio
De los profanos ídolos manchado
Y así, en pena, permite

El Señor ofendido
Que se vuelvan en fuentes mis dos ojos,
Con lágrimas ardientes que derramen,
Hasta que lloren tanto,
Que cieguen con la pena y con el llanto.

Áin.

Y viendo la distancia
Que tienen apartado mi consuelo
De mí, las culpas mías
Y cuán lejos está quien muchas veces
Me restituyó el alma que engañada
Arrastraron tiranos apetitos,
Sin perdonar los días, ni las noches,
Continuamente lloro,
Y tanto en mis dos ojos perseveran
Lágrimas porfiadas, que primero
Será posible y cierto
El derramar el corazón por ellos,
Que no verlos enjutos
Hora ninguna que resuelva el cielo.
Y ventura sería
Cegar llorando, por no ver mis ojos,
Dando en sangre tan noble
Venganza y triunfo al enemigo infame,
A quien, porque mejor pueda afligirme,
Dobla las fuerzas Dios omnipotente.

VERSIÓN LITERAL CASTELLANA

Despedazábase Sión con sus manos; no consoladora ella; encomendó el Señor contra Jacob á sus vecinos que fuesen sus angustiadores. Fué Jerusalem por inmunda entre ellos.

Phe.

Padece justamente
Jerusalem, pues, viéndose oprimida,
En lugar de pedir misericordia,
En vanas quejas y en perdidas voces
Su boca embarazó, cuando la fuerza
De más utilidad arrepentida
Llorar la causa de tan gran castigo,
Que lamentar las penas que merece,
Ni querer disculpar inadvertida,
El yerro antiguo con errores nuevos.

Phe.

Peregrina y cautiva,
Con las manos tendidas,
Y á las estrellas vueltas,
Como mujer que ruega humildemente,
Sïón, desconsolada,
Prueba la fuerza de los ruegos suyos;
Mas pierde las palabras,
Y en vano hacen diligencias mudas,
En lágrimas los ojos desatados.
Pues no halla ninguno que se duela
Del mal, y del cuidado
Que en sus entrañas vive.
Mas ¿quién podrá ampararla, si les manda
El Señor á los duros enemigos
Que de manera cerquen
A los que de Jacob toman el nombre,
Que por cualquiera parte
Hallen prisión y espanto?
Y así Jerusalem con estas cosas,
Manchada en sangre de sus propios hijos,
Se ve entre ellos estar de la manera
Que la mujer hermosa que padece
Del colorado mes enfermos días,
Que del varón la excusan y reservan.

VERSIÓN LITERAL CASTELLANA

Justo es el Señor; que su boca no obedecí; oid agora todos los pueblos, y ved mi dolor; mis doncellas y mis mancebos anduvieron en el cauptiverio.

Sade.

Si engañada del cebo del pecado,
Burlada del anzuelo,
Que se disimuló con su dulzura,
Jerusalem se traga
Condenación perdida y muerte negra,
No se queje de Dios, que tantas veces,
Por sus profetas sanctos,
Los secretos le dijo del peligro.
Justos son sus castigos, y Él es justo
En dejar en las manos del tormento
A quien tras despreciar ciega el consuelo,

Ni el bien conoce, ni, obstinada y dura,
Quiere creer á quien del mal la avisa.

Sade.

Son tantos mis delitos,
Que aunque mis desventuras encarezco
Y, por incomparables,
Os cuentan mis dolores mis gemidos,
No se entienda que Dios es riguroso.
Justamente me aflige;
Bien merecidas tengo
A su piedad inmensa
Las iras que á mi espíritu consumen.
Yo en los profetas desprecié su boca,
Y en su divina boca su palabra;
No más inobediente
Cerviz vió contra sí la ley divina;
Pues para los misterios que la daban
Tuve manos ingratas, y no oídos,
Y así para lo mucho que merezco
Cortés reprehensión es el más grave
Castigo en que examina y ejercita
Mi sufrimiento Dios, y mi paciencia.
Mirad si hay más dolor, todos los pueblos,
Que ver llorar yo misma en cauptiverio
Las vírgenes hermosas
Que sola conocían
Por prisión y por cárcel la vergüenza,
Y, llorando tras ellas, los mancebos,
De cuyas esperanzas
Lozana subcesión me prometía,
A cuyos labios no se había atrevido
La flor hermosa de la edad primera.

VERSIÓN LITERAL CASTELLANA

Llamé mis amigos; ellos me engañaron; mis sacerdotes
y mis viejos en la ciudad se murieron; que buscaron comi-
da, á ellos para que tornasen á sus almas.

Coph.

Si queréis ver el fin de mis sucesos,
Mirad el que tuvieron mis fortunas;
La súbita mudanza de mi estado;

La ira del Señor; las soledades
En que me tiene yerma la pobreza,
Fortaleciendo á mis contrarios siempre,
Y ensordeciendo los amigos míos.
Mas no lo fueron míos: de mis glorias
Y de mis gustos fueron.
Por eso así lo quiere Dios; tras ellas
Se van de mí apartando;
Sea bien venida (bien que tarde viene)
Muerte que desengaña
De amigos falsos y de pechos nobles.

Coph.

Confieso que el remedio no me falta
Por no le haber buscado:
Que á mi necesidad he obedecido;
Con importuna voz á mis amigos
Llamé; no hallé ninguno:
Que como amigos fueron
De mi felicidad, que ya ha pasado,
Todos me desconocen;
Engañóme con ellos mi fortuna,
Y ellos con esperanzas me engañaron.
Pues si quiero volverme
A pedir á los viejos más ancianos
Saludable consejo,
Y si á los sacerdotes
Quiero pedir que religiosos rueguen
Al Señor que perdone mis delitos,
Hallo que el alimento les esconde
De Dios la justa ira,
Y que buscando algún mantenimiento
Con que buscar la alma fugitiva
Al cuerpo, yacen todos consumidos,
Dando de sí espectáculo espantoso.
A quien (mirad lo que la muerte puede)
Honor y gloria en otro tiempo dieron.

VERSIÓN LITERAL CASTELLANA

Ve, Señor, qué angustia á mí: mis entrañas se revol-
vieron; fué trastornado mi corazón dentro de mí, porque
rebelde rebelé; á fuera de mis hijos, me enviudó la espada
(el hebraísmo es de hijo), en casa como la muerte.

Res.

De suerte me ha dejado
Sola el Señor de hijos y de amigos,
Que no tengo á quién vuelva la cabeza,
Sino es al mismo que ofendí, fiada
En su piedad inmensa,
Que tantas veces los pecados míos
Han experimentado.
Esto le debo á la pobreza mía,
Que de Dios me acordó: mil veces sea
Bien venido el trabajo
Que acompañando tal memoria vino.

Res.

Ruego, Señor, á Ti, ya que, enojado,
Tanta licencia das á Babilonia
Sobre la gente mía,
Ya que yo no merezco de tu mano
Que el perdón que deseo,
Que tus ojos, piadosos como justos,
Vean mis desventuras,
Alcance yo que en mis entrañas lean
Las turbaciones mías.
Mira, Señor, mi corazón cansado,
Que á los pies del dolor tendido yace;
Toda tristeza soy, pues que no hallo
Ningún lugar sin miedo;
El temor me acompaña á toda parte:
Afuera me amenazan
Los filos enemigos,
Sedientos de mi sangre,
Y dentro de mí misma,
Mil domésticas muertes disfrazadas.
Espías me tienen puestas á la vida,
Y la hambre insufrible,
Sin perdonar ninguno,
Cual ángel á quien Dios armó de muerte
Contra los pueblos todos,
Solícita consume cuanto halla.

VERSIÓN LITERAL CASTELLANA

Oyeron que suspiraba yo no consolador; á mí todos
mis enemigos oyeron mi mal; holgáronse porque Tú lo hi-
ciste, trujiste días, que llamaste y seah como yo soy.

Sin.

Siendo señora, estoy como viuda;
Vime llena de pueblo, y estoy sola;
Princesa fuí de reinos y ciudades,
Y ya estoy tributaria.
Veo á mis hijos cauptivos;
Muertos los poderosos y valientes,
Los doctos y los sanctos.
Lágrimas veo en mis ojos;
Dentro de mí, la muerte;
Fuera las amenazas de la espada,
Cuando contra la flaca vida mía
Militan el espanto y la pobreza.
Aprende ¡oh tú! que mis desdichas miras
Con alma confiada,
A temer de la suerte los sucesos;
Pues la misma mudanza
Que me trujo á miseria,
Podrá de entre tus mal fundadas glorias
Traerte á que me hagas compañía.

Sin.

Sólo por augmentar mi sentimiento
Llegó la voz de los pecados míos
A los más apartados;
No ignoró mi dolor ningún oído,
Ni menos hubo alguno
Que diese por respuesta algún consuelo,
Y hasta en esto se ve mi desventura;
Pues es doblada pena
No hallar remedio á mal que saben todos;
Y, por doblar mis quejas,
Mis lágrimas ardientes
Buscaron á mis propios enemigos,
Y con la nueva de mis graves males
Lisonjearon los oídos suyos,
Y á mi captividad fiestas hicieron,
Y para dar disfraz á su malicia,
Hipócritas su risa disculpaban,
Con decir que era justo
Mirar con vista alegre
Las cosas que Tú haces;
Pues yo espero, Señor, que trairás tiempo
En que sus intenciones las castigues;
Tú me trairás á mí, que ahora lloro
Mientras ellos alegres se divierten,

En sus lágrimas propias,
El día del consuelo que me falta.
Veránse á mí en la pena semejantes.

VERSIÓN LITERAL CASTELLANA

Éntre toda su malicia delante de sí; y obra á ellos co·
mo obraste á mí sobre todas mis inobediencias; que se mul-
tiplicaron mis suspiros, y mi corazón, doloroso.

Tahv.

Término y plazo breve
Tuvo mi persuadida confianza:
En error acabaron mis errores;
Soy fábula del mundo,
Y á los que han de venir seré en proverbios
Escarmiento heredado,
Y la cruz que ha de.ser á todos gloria,
En mí será señal de mi castigo.

Tahv.

Todas las culpas suyas
Tienen de entrar delante de tu cara.
Harás, Señor, con ellos lo que hiciste
Conmigo, por pecados infinitos.
Alegrarme hé sobre ellos,
Porque Tú lo hiciste,
Como ellos sobre mí se han alegrado.
Justificarte has en tu castigo,
Mientras arrepentida y lastimada,
Ajena de consuelo,
Con suspiros ardientes,
El corazón á tanto mal rendido,
En llanto se desata por mis ojos,
De la tristeza enferma persuadido.

Esto es lo que he notado sobre el primer Alphabeto de
Jeremías, tocante á la propiedad de la lengua, y defensa
de la Vulgata. Creo hay más cosas de que pedir perdón
que gracias, en este papel.

Sub correctione Sanctæ Matris Eclessiæ.

LÁGRIMAS DE UN PENITENTE·

(En *Las tres Musas últimas castellanas.*)

PSALMO I

64.

¡Que llegue á tanto ya la maldad mía
(¿Quién me lo oye decir que no se espante?)
De procurar con los pecados míos
Agotar tu piedad ó tu tormento!
La voz me desampara la garganta;
Agua á mis ojos falta, á mi voz bríos;
Nada me desengaña;
El mundo me ha hechizado.
¿Dónde podré esconderme de tu saña,
Sin que el rastro que deja mi pecado
Por donde quiera que mis pasos muevo
No me descubra á tu rigor de nuevo?

PSALMO II

Como sé cuán distante
De Ti, Señor, me tienen mis delitos,
Porque puedan llegar al claro techo
Donde estás radïante,
Esfuerzo los sollozos y los gritos
Y, en lágrimas deshecho,
Suspiro de lo hondo de mi pecho.
Mas ¡ay! que si he dejado
De ofenderte, Señor, temo que ha sido
Más de puro cansado
Que no de arrepentido.
¡Terrible confusión, confuso espanto
Del que á tu sufrimiento debe tanto!

PSALMO III

¡Que llegue á tanto ya la maldad mía!
Aun Tú te espantarás, que bien lo sabes,
Eterno Autor del día,
En cuya voluntad están las llaves
Del Cielo y de la tierra.
Como que, porque sé por experiencia
De la mucha clemencia
Que en tu pecho se encierra,
Que ayudas á cualquier necesitado,

Tan ciego estoy en mi mortal enredo,
Que no te oso llamar, Señor, de miedo
De que quieras sacarme de pecado.
¡Oh baja servidumbre:
Que quiero que me queme, y no me alumbre,
La Luz que la da á todos!
¡Gran cautiverio es éste en que me veo!
¡Peligrosa batalla
Mi voluntad me ofrece de mil modos!
No tengo libertad, ni la deseo,
De miedo de alcanzalla.
¿Cuál infierno, Señor, mi alma espera
Mayor que aquesta sujeción tan fiera?

PSALMO IV

¿Dónde pondré, Señor, mis tristes ojos
Que no vea tu poder divino y santo?
Si al cielo los levanto,
Del sol en los ardientes rayos rojos
Te miro hacer asiento;
Si al monte, de la noche soñoliento,
Leyes te veo poner á las estrellas;
Si los bajo á las tiernas plantas bellas,
Te veo pintar las flores;
Si los vuelvo á mirar los pecadores
Que viven tan sin rienda como vivo,
Con amor excesivo,
Allí hallo tus brazos ocupados,
Más en sufrir que en perdonar pecados.

PSALMO V

Dejadme un rato, bárbaros contentos,
Que al sol de la verdad tenéis por sombra
Los arrepentimientos;
Que aun la memoria misma se me asombra
De que pudiesen tanto mis deseos,
Que unos gustos tan feos
Los pudiesen hacer hermosos tanto.
Dejadme, que me espanto,
Según soñé, en mi mal adormecido,
Más de haber despertado que dormido;
Contentáos con la parte de los años

Que deben vuestros lazos á mi vida;
Que yo la quiero dar por bien perdida,
Ya que abracé los santos desengaños
Que enturbiaron las aguas del abismo
Donde me enamoraba de mí mismo.

PSALMO. VI

Trabajos dulces, dulces penas mías (1);
Pasadas alegrías,
Que atormentáis ahora mi memoria,
Dulce en un tiempo, sí, mas breve gloria,
Que llevaron tras sí mis breves días:
Mal derramados llantos,
Con vosotros me alegro y enriquezco,
Porque sé de mí mismo que os merezco
Y me consuelo más que me lastimo;
Mas si regalos sois, más os estimo,
Mirando que en el suelo,
Sin merecerlo, me regala el cielo.
Perdí mi libertad, mi bien con ella;
No dejó en todo el cielo alguna estrella,
Que no solicitase,
Entre llantos, la voz de mi querella:
¡Tanto sentí el mirar que me dejase!
Mas ya me he consolado
De ver mi bien ¡oh gran Señor! perdido,
Y, en parte, de perderle me he holgado,
Por interés de haberle conocido.

PSALMO VII

Cuando me vuelvo atrás á ver los años,
Que han nevado la edad florida mía;
Cuando miro las redes, los engaños,
Donde me vi algun día,
Más me alegro de verme fuera de ellos
Que un tiempo me pesó de padecellos.
Pasa veloz del mundo la figura
Y la muerte los pasos apresura;
La vida nunca para,

---

(1)   En la primera edición de *Las tres Musas*, por yerro:
      Trabajos dulces penas mías...

Ni el tiempo vuelve atrás la anciana cara.
Nace el hombre sujeto á la fortuna,
Y en naciendo comienza la jornada,
Desde la tierna cuna
Á la tumba enlutada;
Y las más veces suele un breve paso
Distar aqueste oriente de su ocaso.
Sólo el necio mancebo,
Que corona de flores la cabeza,
Es el que solo empieza
Siempre á vivir de nuevo.
Pues si la vida es tal, si es desta suerte,
Llamarla vida agravio es de la muerte.

PSALMO VIII

Nací desnudo, y solos mis dos ojos
Cubiertos los saqué, mas fué de llanto:
Volver como nací quiero á la tierra;
El camino sembrado está de abrojos;
Enmudezca mi lira, cese el canto;
Suenen sólo clarines de mi guerra,
Y sepan todos que por bienes sigo
Los que no han de poder morir conmigo,
Pues mi mayor tesoro
Es no envidiar la púrpura ni el oro,
Que en mortajas convierte
La trágica guadaña de la muerte.
Rehuso de gozallo,
Por ahorrar la pena que recibe
El hombre, que lo tiene mientras vive,
Cuando es llegado el tiempo de dejallo:
Que el mayor tropezón de la caída,
En el humano sér, es la subida.
De nada hace tesoros, Indias hace
Quien, como yo, con nada está contento,
Y con frágil sustento
La hambre ayuna y flaca satisface.
Pretenda el que quisiere
Para vivir riquezas, mientras muere
Pretendiendo alcanzallas;
Que los más, cuando llegan á gozallas,
En la cumbre más alta,

Alegre vida que vivir les falta.

PSALMO IX

¡Cómo dé entre mis manos te resbalas!
¡Oh, cómo te deslizas, vida mía!
¡Qué mudos pasos trae la muerte fría
Con pisar vanidad, soberbia y galas!
    Ya cuelgan de mi muro sus escalas,
Y es su fuerza mayor mi cobardía;
Por nueva vida tengo cada día
Que al cano Tiempo nace entre las alas.
    ¡Oh mortal condición de los humanos:
Que no puedo querer ver á mañana,
Sin temor de si quiero ver mi muerte!
    Cualquier instante desta vida humana
Es un nuevo argumento que me advierte
Cuán frágil es, cuán mísera y cuán vana.

PSALMO X

¿Hasta cuándo, salud del mundo enfermo,
Sordo estarás á los suspiros míos?
¿Cuándo mis tristes ojos, vueltos ríos,
Á tu mar llegarán desde este yermo?
¿Cuándo amanecerá tu hermoso día
La escuridad que el alma me anochece?
Confieso que mi culpa siempre crece,
Y que es la culpa de que crezca mía.
Su fuerza muestra el rayo en lo más fuerte,
Y en los reyes y príncipes la muerte;
Resplandece el poder inaccesible
En dar facilidad á la imposible;
Y tu piedad inmensa
Más se conoce en mi mayor ofensa.

PSALMO XI

¡Cuán fuera voy, Señor, de tu rebaño,
Llevado del antojo y gusto mío!
¡Llévame mi esperanza el tiempo frío,
Y á mí con ella un disfrazado engaño!
    Un año se me va tras otro año,
Y yo más duro y pertinaz porfío,
Por mostrarme más verde mi albedrío

La torcida raíz do está mi daño.

Llámasme, gran Señor; nunca respondo;
Sin duda mi respuesta sólo aguardas,
Pues tanto mi remedio solicitas.

Mas ¡ay! que sólo temo en mar tan hondo,
Que lo que en castigarme agora aguardas
Con doblar los castigos lo desquitas (1).

PSALMO XII

¿Quién dijera á Cartago,
Que en tan poca ceniza el caminante
Con pies soberbios pisaría sus muros?
¿Qué presagio pudiera ser bastante
Á persuadir á Troya el fiero estrago,
Que fué venganza de los griegos duros?
¿De qué divina y cierta profecía
La gran Jerusalén no se burlaba?
¿Á qué verdad no amenazó desprecio
Roma, cuando triunfaba,
Segura de llorar el postrer día,
Con tanto César, Marco Bruto, y Decio?
Y ya de tantas vanas confianzas
Apenas se defiende la memoria
De las escuras manos del olvido.
¡Qué burladas están las esperanzas,
Que á sí (2) se prometieron tanta gloria!
¡Cómo se ha reducido
Toda su fama á un eco!
Adonde fué Sagunto es campo seco:
Contenta está con yerba aquella tierra,
Que al cielo amenazó con ira y guerra.
Descansan Creso y Craso,
Vueltos menudo polvo en frágil vaso.
De Alejandro y Darío
Duermen los blancos huesos:
Que todo al fin es juego de fortuna
Cuanto ven en la tierra sol y luna.
Y así, abrazando noble desengaño,
Vengo á juzgar que tengo tantas vidas

---

(1) En la primera edición, *los desquitas.*
(2) *¿Así?*

Como tiene momentos cada un año,
Y, con voces del ánimo nacidas,
Viendo acabado tanto reino fuerte,
Agradezco á la muerte,
Con temor excesivo,
Todas las horas que en el mundo vivo,
Si vive alguna de ellas
Quien las pasa en temores de perdellas.

PSALMO XIII

Un nuevo corazón, un hombre nuevo
Há menester, Señor, la ánima mía;
Desnúdame de mí, que ser podría
Que á tu piedad pagase lo que debo.

Dudosos pies por ciega noche llevo,
Que ya he llegado á aborrecer el día,
Y temo que hallaré la muerte fría
Envuelta en (bien que dulce) mortal cebo.

Tu hacienda soy, tu imagen, Padre, he sido,
Y, si no es tu interés, en mí no creo,
Que defiende otra cosa mi partido.

Haz lo que pide verme cual me veo;
No lo que pido yo: pues, de perdido,
Recato mi salud de mi deseo (1).

PSALMO XIV

La indignación de Dios, airado tanto,
Mi espiritu consume,
Y es tu piedad tan grande, que me llama,
Para que yo me ampare de su fuerza
Contra su mismo brazo y poder santo;
Advierta el que presume

---

(1) El sobrino de Quevedo incluyó entre los sonetos de la propia
Musa IX una más correcta lección de este psalmo, y optamos por ella. Tie-
ne este epígrafe: «Pide á Dios le dé lo que le conviene, con sospecha de
sus propios deseos.» Variantes que ofrece en las *Lágrimas de un penitente:*

Vs. 2-4. Há menester, Señor, *el alma* mía;
    Desnúdame de mí, que ser *podía*
    Á tu piedad pagase lo que debo.

»   7-9. Y temo que *he de hallar* la muerte fría
    Envuelta en bien, *y* dulce mortal cebo.
    Tu *imagen* soy, tu *hacienda propia* he sido...

»   14. *Aun no fío* mi salud *á* mi deseo.

Ofender á mi fama,
Que, si Dios me castiga, que Él me esfuerza:
Sus alabanzas canto,
Y en tanto que su nombre acompañare
Con mis humildes labios,
No temeré los fuertes, ni los sabios
Que el mundo contra mí de envidia armare.
Confieso que he ofendido
Al Dios de los ejércitos de suerte,
Que en otro que él no hallara la venganza
Igual la recompensa con mi muerte;
Pero, considerando que he nacido
Su viva semejanza,
Espero en su piedad cuando me acuerdo
Que pierde Dios su parte si me pierdo.

PSALMO XV

Nególe á la razón el apetito
El debido respeto,
Y es lo peor que piensa que un delito
Tan grave puede á Dios estar secreto,
Cuya sabiduría
La escuridad del corazón del hombre,
Desde el cielo mayor la lee más claro.
Yace esclava del cuerpo el alma mía,
Tan olvidada ya del primer nombre,
Que no teme otra cosa
Sino perder aqueste estado infame,
Que debiera temer tan solamente,
Pues la razón más viva y más forzosa
Que me consuela y fuerza á que la llame,
Aunque no se arrepiente,
Es que está ya tan fea,
Que se ha de arrepentir cuando se vea.
Sólo me da cuidado
Ver que esta conversión tan conocida
Ha de venir á ser agradecida,
Más que á mi voluntad, á mi pecado,
Pues ella no es tan buena
Que desprecie por mala tanta pena;
Y aunque él es vil, y de dolor tan lleno
Que al infierno le igualo,

Sólo tiene de bueno
El dar conocimiento de que es malo.

RECUERDO Y CONSUELO EN LO MÍSERO DESTA VIDA

REDONDILLA

Si soy pobre en mi vivir
Y de mil males cautivo,
Más pobre nací que vivo
Y más pobre he de morir.

PSALMO XVI

Bien te veo correr, tiempo ligero,
Cual por mar ancho despalmada nave,
Á más volar, como saeta ó ave,
Que pasa sin dejar rastro ó sendero.
    Yo dormido en mis daños persevero,
Tinto de manchas y de culpas grave (1);
Aunque es forzoso que me limpie y lave,
Llanto y dolor aguardo el día postrero.
    Éste no sé cuándo vendrá; confío
Que ha de tardar, y es ya quizá llegado,
Y antes será pasado que creído.
    Señor, tu soplo aliente mi albedrío,
Y limpie el alma, el corazón llagado
Cure, y ablande el pecho endurecido.

PSALMO XVII

Amor me tuvo alegre el pensamiento,
Y en el tormento lleno de esperanza,
Cargándome con vana confianza
Los ojos claros del entendimiento.
    Ya del error pasado me arrepiento,
Pues cuando llegue al puerto con bonanza,
De cuanta gloria y bienaventuranza
El mundo puede darme, toda es viento.
    Corrido estoy de los pasados años (2),
Que reducir pudiera á mejor uso
Buscando paz, y no siguiendo engaños.

---

(1) En la primera edición, *y de culpas graves.*
(2) *Ibid.,* por errata, *de los passos años.*

Y así, mi Dios, á Ti vuelvo confuso,
Cierto que has de librarme destos daños,
Pues conozco mi culpa, y no la excuso.

AL SARGENTO MAYOR
DON DIEGO ROSEL Y FUENLLANA
HIEROGLÍFICO EN SU SERVICIO
SONETO
(En los principios de la *Parte primera de varias aplicaciones y transformaciones...*
por Rosel (Nápoles, Juan Domingo Roncallolo, 1613).

65.　　Coronado de lauro, yedra y box,
Rosel le quita á Febo su carcax,
Pues hace los esdrújulos sin ax,
Y á todos los poetas dice ox.
Es de los hieroglíficos la trox,
Siendo en la ciencia del saber arrax,
Y es tan claro cual lúcido valax (1),
Y muy más concertado que un relox.
Al carro del gran Febo sirve de ex,
Y es de aquesta Academia el armandix;
Obedécenle (2) todos como á dux.
Es tan veloz cuanto en el agua el pex;
Danle las musas nombre de su dix,
Pues hizo en todas artes un gran flux.

RETIRÁNDOSE DE LA CORTE
RESPONDE Á LA CARTA DE UN MÉDICO (3)
(En *El Parnaso Español*, Musa VI.)

66.　　Desde esta Sierra Morena,
En donde, huyendo del siglo,

---

(1)　En el libro de Rosel, por errata.

　　　Y *en todo* claro cual lúcido valax.

(2)　En la edición original dice, por errata, *obedeciéndole.*

(3)　Esta composición fué también publicada en los *Romances varios de diversos autores* (Madrid, 1664), pero con las notables variantes que citaremos.

Conventual de las jaras,
Entre peñascos habito,
    Á vos el doctor Herodes,
Pues andáis matando niños,
Y si Dios no lo remedia
Seréis el día del juicio:
    Removido de la vuestra,
Me purgo así por escrito;
Que hizo vuestra carta efecto
De *récipe* solutivo (1).
    Yo me salí de la Corte
Á vivir en paz conmigo:
Que bastan treinta y tres años
Que para los otros vivo.
    Si me hallo, preguntáis,
En este dulce retiro,
Y es aquí donde me hallo,
Pues andaba allá perdido (2).
    Aquí me sobran los días,
Y los años fugitivos
Parece que en estas tierras
Entretienen el camino.
    No nos engaitan la vida
Cortesanos laberintos,
Ni la ambición ni soberbia
Tienen por acá dominio.
    Hállase bien la verdad
Entre pardos capotillos;
Que doseles y brocados
Son su mortaja en los ricos.
    Por acá Dios solo es grande,
Porque todos nos medimos
Con lo que habemos de ser,
Y así todos somos chicos.

_____

(1) *Incitado de la vuestra,*
     Aquesta carta os escribo;
     Que preguntas de los necios
     Rematan á los sufridos.

(2) *Preguntáisme si me hallo*
     En este pueblo escondido,
     Y es aquí donde me hallo,
     Y allá donde me cautivo.

Aquí miro las carrascas,
Copetes de aquestos riscos,
Á quien frisada la yerba
Hace guedejas y rizos.

Oigo de diversas aves
Las voces y los chillidos,
Que ni yo entiendo la letra,
Ni el tono que Dios les hizo.

Asoma el sol su caraza,
Que desde el primer principio
No hay día que no la enseñe,
Lo demás todo escondido (1).

No ha osado sacar un brazo,
Una pierna ni un tobillo,
Que ni sabemos si es zurdo,
Ó zambo, sol tan antiguo.

Si es que tiene malos bajos
Y no quiere descubrirlos,
Amanezca de estudiante,
Ó vuelto monje benito.

Hecha cuartos en el cielo
Á la blanca luna miro,
Como acá á los salteadores
Ponemos en los caminos.

Á la encarcelada noche
Llenan las hazas de grillos,
Y merece estas prisiones
Por ser madre de delitos.

Aquí miro con la fuerza
Que el rodezno en los molinos
Vuelve en harina las aguas,
Como las piedras al trigo.

Veo encarecer los cerros
El bien barbado cabrío,
Letrado de las dehesas,
Colegiales de quejigos.

Las fuentes se van riendo,
Aunque sabe Jesucristo (2)
Que hay melancólicas muchas,

---

(1) *Enfadándose á sí mismo.*
(2) Aunque *jure al Antecristo...*

Que lloran más que un judío.
    Aquí mormuran arroyos,
Porque han dado en perseguirlos;
Que hay muchos de buena lengua,
Bien hablados y bien quistos.
    La lechuza ceceosa
Entre los cerros da gritos,
Que parece sombrerero
En la música y los silbos.
    Ándase aquí la picaza
Con su traje dominico,
Y el pajarillo triguero
Con el suyo capuchino.
    Como el muchacho en la escuela
Está en el monte el cuclillo,
Con maliciosos acentos
Deletreando maridos.
    La piedad de los milanos
Se conoce en este sitio,
Pues que descuidan las madres
De sustentar tantos hijos.
    Los taberneros de acá
No son nada llovedizos,
Y así hallarán antes polvo
Que humedades en el vino (1).
    El tiempo gasto en las eras
Mirando rastrar los trillos,
Y, hecho hormiga, no salgo
De entre montones de trigo.
    Á las que allá dan diamantes,
Acá las damos pellizcos;
Y aquí valen los listones
Lo que allá los cabestrillos.
    Las mujeres de esta tierra
Tienen muy poco artificio,
Mas son de lo que las otras,
Y me saben á lo mismo.
    Si nos piden, es perdón,
Con rostro blando y sencillo (2);

---

(1) Y *ansí antes tiene* polvo
     Que *no* humedades el vino.
(2) Con rostro *humilde* y sencillo.

Y si damos, es en ellas;
Que á ellas es prohibido (1).
　Buenas son estas sayazas
Y estas faldas de cilicio,
Donde es el gusto más fácil,
Si el deleite menos rico (2).
　Las caras saben á caras;
Los besos saben á hocicos;
Que besar labios con cera
Es besar un hombre cirios.
　Ésta, en fin, es fértil tierra
De contentos y de vicios,
Donde engordan bolsa y hombre
Y anda holgado el albedrío (3).
　No hay aquí más qué dirán,
Ni ha llegado á sus vecinos
Prometer y no cumplir (4),
Ni el pero, ni el otro dijo.
　Madrid es, señor doctor,
Buen lugar para su oficio,
Donde coge cien enfermos,
De sólo medio pepino;
　. Donde le sirve de renta
El que suda y bebe frío,
Y le son juros y censos

---

(1)　En los *Romances varios* interpólanse aquí estos doce versos:

> 　　No reparo yo en las medias,
> 　En ligas ni en zapatillos;
> 　Que todo lo que no es bajos
> 　Yo lo doy por recibido.
> 　　No es el lenguaje muy terso,
> 　Ni es el hábito muy lindo;
> 　Mas como amasan y cuecen,
> 　Entienden bien el ruido.
> 　　Sólo cuesta la salud
> 　El gozar sus antrefijos;
> 　Que el interés, por acá,
> 　Anda guardando cochinos.

(2)　Si el *pecado* menos rico.

(3)　*Señor dotor, esta es* tierra
De contentos y de *vicio;*
Aquí *engorda* bolsa y hombre,
Y anda *holgando* el albedrío.

(4)　*El* prometer *ni el engaño...*

Los melones y los higos.
Que para mí, que deseo
Vivir en el adanismo,
En cueros y sin engaños (1),
Fuera de ese paraíso,
De plata son estas breñas;
De brocado estos pellicos;
Ángeles estas serranas;
Ciudades estos ejidos.
Vuesarced, pues, me encomiende
Á los padres aforismos,
Y déle Dios muchos años
En vida del tabardillo.

AMANTE QUE HACE LECCIÓN
PARA APRENDER Á AMAR
DE MAESTROS IRRACIONALES (2)
SONETO
(En El Parnaso Español, Musa IV.)

67.
Músico llanto en lágrimas sonoras
Llora monte doblado en cueva fría
Y, destilando líquida harmonía,
Hace las peñas cítaras canoras.
Ameno y escondido á todas horas,
En mucha sombra alberga poco día;
No admite su silencio compañía:
Sólo á ti, solitario, cuando lloras.
Son tu nombre, color y voz doliente
Señas, más que de pájaro, de amante;
Puede aprender dolor de ti un ausente.
Estudia en tu lamento y tu semblante
Gemidos este monte y esta fuente,
Y tienes mi dolor por estudiante.

---

(1) En cueros *con otra Eva...*

(2) Á este soneto acompaña en las primeras ediciones de *El Parnaso* la siguiente aclaración de González de Salas: «Refirióme D. Francisco que en Génova tiene un caballero una huerta, y en ella una gruta, hecha de la naturaleza, en un cerro, de cuya bruta techumbre menudamente se destila por muchas partes una fuente, con ruido apacible. Sucedió, pues, que dentro de ella oyó gemir un pájaro, que llaman *solitario*, y que al entrar él, se salió; y en esta ocasión escribió este soneto.»

CARTA DE ESCARRAMÁN Á LA MÉNDEZ[1]

JÁCARA

(En *El Parnaso Español*, Musa V.)

68.   Ya está guardado en la trena
Tu querido Escarramán;
Que unos alfileres vivos
Me prendieron sin pensar.

Andaba á caza de gangas,
Y grillos vine á cazar,
Que en mí cantan como en haza
Las noches de por San Juan.

Entrándome en la bayuca,
Llegándome á remojar
Cierta pendencia mosquito,
Que se ahogó en vino y pan,

Al trago sesenta y nueve,
Que apenas dije: «allá va»,
Me trujeron en volandas
Por medio de la ciudad.

Como el ánima del sastre
Suelen los diablos llevar,
Iba en poder de corchetes
Tu desdichado jayán.

Al momento me embolsaron,
Para más seguridad,
En el calabozo fuerte
Donde los godos están.

Hallé dentro á Cardeñoso,
Hombre de buena verdad,

---

(1)   Á continuación de este epígrafe escribió González de Salas la advertencia siguiente: «Dispénsese aquí la vulgaridad de este romance, por la anterioridad suya de primero (como ya se dijo en la disertación) á todos los muchos que de ese género, escritos ansí ingeniosamente de tantos buenos poetas, han después solicitado su imitación.» En efecto, en la disertación que precede á la Musa V dejaba dicho: «Muchas jácaras rudas y desabridas le habían precedido [á Quevedo] entre la torpeza del vulgo; pero de las ingeniosas y de donairosa propriedad y capricho él fué el primero descubridor, sin duda, y, como imagino, el *Escarramán* la que al nuevo sabor y cultura dió principio.»—También fué publicada esta composición, con la respuesta de la Méndez, en los *Romances varios de diversos autores*, Zaragoza, 1663, con variantes que no son tales, propiamente, sino meras erratas. Por eso no las anotamos.

Manco por tocar las cuerdas
Donde no quiso cantar.

    Remolón fué hecho cuenta
De la sarta de la mar,
Porque desabrigó á cuatro
De noche en el Arenal.

    Su amiga la Coscolina
Se acogió con Cañamar,
Aquel que, sin ser San Pedro,
Tiene llave universal.

    Lobrezno está en la capilla;
Dicen que le colgarán,
Sin ser día de su santo,
Que es muy bellaca señal.

    Sobre el pagar la patente,
Nos venimos á encontrar
Yo y Perotudo el de Burgos;
Acabóse la amistad.

    Hizo en mi cabeza tantos
Un jarro, que fué orinal,
Y yo, con medio cuchillo,
Le trinché medio quijar.

    Supiéronlo los señores,
Que se lo dijo el guardián,
Gran saludador de culpas;
Un fuelle de Satanás.

    Y otra mañana á las once,
Víspera de San Millán,
Con chilladores delante
Y envaramientos detrás,

    Á espaldas vueltas, me dieron
El usado centenar,
Que sobre los recibidos
Son ochocientos y más.

    Fuí de buen aire á caballo,
La espalda de par en par;
Cara, como del que prueba
Cosa que le sabe mal.

    Inclinada la cabeza
Á monseñor cardenal,
Que el rebenque, sin ser papa,
Cría por su potestad.

Á puras pencas se han vuelto
Cardo mis espaldas ya,
Por eso me hago de pencas
En el decir y el obrar.

Agridulce fué la mano;
Hubo azote garrafal;
El asno era una tortuga:
No se podía menear.

Sólo lo que tenía bueno
Ser mayor que un dromedal,
Pues me vieron en Sevilla
Los moros de Mostagán.

No hubo en todos los ciento
Azotes que echar á mal;
Pero á traición me los dieron:
No me pueden agraviar.

Porque el pregón se entendiera
Con voz de más claridad,
Trujeron por pregonero
Las sirenas de la mar.

Invíanme por diez años,
Sabe Dios quién los verá,
Á que, dándola de palos,
Agravie toda la mar.

Para batidor del agua
Dicen que me llevarán,
Y á ser de tanta sardina
Sacudidor y batán.

Si tienes honra, la Méndez,
Si me tienes voluntad,
Forzosa ocasión es ésta,
En que lo puedes mostrar.

Contribúyeme con algo,
Pues es mi necesidad
Tal, que tomo del verdugo
Los jubones que me da.

Que tiempo vendrá, la Méndez,
Que alegre te alabarás,
Que á Escarramán por tu causa
Le añudaron el tragar.

Á la Pava del cercado,
Á la Chirinos, Guzmán,

Á la Zolla, y á la Rocha,
Á la Luísa y la Cerdán,
   Á Mama, y á Taita el viejo,
Que en la guarda vuestra están,
Y á toda la gurullada,
Mis encomiendas darás.
   Fecha en Sevilla á los ciento
De este mes que corre ya.
El menor de tus rufianes,
Y el mayor de los de acá.

RESPUESTA DE LA MÉNDEZ Á ESCARRAMÁN

JÁCARA

(En *El Parnaso Español*, Musa V.)

69.
   Con un menino del padre,
Tu mandil y mi avantal,
De la cámara del golpe,
Pues que su llave la trae,
   Recibí en letra los ciento,
Que recibiste, jayán,
De contado, que se veían
Uno al otro al asentar.
   Por matar la sed te has muerto,
Más valiera, Escarramán,
Por no pasar esos tragos,
Dejar otros de pasar.
   Borrachas son las pendencias,
Pues tan derechas se van
Á la bayuca, donde hallan,
Besando los jarros, paz.
   No hay quistion ni pesadumbre,
Que sepa, amigo, nadar:
Todas se ahogan en vino;
Todas se atascan en pan.
   Si por un chirlo tan sólo
Ciento el verdugo te da,
En el dar ciento por uno
Parecido á Dios será.
   Si tantos verdugos catas,
Sin duda que te querrán

Las damas por verdugado,
Y las izas por rufián.
    Si te han de dar más azotes,
Sobre los que están atrás,
Estarán unos sobre otros,
Ó se habrán de hacer allá.
    Llevar buenos pies de albarda
No tienes que exagerar;
Que es más de muy azotado
Que de ginete y galán.
    Por buen supuesto te tienen,
Pues te envían á bogar;
Ropa y plaza tienes cierta,
Y á subir empezarás.
    Quéjaste de ser forzado;
No pudiera decir más
Lucrecia del rey Tarquino,
Que tú de su majestad.
    Esto de ser galeote
Solamente es empezar;
Que luégo tras remo y pito
Las manos te comerás.
    Dices que te contribuya,
Y es mi desventura tal,
Que si no te doy consejos,
Yo no tengo que te dar.
    Los hombres por las mujeres
Se truecan ya taz á taz,
Y si les dan algo encima,
No es moneda la que dan.
    No da nadie sino á censo,
Y todas queremos más
Para galán un pagano,
Que un cristiano sin pagar.
    Á la sombra de un corchete
Vivo en aqueste lugar,
Que es para los delincuentes
Árbol que puede asombrar.
    De las cosas que me escribes
He sentido algún pesar;
Que le tengo á Cardeñoso
Entrañable voluntad.

Miren qué huevos le daba
El asistente á tragar,
Para que cantara tiples,
Sino agua, cuerda y cendal.
    Que Remolón fuese cuenta,
Heme holgado en mi verdad,
Pues por aquese camino
Hombre de cuenta será.
    Aquí derrotaron juntos
Coscolina y Cañamar,
En cueros por su pecado,
Como Eva con Adán.
    Pasáronlo honradamente
En este honrado lugar;
Y no siendo picadores,
Vivieron, pues, de hacer mal.
    Espaldas le hizo el verdugo,
Mas debióse de cansar,
Pues habrá como ocho días
Que se las deshizo ya.
    Y muriera como Judas;
Pero anduvo tan sagaz,
Que negó, sin ser San Pedro,
Tener llave universal.
    Perdone Dios á Lobrezno,
Por su infinita bondad;
Que ha dejado sin amparo
Y muchacha á la Luján.
    Después que supo la nueva
Nadie la ha visto pecar
En público: que, de pena,
Va de zaguán en zaguán.
    De nuevo no se me ofrece
Cosa de que te avisar;
Que la muerte de Valgarra,
Ya es añeja por allá.
    Cespedosa es ermitaño
Una legua de Alcalá;
Buen diciplinante ha sido:
Buen penitente será.
    Baldorro es mozo de sillas,
Y lacayo Matorral;

Que Dios por este camino
Los ha querido llamar.
   Montúfar se ha entrado á puto
Con un mulato rapaz,
Que por lucir más que todos
Se deja el pobre quemar.
   Murió en la ene de palo,
Con buen ánimo, un gañán,
Y el ginete de gaznates
Lo hizo con él muy mal.
   Tiénenos muy lastimadas
La justicia sin pensar
Que se hizo en nuestra madre,
La vieja del arrabal,
   Pues, sin respetar las tocas,
Ni las canas, ni la edad,
Á fuerza de cardenales,
La hicieron obispar.
   Tras ella, de su motivo,
Se salían del hogar
Las ollas con sus legumbres:
No se vió en el mundo tal;
   Pues cogió más berenjenas
En una hora, sin sembrar,
Que un hortelano morisco
En todo un año cabal.
   Esta cuaresma pasada
Se convirtió la Tomás,
En el sermón de los peces,
Siendo el pecado carnal.
   Convirtióse á puros gritos;
Túvosele á liviandad,
Por no ser de los famosos,
Sino un pobre sacristán.
   No aguardó que la sacase
Calavera ó cosa tal;
Que se convirtió de miedo
Al primero Satanás.
   No hay otra cosa de nuevo;
Que, en el vestir y el calzar,
Caduca ropa me visto
Y saya de mucha edad.

Acabado el decenario,
Adonde agora te vas,
Tuya seré, que tullida,
Ya no me puedo mudar.
    Si acaso quisieres algo,
Ó se te ofreciere acá,
Mándame, pues, de bubosa,
Yo no me puedo mandar.
    Aunque no de Calatrava,
De Alcántara, ni San Juan,
Te envían sus encomiendas
La Téllez, Caravajal,
    La Collantes valerosa,
La golondrina Pascual,
La Enrique mal degollada,
La Palomita torcaz.
    Fecha en Toledo la rica,
Dentro del pobre hospital,
Donde trabajos de entrambos
Empiezo agora á sudar.

1615

DON PERANTÓN Á LAS BODAS DEL PRÍNCIPE

HOY EL REY NUESTRO SEÑOR

(En *El Parnaso Español*, Musa VI.)

70.   Á la sombra de unos pinos
Que son vigas en el techo,
(Que, cansado de arboledas,
Sólo á esta sombra me siento);
    Á la orilla de mi cama,
Que, por estar por en medio,
Bien deshecha y mal mullida,
Á las orillas me acuesto;
    Devanado en una manta
Este miserable cuerpo,
Que, hasta la muerte, no espera
Verse en sábana de lienzo;
    Muerto de sed el candil,
Porque lechuza se ha vuelto

Mi ropilla, y se ha bebido
Todo el aceite del pueblo,
  Yo, entre mí en conversación,
Despabilado del sueño,
Conmigo así razonaba,
Mal vestido y bien hambriento:.
  »¿Qué es esto, don Perantón?
¿Qué parecerá á los reinos
Que un tomajón no se halle
En tanto recibimiento?
  »No lo dejo yo por calzas:
Que sobradas calzas tengo,
Entre las que me han echado
Mercaderes y tenderos.
  »La gorra, yo me lo soy,
Y en mis tripas me la llevo,
Porque á comer y cenar
Jamás he sido sombrero.
  »Mientras tuviere gaznate,
No me puede faltar cuello,
Con la gana de comer
Más que con el molde abierto.
  »Sortija, yo no la gasto,
Y ¡vive Dios, que la tiemblo,
Desde que me hizo marido,
Empezando por los dedos!
  »Mi gente, yo me la crío,
Y conmigo me la llevo;
Con mi vestido se visten;
Mi jubón es su tinelo.
  »Faltáronme mis embustes
Este año, al mejor tiempo;
Que nada falta en la Corte
Al venturoso en enredos.
  »Todos á las bodas van;
Yo solo en la cama quedo,
Enfermo de mal de ropa,
Peligrosísimo enfermo.
  »Poca necesidad tienen
Del escuderaje en cerro
Tantos grandes y señores,
Tanta gala y tanto precio.

»Tesoros vertió en los campos,
Indias derramó en los pueblos,
El que del honor de España
Tomó á cargo el desempeño.

»No quiero nombrar á nadie:
Que habrá quejas al momento
Sobre si nombré uno solo,
Ó tres juntos, en un verso.

»¡Oh, qué de panzas al trote
Han sido mis compañeros!
En bordado y guarniciones
Llevan á Vizcaya hierro.

»Cargados de falsedades,
Parecen otros procesos,
Hay ciclanes de lacayos;
Hay quien lleva paje y medio.

»Hay quien ha dado librea
De meriendas y de almuerzos,
Y bordado con sus tripas
El ya pagado aderezo.

»Juntando para diez años
Ayunos don Gerineldos,
Se viste de fiadores,
Que ya vienen por su cuerpo.

»De pajes y de lacayos
Se han comido muchos necios,
Y, ermitaños, harán juntos
Penitencia por los cerros.

»No sacaron de sus damas
Colores, á lo que pienso;
Que las de lo más barato
Las favorecidas fueron.

»¡Oh Princesa generosa,
Tú, que, para los gallegos,
No sólo vienes de Francia,
Pero caída del cielo;

»Por ti, Muslaco corito,
Se ha envainado el terciopelo,
Y relucen los ropones
Con oro de candeleros.

»Tanto bergante atacado,
Tanto bribón con vaquero...

Sólo yo don Perantón
Desenvainado me veo.
  »No tengo casa ninguna;
Que la hambre, según pienso,
Me saca de mis casillas,
Con que ni aun en mí me tengo.
  »De desechar los vestidos
Pasó, gran señora, el tiempo:
Ya el calzón desecha al hombre,
Y no el hombre los gregüescos.
  »Los sombreros y ropillas
Se han ingerido en los miembros;
De por vida son las capas,
Y las camisas pellejo.
  »Pues ¡vive Dios! Lis de oro,
Que, aunque desnudo, me alegro
Entre las frazadas más
Que entre los bordados ellos.
  »Debí mucho á vuestro padre,
Y, aunque soy pobre en extremo,
Le llevé de España á Francia
Lamparones más de ciento.
  »Á que me tocase fuí,
Como si fuera instrumento,
Y fué para mi garganta
San Blas, con sus cinco dedos.
  »Dícenme que por honrar
De España los cabos negros,
Con lisonjera hermosura
Venís española Vénus:
  »Hame parecido bien,
Por la fe de caballero,
Pues pagáis lo que os adula
De nuestra reina el cabello.
  »Una española francesa
Á Francia dimos, y, en trueco,
Una francesa española
Vos misma nos habéis vuelto.
  »Mucho le invidian los años,
Princesa, al Príncipe nuestro,
Pues le detienen un hora
Tan dichoso casamiento.

»Si se parece su alteza
Á su padre y á su abuelo,
Más príncipes que coronas
Tendréis, siendo el mundo vuestro.
»Plegue á Dios que vuestras Flores
Tantas páran del mancebo,
Que Palacio sea jardín,
Y toda Castilla huerto;
»Que ya entonces para mí
Habrá habido un ferreruelo,
Y, aunque en calzas y en jubón
Vaya, tengo de ir á veros.»

ANTERIOR Á 1617
RIESGOS DEL MATRIMONIO
EN LOS RUINES CASADOS
SÁTIRA
(En *El Parnaso Español*, Musa VI.)

71. ¿Por qué mi musa descompuesta y bronca
Despiertas, Polo, del antiguo sueño,
En cuyos brazos descuidada ronca?
¿No ves que el lauro le trocó en beleño,
Y que deja el velar para las grullas,
Y ya es letargo el que antes era ceño?
Pues si lo ves, ¿por qué, gruñendo, aúllas?
Que, si despierta y deja la modorra,
Imposible será que te escabullas.
Mira que ya mi pluma volar horra
Puede y que, libre, te dará tal zurra,
Que no la cubra pelo, seda ó borra.
Obligado me has á que me aburra,
Ya que á tu carta ó maldición responda (1).
Sin duda ya la oreja te susurra.
¿He yo burlado á tu mujer oronda?
¿He aclarado el secreto de la penca?
¿Llevé tu hija robada á Trapisonda?

(1) En la edición original, visiblemente por errata:
Y que tu carta ó maldición responda ..

¿Quemé yo tus abuelos sobre Cuenca,
Que en polvos sirven ya de salvaderas,
Aunque pese á la sórdida Zellenca?
    Pues si de estas desgracias verdaderas
No tengo yo la culpa, ni del daño
Que eternamente por su medio esperas,
    Díme: ¿por qué, con modo tan extraño,
Procuras mi deshonra y desventura,
Tratando fiero de casarme hogaño?
    Antes para mi entierro venga el cura
Que para desposarme; antes me velen
Por vecino á la muerte y sepoltura;
    Antes con mil esposas me encarcelen
Que aquesa tome, y antes que *sí* diga
La lengua y las palabras se me hielen.
    Antes que yo le dé mi mano amiga
Me pase el pecho una enemiga mano;
Y antes que el yugo, que las almas liga,
    Mi cuello abrace, el bárbaro otomano
Me ponga el suyo, y sirva yo á sus robos,
Y no consienta el Himeneo tirano.
    Eso de casamientos, á los bobos,
Y á los que en ti no están escarmentados,
Simples corderos, que degüellan lobos.
    Á los hombres que están desesperados
Cásalos, en lugar de darles sogas:
Morirán poco menos que ahorcados.
    No quieras que en el remo, donde bogas,
Haya, por consolarte, otro remero,
Y que se ahogue donde tú te ahogas.
    Sólo se casa ya algun zapatero,
Porque á la obra ayudan las mujeres,
Y ellas ganan con carnes, si él con cuero.
    Los siempre condenados mercaderes
Mujeres toman ya por granjería,
Como toman agujas y alfileres.
    Dicen que es la mejor mercadería,
Porque la venden (1), y se queda en casa;
Y lo demás vendido se desvía.
    El grave regidor también se casa,

_____

(1)   Marcial (Apostilla de la primera edición).

i

Por poner tasa á lo que venden todos,
Y tener cosa que vender sin tasa.

También se casan los soberbios godos,
Porque también suceden desventuras
Á los magnates, por ocultos modos.

Cásanse los roperos, tan á escuras
Como ellos venden siempre los vestidos,
Y ellas, desnudas, venden las hechuras.

Cásanse los verdugos abatidos
Con mujeres, por ser del mesmo oficio,
Que atormentan del alma los sentidos.

El médico se casa, de artificio:
Por si cosa tan pérfida acabase,
Y hiciese al hombre tanto beneficio.

Y él sólo será justo que se case,
Para que ambos den muerte á sus mitades,
Y ansí la tierra de ambos se aliviase.

Cásanse los letrados, dignidades,
Para que á sus mujeres con Jasones
Puedan también juntarse los Abades.

Con las espinas hacen los cambrones
También sus matrimonios cortesanos
(Que ambos desnudan), porque el tuyo abones.

También los siempre inicuos escribanos,
Por ahorrar el gasto del tintero,
Dan, con la pluma, á su mujer las manos.

Ya he visto yo volar un buey ligero
En uno de éstos, que de plumas suyas
Alas formó sutiles de jilguero.

Déjame, pues, vivir; no me destruyas,
Ya que de mi pasión y mi tormento
Canté las celebradas aleluyas.

Quiero contar, con tu licencia, un cuento
De un filósofo antiguo celebrado,
Por ser cosa que toca á casamiento.

Vivió infinitos años encontrado
Con otro sabio, y nunca había podido
Vengar en él el corazón airado.

Al cabo vino á hallarse muy corrido,
En ver á su contrario siempre fuerte,
Y en tanto tiempo nunca de él vencido.

Últimamente le ordenó la muerte,

Y, al fin, como traidor, vino á engañalle,
Y pudo de él vengarse de esta suerte:
Una hija tenía de buen talle,
Hermosa y pulidísima doncella,
Y ordenó con aquésta de casalle.

Fingió hacer amistades, y con ella
Dejar el pacto siempre asegurado;
Aficionóse el enemigo della.

¡Oh gran poder de amor! que, enamorado,
Contento á casa la llevó consigo:
Casóse con la moza el desdichado.

Después, culpando al sabio cierto amigo
La ignorancia cruel y el yerro extraño
Que hizo en dar su hija á su enemigo,

Él respondió: «No entiendes el engaño:
Pues, por vengarme del contrario mío,
Le di mujer, del mundo el mayor daño.»

Ansí que, por contrario de más brío
Tengo, Polo cruel, al que me casa
Que al que me saca al campo en desafío.

Júzgalo, pues que puedes, por tu casa,
Fiero atril de San Lucas, cuando bramas,
Obligado del mal que por ti pasa.

Los hombres que se casan con las damas
Son los que quieren ver de caballeros
Sillas en casa llenas, llenas camas.

Ver, sin saber de dónde, los dineros;
Que los lleven en medio los señores;
Que los quiten los grandes los sombreros;

Que los curen de balde los dotores;
Que les hagan más plaza que aun al toro;
Tratar de vos los graves senadores.

Gustan de ver la rica joya de oro
En sus mujeres, nunca preguntando:
«¿Qué duende fué el que trujo este tesoro?»

Quieren que les estén contino dando,
Y hasta las capas piden, como bueyes
Que, presos con maroma, están bramando.

Privados suelen ser también de reyes,
Porque de sus mujeres son privados,
Y éstos, como camisas, mudan leyes.

Pues si aquesto sucede en los casados,

¿Por qué han de procurar hembras crueles,
Ni yo, ni los que están escarmentados?
    Si me quiero ahorcar, ¿no habrá cordeles?
¿Faltarán que me acaben desventuras?
¿Tósigo no hallaré, veneno y hieles?
    Si quiero desterrarme, habrá espesuras;
Y si, desesperado, despeñarme,
Montes altos tendré con peñas duras.
    Bien pues, si, con intento de acabarme,
Me aliñas de mujer la amarga suerte,
No la he ya menester para matarme.
    En cuantas cosas hay hallo la muerte;
En la mujer, la muerte y el infierno,
Y fin más duro y triste, si se advierte.
    Más quiero estarme helando en el invierno
Sin la mujer, que ardiendo en el verano,
Cercado el rostro de caliente cuerno.
    Si tú fueras, ¡oh Polo! buen cristiano,
Pensara que el casarme lo hacías
Reputándome á mí por luterano,
    Y que, por castigar blasfemias mías,
Querías ponerme tal verdugo al lado,
Que atormentase mis caducos días.
    Y á casarme, casárame fiado
De que, estándolo tantos tus parientes,
Habréis las malas hembras agotado.
    Ya te pesa de verte entre mis dientes;
Ya te arrepientes del pasado yerro;
Ya vuelves contra mí cuernos valientes.
    Ya, por tanto ladrar, me llamas perro:
Yo cuelgo, cual alano, de tu oreja,
Y tú, bramando, erizas frente y cerro.
    ¡Qué á propósito viene la conseja
Que del canino Diógenes famoso
Quiero contarte, aunque parezca vieja!
    Yendo camino un día, presuroso,
Vió una mujer bellísima ahorcada,
De las ramas de un álamo pomposo,
    Y después que la tuvo bien mirada,
Con lengua, como siempre, disoluta,
Dijo (digna razón de ser contada):
    «Si llevaran de aquesta misma fruta

Cuantos árboles hay, más estimadas
Fueran sus ramas de la gente astuta.»
   ¡Qué razones tan bien consideradas!
Á ser como él y yo toda la gente,
Ya estuvieran las tristes ahorcadas.
   Viviera el hombre más seguramente,
Sin tener enemigos tan mortales:
Volviera el siglo de oro á nuestro oriente.
   Dirásme tú que hay muchas principales,
Y que hay rosa también donde hay espina;
Que no á todas las vencen cuatro reales.
   En Claudio te responde Mesalina,
Mujer de un grande emperador de Roma;
Que al adulterio la mejor se inclina.
   ¿Cuándo insolencia tal hubo en Sodoma,
Que en viendo al claro Emperador dormido,
Cuyo poder el mundo rige y doma,
   La Emperatriz, tomando otro vestido,
Se fuese á la caliente mancebía,
Con el nombre y el hábito fingido?
   Y, en entrando, los pechos descubría,
Y al deleite lascivo se guisaba,
Ansí, que á las demás empobrecía.
   El precio infame y vil regateaba,
Hasta que el taita de las hienas brutas
Á recoger el címbalo tocaba.
   Todas las celdas y asquerosas grutas
Cerraban antes que ella su aposento,
Siempre con apariencias disolutas.
   Hecho había arrepentir á más de ciento,
Cuando cansada se iba, mas no harta,
Del adúltero y sucio movimiento.
   Mas, por no hacer ya libro la que es carta,
Dejo de meretricias dignidades
Y de cornudos nobles luenga sarta.
   Mal haya aquel que fía en calidades,
Pues cabe en carne obscura sangre clara,
Y en muy graves mujeres liviandades.
   Ni aun sin culpa algún olmo se casara
Con la lasciva vid, si á sinrazones
También el sentimiento no negara.
   Pues sólo á disculpar los bujarrones

No ha de bastar huir de las mujeres,
Ni quieren admitirlo los tizones.
　　Dirás que no hay contentos ni placeres
En donde no hay mujer, y que sin ella,
Con soledad, enfermo y sano, mueres;
　　Que es gran gusto abrazar una doncella
Y hacerla madre del primer boleo,
Gozando de la cosa que es más bella.
　　Pues yo te juro, Polo, que deseo
Ver, desde que nací, virgos y diablos,
Y ni los diablos ni los virgos veo.
　　Demonios veo pintados en retablos,
Y de caseros virgos contrahechos
Llenos palacios, llenos los establos.
　　Los casados estáis muy satisfechos
En el talle gentil, en el regalo,
Y en el entendimiento los mal hechos.
　　Fíase en la riqueza el hombre malo;
En el caudal el mercader judío;
El alguacil confíase en su palo.
　　Pero destas fianzas yo me río,
Pues veo que la mujer del perezoso
Suele curiosa ser del de buen brío;
　　La que tiene el marido bullicioso
Imagina cómo es el sosegado,
Y cómo el fiero, si es el suyo hermoso;
　　La mujer del soberbio titulado
Desea comunicar al pordiosero;
Desea la del dichoso al desdichado;
　　· La que goza del tierno caballero
Apetece los duros ganapanes,
Y á cansar un gañán se atreve entero;
　　La que goza valientes capitanes,
Se enamora de liebres, y aun de zorras;
Y, si títeres son, de sacristanes.
　　Quiero callar: que temo que te corras,
Aunque, con tu paciencia, bien se sabe
Que el timbre suyo á los cabestros borras.
　　Ya escucho que te ríes de que alabe
Mi desprecio, y que á ti, dices, respeta
El caballero más altivo y grave.
　　No entiendes, no, la poco honrosa treta:

Eres como el asnillo de Isis santa,
Cuando el honor de la deidad aceta.
  Pues, viendo arrodillada gente tanta,
Que su llegada solamente espera,
Y que éste alegre danza, y aquél canta,
  Se para, hasta que á fuerza de madera,
Con los palos transforman el jumento
En ave velocísima y ligera,
  Diciendo: «Este divino acatamiento
No se hace á ti, sino á la excelsa diosa
Que encima traes, con tardo movimiento.»
  Ansí que la persona poderosa
No ha de hacer honra á aquel que ha deshonrado:
Á su mujer la hace, que es hermosa.
  Y si por ti la tomas, desdichado,
Vendráte á suceder lo que al borrico,
Y serás, tras cornudo, apaleado.
  Si yo quisiera ser, Polo, más rico,
Tener mayor ajuar ó más dinero,
Pues no puedo valerme por el pico,
  Como me había de hacer bodegonero,
Para guisar y hacer desaguisados,
Ó, para vender agua, tabernero,
  Ó, para aprovechar los ahorcados,
Vil pastelero ó ginovés harpía,
Para hacer que un real para ducados,
  El triste casamiento eligiría,
Cual tú lo hiciste, pues con él granjeas
Por la más ordinaria y fácil vía.
  Y por si acaso, Polo, aun hoy empleas
Tu mujer en mohatras semejantes,
Quiero que mis astutos versos leas.
  No tengas celos de hombres caminantes,
Ni aun de soldados, gente arrebatada,
Ni aun de los bizcos condes vergonzantes.
  Que el caminante ha de dejar la espada,
Para gozar de tu mujer vendida,
Y la golilla el conde, si le agrada.
  Sólo te has de guardar toda tu vida
Del perverso estudiante, como roca
En su descomunal arremetida.
  Éste, con furia descompuesta y loca,

Por no quitarse nada, se arremanga
Las, Dios nos libre, faldas con la boca.
   Si tú vienes, las suelta, y, muy de manga
Con tu mujer, maquinará ingenioso
Trampa que sobre á desmentir la ganga.
   Ya me falta el aliento presuroso,
Y ya mi lengua, de ladrar cansada,
Se duerme entre los dientes, con reposo.
   Mas, porque no la llames mal criada,
Quiere, aunque disgustada, responderte
Á tu carta satírica y pesada.
   Ya empiezas á temer el trance fuerte,
Y tiemblas más mi lengua y sus razones
Que la corva guadaña de la muerte.
   Con una cruz empiezan tus renglones,
Y pienso que la envías por retrato
De la fiera mujer que me dispones.
   Luego, tras uno y otro garabato,
Me llamas libre, porque no te escribo,
Áspero, duro, zahareño, ingrato.
   Dices que te responda, si estoy vivo:
Sí lo debo de estar, pues tanto siento
La amarga hiel que en tu papel recibo.
   Ofrécesme un soberbio casamiento,
Sin ver que el ser soberbio es gran pecado,
Y que es humilde mi cristiano intento.
   Escribes que, por verme sosegado
Y fuera de este mundo, quieres darme
Una mujer de prendas y de estado.
   Bien haces, pues que sabes que el matarme,
Para sacarme de este mundo, importa,
Y el morir se asegura con casarme.
   Dícesme que la vida es leve y corta,
Y que es la sucesión dulce y suave,
Y al matrimonio Cristo nos exhorta;
   Que no ha de ser el hombre cual la nave,
Que pasa sin dejar rastro ni seña,
Ó como en el ligero viento el ave.
   ¡Oh, si, aunque yo pagase el fuego y leña,
Te viese arder, infame, en mi presencia,
Y en la de tu mujer, que te desdeña!
   Yo confieso que Cristo da excelencia

Al matrimonio santo, y que le aprueba:
Que Dios siempre aprobó la penitencia.
   Confieso que en los hijos se renueva
El cano padre para nueva historia,
Y que memoria deja de sí nueva.
   Pero para dejar esta memoria,
Le dejan voluntad y entendimiento,
Y verdadera, por soñada, gloria.
   Dices que para aqueste casamiento
Una mujer riquísima se halla,
Con el de grandes joyas ornamento.
   Has hecho mal ¡oh mísero! en buscalla
Con tan grande riqueza: que no quiero
Tan rica la mujer para domalla.
   Dices que me darán mucho dinero
Porque me case: lo barato es caro;
Recelo que me engaña el pregonero.
   Su linaje me dices que es muy claro:
Nunca para las bodas le hubo obscuro,
Ni ya suele ser éste gran reparo.
   Muéstrasmela vestida de oro puro;
Y, como he visto píldoras doradas,
En ella temo bien lo amargo y duro.
   Que hermanas tiene y madre muy honradas
Cuentas, ¡oh coronista adulterado!
¡Tú las quieres también emparentadas!
   De su buen parecer me has informado,
Como si, por ventura, la quisiera,
Por su buen parecer, para letrado.
   Que tiene condición de blanda cera:
Bien me parece, Polo, pero temo
Que la derrita como á tal cualquiera.
   Gentil mujer la llamas por extremo:
¿Por gentil me la alabas y prefieres?
Sólo ya te faltaba el ser blasfemo.
   Nunca salgas, traidor, de entre mujeres;
Mujer sea el animal que te destruya,
Pues tanto á todas, sin razón, las quieres.
   Déjente ya que goces de la tuya
Los que con ella están amancebados.
Volvérsete ha en responso la aleluya.
   Y en todos sus adúlteros preñados,

Hijas te para todas, y á docenas,
Y con ellas te crezcan los cuidados.
    Estén las mancebías siempre llenas
De hermanas tuyas, primas y sobrinas,
Que deshonren la sangre de tus venas.
    Tus desdichas aumenten y tus ruinas
Mozas sin pluma y emplumadas viejas;
De tu vida mormuren tus vecinas.
    Y, pues en mi quietud nunca me dejas
Vivir, nunca el alegre desengaño
Con la verdad ocupe tus orejas.
    ¿Mujer me dabas, miserable, hogaño?
Pues, aunque me heredaras, no eligieras
Para matarme tan astuto engaño.
    ¿No ves que en las mujeres, si son fieras,
El hombre tiene lo que no querría,
Y adora concubinas y rameras?
    Si hermosas son, si tienen gallardía,
¿No son más del marido que de todos? (1)
La que me traes es tal mercadería.
    En ellas tienen Fúcares y godos
Una acción insolente de gozallas,
Por mil ocultos y diversos modos.
    ¡Felices los que mueren por dejallas,
Ó los que viven sin amores de ellas,
Ó, por su dicha, llegan á enterrallas!
    En casadas, en viudas, en doncellas,
Tantas al suelo plagas se soltaron
Cuantas son en el cielo las estrellas.
    Mas, pues que de mis mañas te informaron,
De mis costumbres y de mis empleos,
Y un bruto en mí y un monstruo dibujaron,
    Pues que, por casos bárbaros y feos,
Te dijeron mi vida caminaba
Al suplicio derecha, sin rodeos,
    Que en toda la ciudad se mormuraba
Mi disimulación y alevosía,
Y que pérfido el mundo me llamaba,
    Que no se vió la desvergüenza mía
En alguacil alguno, ni en corchete,

_____

(1)   Parécenos que quiso decir: «¿No son más de todos que del marido?»

Que nadie sus espaldas me confía,
  Que he trocado en el casco mi bonete,
El vademecum todo en la penosa,
Y del año lo más paso en el brete,
  Pues si esto te dijeron, ¿cuál esposa
Querrá admitir marido semejante,
Si su muerte no busca, mariposa?
  Ponla tantos defectos por delante;
Díla, en fin, que yo soy un desalmado,
Engerto en sotanilla de estudiante,
  Y, aunque hijo de padre muy honrado
Y de madre santísima, discreta,
Dirás que me ha traído mi pecado
Á desventura tal, que soy poeta.

1617
Á ROMA SEPULTADA EN SUS RUINAS
SONETO
(En *El Parnaso Español*, Musa I,)

72. Buscas en Roma á Roma ¡oh peregrino!
Y en Roma misma á Roma no la hallas:
Cadáver son las que ostentó murallas,
Y tumba de sí proprio el Aventino.
  Yace donde reinaba el Palatino;
Y, limadas del tiempo las medallas,
Más se muestran destrozo á las batallas
De las edades que blasón latino.
  Sólo el Tíbre quedó, cuya corriente,
Si ciudad la regó, ya sepoltura
La llora con funesto són doliente.
  ¡Oh Roma! En tu grandeza, en tu hermosura,
Huyó lo que era firme, y solamente
Lo fugitivo permanece y dura.

ROMA ANTIGUA Y MODERNA [1]

SILVA

(En *Las tres Musas últimas*, Musa VIII.)

73.
Ésta que miras grande Roma agora,
Huésped, fué hierba un tiempo, fué collado:
Primero apacentó pobre ganado;
Ya del mundo la ves reina y señora.
   Fueron en estos atrios Lamia y Flora
De unos admiración, de otros cuidado,
Y la que pobre dios tuvo en el prado
Deidad preciosa, en alto templo, adora.
   Jove tronó sobre desnuda peña,
Donde se ven subir los chapiteles
Á sacarle los rayos de la mano.
   Lo que primero fué rica desdeña;
Senado rudo, que vistieron pieles,
Da ley al mundo y peso al Oceano.
   Cuando nació, la dieron
Muro un arado, reyes una loba,
Y no desconocieron

---

(1)   El sobrino de Quevedo repitió en la misma Musa VIII esta silva
(cuyo comienzo es un soneto), pero con tales variantes, que optamos por
copiarla:

Á ROMA ANTIGUA Y MODERNA

Ésta que miras grande Roma agora,
Huésped, fué yerba un tiempo, fué collado:
Primero apacentó pobre ganado;
Ya del mundo la ves reina y señora.
   Fueron en esos atrios Lamia y Flora
De unos admiración, de otros cuidado,
Y la que pobre dios tuvo en el prado
Deidad excelsa, en alto templo, adora.
   Jove tronó desde desnuda peña,
Donde se ven subir los chapiteles
Á sacarle los rayos de la mano.
   Lo que primero fué rica desdeña;
Senado rudo, que vistieron pieles,
Da ley al mundo y peso al Occeano.
   Cuando nació, la dieron
Muro un arado, reyes una loba,
Y no desconocieron

La leche, si éste mata y aquél roba.
Dioses que trujo hurtados
Del dánao fuego la piedad troyana
Fueron aquí hospedados,
Con fácil pompa, en devoción villana.
Fué templo el bosque, los peñascos aras,
·Víctima el corazón, los dioses varas,
Y pobre y común fuego en estos llanos
Los grandes reinos de los dos hermanos.
  Á la sed de los bueyes
De Evandro fugitivo Tibre santo
Sirvió; después, los cónsules, los reyes
Con sangre le mancharon;
Le crecieron con llanto
De los reinos que un tiempo aprisionaron;
Fué triunfo suyo, y viólos en cadena
El Danubio y el Reno,
Los dos Hebros y el padre Tajo ameno,
Cano en la espuma y rojo con la arena;
Y el Nilo, á quien han dado,
Teniendo hechos de mar, nombre de río,
No sin invidia, viendo que ha guardado
Su cabeza de yugo y señorío,

La leche, si éste mata y aquél roba.
Dioses que trajo hurtados
De el dánao fuego la piedad troyana
Fueron aquí hospedados,
Con fácil pompa, en devoción villana.
Fué templo el bosque, y los peñascos aras
Víctima el corazón, los dioses varas,
Y pobre y común fuego en estos llanos
Los grandes reinos de los dos hermanos.
  Á la sed de los bueyes
De Evandro fugitivo Tibre santo
Sirvió; después, los cónsules, los reyes
Con sangre le mancharon;
Le crecieron con llanto
De los reinos que un tiempo aprisionaron;
Fué triunfo suyo, y viólos en cadena
El Danubio y el Reno,
Los dos Ebros y el padre Tajo anciano,
Cano en la espuma y rojo con la arena;
Y el Nilo, á quien han dado,
Teniendo hechos de mar, nombre de río,
No sin invidia, viendo que ha guardado
Su cabeza de yugo y señorío,

Defendiendo ignorada
La libertad que no pudiera armada:
El que por siete bocas derramado,
Y de plata y cristal hidra espumante,
Con siete cuellos hiere el mar sonante,
Sirviendo en el invierno y el estío
Á Egipto, ya de nube, ya de río,
Cuando en fértil licencia
Le trae disimulada competencia.
    Añudaron al Tibre cuello y frente
Puentes en lazos de alabastros puros,
Sobre peñascos duros,
Llorando tantos ojos su corriente,
Que aun parecen, en campo de esmeralda,
Las puentes Argos y pavón la espalda,
Donde muestran las fábricas que lloras
La fuerza que en los pies llevan las horas,
Pues, vencidos del tiempo y mal seguros,
Peligros son los que antes fueron muros,
Que en siete montes círculo formaron,
Donde á la libertad de las naciones,
Cárcel dura, cerraron:
Trofeos y blasones
Que, en arcos, diste á leer á las estrellas,
Y no sé si á invidiar á las más dellas,

Defendiendo ignorada
La libertad que no pudiera armada:
El que de siete bocas derramado,
Le trae disimulada competencia.
    Añudaron al Tibre cuello y frente
Puentes en lazos de alabastros puros,
Sobre peñascos duros,
Llorando tantos ojos su corriente,
Que aun parecen, en campos de esmeralda,
Argos las puentes y pavón la espalda,
Donde muestran las fábricas que lloras
La fuerza que en los pies llevan las horas,
Pues, vencidos del tiempo y mal seguros,
Peligros son los que antes fueron muros,
Que en siete montes círculo formaron,
Donde á la libertad de las naciones,
Cárcel dura, cerraron:
Trofeos y blasones
Que, en arcos, diste á ver á las estrellas,
Y no sé si á invidiar á las más dellas,

¡Oh Roma generosa!
Sepultados se ven donde se vieron:
En la corriente ondosa.
Tan envidiosos hados te siguieron,
Que el Tibre, que fué espejo á su hermosura,
Los da en sus ondas llanto y sepultura;
Y las puertas triunfales,
Que tanta vanidad alimentaron,
Hoy ruinas desiguales,
Que, ó sobraron al tiempo, ó perdonaron
Las guerras, ya caducas y mortales,
Amenazan donde antes admiraron.
Los dos rostros de Jano
Burlaste, y en su templo y ara apenas
Hay yerba que dé sombra á las arenas
Que primero adoró tanto tirano.
Donde antes hubo oráculos hay fieras;
Y, descansadas de los altos templos,
Vuelven á ser riberas las riberas;
Los que fueron palacios son ejemplos;
Las peñas que vivieron
Dura vida, con almas imitadas,
Que parece que fueron

¡Oh Roma generosa!
Sepultados se ven donde se vieron:
En la corriente undosa.
Tan invidiosos hados te siguieron,
Que el Tibre, que fué espejo á tu hermosura,
Les da en sus ondas llanto y sepultura;
Y las puertas triunfales,
Que tanta vanidad alimentaron,
Rúinas desiguales,
Que sobraron al tiempo, ó perdonaron
Las guerras, ya caducas y mortales,
Amenazan donde antes admiraron.
Los dos rostros de Jano
Burlaste, y en su templo ya ni apenas
Hay yerba que dé sombra á las arenas
Que primero adoró tanto tirano.
Donde antes hubo oráculos hay fieras;
Y, descansadas de los altos templos,
Vuelven á ser riberas las riberas;
Los que fueron palacios son ejemplos;
Las peñas que vivieron
Dura vida, con almas imitadas,
Que parece que fueron

Por Deucalión tiradas,
No de ingenios á mano adelgazadas,
Son troncos lastimosos,
Robados sin piedad de los curiosos.
Sólo en el Capitolio perdonaste
Las estatuas y bultos que hallaste,
Y fué, en tu condición, gran cortesía,
Bien que á tal majestad se le debía.
Allí del arte vi el atrevimiento,
Pues Marco Aurelio en un caballo, armado,
El laurel en las sienes añudado,
Osa pisar el viento,
Y en delgado camino y sendas puras
Hallan donde afirmar sus herraduras.
De Mario vi, y lloré desconocida,
La estatua á su fortuna merecida;
Vi en las piedras guardados
Los reyes y los cónsules pasados;
Vi los emperadores,
Dueños del poco espacio que ocupaban,
Donde sólo por señas acordaban
Que donde sirven hoy fueron señores.
¡Oh coronas, oh cetros imperiales,

Por Deucalión tiradas,
No de ingeniosa mano adelgazadas,
Son troncos lastimosos,
Robados sin piedad de los curiosos;
Sólo en el Capitolio perdonaste
Las estatuas y bultos que hallaste,
Y fué, en tu condición, gran cortesía,
Bien que á tal majestad se le debía.
Allí del arte vi el atrevimiento,
Pues Marco Aurelio en un caballo, armado,
El laurel en las sienes anudado,
Osa pasear el viento,
Y en delgado camino y sendas puras
Hallan donde pisar las herraduras.
De Mario vi, y lloré desconocida,
La estatua á su fortuna merecida;
Vi en las piedras guardados
Los reyes y los príncipes pasados;
Vi los emperadores,
Dueños del breve espacio que ocupaban,
Donde sólo por señas acordaban
Que donde sirven hoy fueron señores.
¡Oh coronas, oh cetros imperiales,

Que fuisteis, en monarcas diferentes,
Breve lisonja de soberbias frentes,
Y rica adulación de los metales!
¿Dónde dejasteis ir los que os creyeron?
¿Cómo en tan breves urnas se escondieron?
¿De sus cuerpos sabrá decir la Fama
Dónde se fué lo que sobró á la llama?
El fuego examinó sus monarquías,
Y yacen, poco peso, en urnas frías,
Y visten (¡ved la edad cuánto ha podido!)
Sus huesos polvo, y su memoria olvido.
   Tú no de aquella suerte,
Te dejas poseer, Roma gloriosa,
De la invidiosa mano de la muerte:
Escalóte feroz gente animosa,
Cuando del ánsar de oro las parleras
Alas y los proféticos graznidos,
Siendo más admirados que creídos,
Advirtieron de Francia las banderas;
Y en la guerra civil, en donde fuiste
De ti misma teatro lastimoso,
Siendo de sangre ardiente, que perdiste,
Pródiga tú, y el Tibre caudaloso.

Que fuisteis, en monarcas diferentes,
Breve lisonja de soberbias frentes,
Y rica adulación de los metales!
¿Dónde dejasteis ir los que os creyeron?
¿Cómo en tan breves urnas se escondieron?
¿De sus cuerpos sabrá decir la Fama
Dónde se fué lo que sobró á la llama?
El fuego examinó sus monarquías,
Y yacen, poco peso, en urnas frías,
Y visten (¡ved la edad cuánto ha podido!)
Sus cuerpos polvo, y su memoria olvido.
   Tú no de aquella suerte,
Te dejas poseer, Roma gloriosa,
De la invidiosa mano de la muerte:
Escalóte feroz gente animosa,
Cuando el ánsar de oro las parleras
Alas y los proféticos graznidos,
Siendo más admirados que creídos,
Admitieron de Francia las banderas;
Y en la guerra civil, adonde fuiste
De ti misma teatro lastimoso,
Siendo de sangre ardiente, que perdiste,
Pródiga tú, y el Tibre caudaloso.

Entonces, disfamando tus hazañas,
Á tus propias entrañas
Volviste el hierro que vengar pudiera
La grande alma de Craso, que, indignada,
Fué en tu desprecio triunfo á gente fiera,
Y ni está satisfecha ni llorada.
Después, cuando invidiando tu sosiego,
Duro Nerón dió música á tu fuego,
Y tu dolor fué tanto,
Que pudo junto ser remedio el llanto,
Abrasadas del fuego, sobre el río,
Torres llovió en ceniza viento frío;
Pero de las cenizas que derramas
Fénix renaces, parto de las llamas,
Haciendo tu fortuna
Tu muerte vida y tu sepulcro cuna,
Mientras con negras manos atrevidas
Osó desañudar de sacras frentes
Desdeñoso laurel, palmas torcidas,
Que fueron miedo sobre tantas gentes;
Hurtó el imperio que nació contigo,
Y dióle al enemigo;
Mas tú, ora fuese estrella enamorada,

Entonces, disfamando tus hazañas,
Á tus propias entrañas
Volviste el hierro que vengar pudiera
La gran alma de Craso, que, indignada,
Fué en tu desprecio triunfo á gente fiera,
Ni estaba satisfecha, ni llorada.
Después, cuando invidiado tu sosiego,
Duro Nerón dió música á su fuego,
Y tu dolor fué tanto,
Que pudo junto ser remedio el llanto,
Abrasadas de fuego, sobre el río,
Torres llovió en cenizas viento frío;
Pero de las cenizas que derramas
Fénix renaces, parto de las llamas,
Haciendo su fortuna
Tu muerte vida y su sepulcro cuna.
Mientras con negras manos atrevidas
Osó desanudar de sacras frentes
Desdeñoso laurel, palmas torcidas,
Que fueron miedo sobre tantas gentes;
Hurtó el imperio que nació contigo,
Y diólo al enemigo;
Mas tú, ora fuese estrella enamorada,

Ó deidad celestial apasionada,
Ó en tu principio fuerza de la hora,
Naciste para ser reina y señora
De todas las ciudades.
En tu niñez te vieron las edades
Con rústico senado;
Luego, con justos y piadosos reyes,
Dueña del mundo, dar á todos leyes.
⌐ Y cuando pareció que había acabado
Tan grande Monarquía,
Con los Sumos Pontífices, gobierno
De la Iglesia, te viste en solo un día
Reina del mundo y cielo, y del infierno.
Las águilas trocaste por la llave,
Y el nombre de Ciudad por el de Nave:
Los que fueron Nerones insolentes,
Son Píos y Clementes.
Tú dispensas la gloria, tú la pena;
Á esotra parte de la muerte alcanza
Lo que el gran sucesor de Pedro ordena.
Tú das aliento y premio á la esperanza,
Siendo, en tan dura guerra,
Gloriosa corte de la Fe en la tierra.

Ó deidad celestial apasionada,
Ó en tu principio fuerza de la hora,
Naciste para ser reina y señora
De todas las ciudades.
En tu niñez te vieron las edades
Con rústico Senado;
Luego, con justos y piadosos reyes,
Dueña del mundo, dar á todos leyes.
Y cuando pareció que había acabado
Tan grande Monarquía,
Con los Sumos Pontífices, gobierno
De la Iglesia, te hiciste en solo un día
Reina del Mundo, el Cielo y el Infierno.
Las águilas trocaste por la llave,
Y el nombre de Ciudad por el de Nave:
Los que fueron Nerones insolentes,
Son Píos y Clementes.
Tú dispones la gloria, tú la pena;
Desotra parte de la muerte alcanza
Lo que el gran sucesor de Pedro ordena.
Tú das aliento y gloria á la esperanza,
Siendo, en tan dura guerra,
Gloriosa corte de la Fe en la tierra.

ANTERIOR Á 1621

Á CRISTO RESUCITADO

POEMA HEROICO

(En *Las tres Musas últimas*, Musa IX.)

74.
Enséñame, cristiana musa mía,
Si á humana y frágil voz permites tanto,
De Cristo la triunfante valentía,
Y del Rey sin piedad el negro llanto;
La majestad con que el Autor del día
Rescató de prisión al pueblo santo;
Apártense de mí mortales bríos,
Que están llenos de Dios los versos míos.

Las setenta semanas cumplió el Cielo;
Porque llene la Ley el prometido,
Vistióse el Hijo Eterno mortal velo;
La pequeña Bethlem le vió nacido;
Guareció de dolencia antigua el suelo;
Lo figurado se adoró cumplido;
Vió la Paloma, Madre del Cordero,
En el sepulcro su Hijo prisionero.

El sol anocheció sus rayos puros,
Y la noche perdió el respeto al día;
El mar quiso romper grillos y muros,
Y anegarse en borrascas pretendía;
La tierra, dividiendo montes duros,
Los intratables claustros descubría;
Paróse el tiempo á ver, con vista airada,
La suma eternidad tan mal parada.

Los Cielos, con las lenguas que cantaron
Maravillas de Dios, cuando le vieron
Muerto, piadosamente se quejaron,
Y con llanto su luz humedecieron;
De los funestos túmulos se alzaron
Los que largo y mortal sueño durmieron;
Viéronse allí mudados sér y nombres:
Los hombres, piedras; y las piedras, hombres.

Empero si al remedio del pecado
Dispuso eterno amor yerto camino,

Y la dolencia del primer bocado
Necesitó de auxilio peregrino,
Consuélese el delito ensangrentado
Con el precio real, alto y divino:
Destile Cristo de sus venas ríos,
Y hártense de su sangre los judíos.

Era la noche, y el común sosiego
Los cuerpos desataba del cuidado,
Y, resbalando en luz dormida el fuego,
Mostraba el cielo atento y desvelado;
Y, en el alto silencio, mudo y ciego,
Descansaba en los campos el ganado;
Sobre las guardas, con nocturno ceño,
Las horas negras derramaron sueño.

Temblaron los umbrales y las puertas
Donde la majestad negra y obscura
Las frías, desangradas sombras muertas
Oprime en ley desesperada y dura;
Las tres gargantas al ladrido abiertas,
Viendo la nueva luz divina y pura,
Enmudeció Cerbero y, de repente,
Hondos suspiros dió la negra gente.

Gimió debajo de los pies el suelo,
Desiertos montes de ceniza canos,
Que no merecen ver ojos del cielo;
Y en nuestra amarillez ciegan los llanos.
Acrecentaban miedo y desconsuelo
Los roncos perros, que en los reinos vanos
Molestan el silencio y los oídos,
Confundiendo lamentos y ladridos.

En el primer umbral, con ceño, airada,
La guerra estaba en armas escondida;
La flaca enfermedad desamparada,
Con la pobreza vil, desconocida;
La hambre perezosa, desmayada;
La vejez, corva, cana é impedida;
El temor amarillo, y los esquivos
Cuidados veladores, vengativos.

Asiste, con el rostro ensangrentado,
La discordia furiosa, y el olvido
Ingrato y necio; el sueño descuidado
Yace, á la muerte helada parecido;

El llanto con el luto desgreñado;
El engaño traidor apetecido;
La envidia, carcomida de su intento,
Que del bien, por su mal, hace alimento.

   Mal persuadida y torpe consejera,
La inobediencia trágica y culpada
Conduce á la señal de su bandera
Gente, en su presunción desesperada:
La soberbia rebelde y comunera
De sí propia se teme despeñada,
Pues cuanto crece más su orgullo fiero,
Se previene mayor despeñadero.

   El pálido esqueleto, que, bañado
De amarillez como de horror teñido,
El rostro de sentidos despoblado,
En cóncavas tinieblas dividido;
La guadaña sin filos del pecado,
Lo inexorable del blasón vencido,
Fiera y horrenda en la primera puerta,
La formidable Muerte estaba muerta.

   Las almas en el limbo sepultadas,
Que por confusos senos discurrían,
Después que, de los cuerpos desatadas,
En las prestadas sombras se escondían,
Las dulces esperanzas prolongadas,
Esforzaban de nuevo y repetían,
Cuando el Ángel que habita fuego y penas,
Ardiendo en los volcanes de sus venas,

   Vió de su sangre en púrpura vestido,
De honrosos vituperios coronado
Venir al Redentor esclarecido,
Que fué en la Cruz, para vencer, clavado:
Vióle venir, y ciego y afligido,
«¡Al arma!—dijo—¡al arma!», y, demudado
De sí (viéndose) vió ¡gran desventura!
Quien (cuando quiso Dios) tuvo hermosura:

   «Dadme... mas ¿qué aprovecha? dadme fuego;
Cerrad la eterna puerta. ¿Quién me escucha?
¿No me entendéis? ¡Estoy perdido y ciego!
El mismo viene que os venció en la lucha.
¡Al arma, guerra, guerra, luego, luego!
Su fuerza es grande, y su grandeza mucha:

El mismo viene que os venció en la tierra,
Y en los infiernos hace nueva guerra.
    »Solo viene quien es tres veces santo;
Si no hay más que perder, ¿de qué es el miedo?
Solo viene; mas solo puede tanto,
Que en tantos acobarda lo que puedo.
La desesperación no admite espanto:
Cuando poder inmenso le concedo,
Intentaré vencerle, persuadido
Que, si me vence, vencerá al vencido.
    »¿Adónde están, adónde aquellos bríos
Que dieron triste fin á nuestro intento?
¿En dónde vuestros brazos y los míos,
Que el antiguo valor ni veo, ni siento?
Cuando los siempre alegres señoríos
Perder podimos, hubo atrevimiento,
¿Y agora embota el miedo nuestra espada,
Cuando no se aventura el perder nada?
    »¿Para qué nos preciamos de la gloria
De hijos del Olimpo generosos?
¿Para qué conservamos la memoria
De los principios nuestros valerosos,
Si al pretender defensa, en la vitoria
Estamos tan cobardes y medrosos?
Nadie es hijo del tiempo en este polo:
Hijos de nuestras obras somos sólo.
    »La espada de Miguel, su grave ceño,
Nos venció en la batalla más violenta;
Bien las heridas en mi rostro enseño,
Que sin consuelo son, como sin cuenta.
Echónos de su alcázar, como dueño;
Grande el castigo fué; pero la afrenta
Mayor será si á nuestra noche pasa,
Y saquear intentare nuestra casa.
    »¿Viviremos cobardes peregrinos,
Náufragos, fugitivos, desterrados?
Baste que de los cielos cristalinos
Fuimos, á mi pesar, precipitados,
Sin que intente el horror de estos caminos,
Y el veneno que inunda nuestros vados,
Un..., íbalo á decir; pero ya junto
Muchas memorias tristes en un punto.»

Acabó de tronar y, con la mano
Remesando la barba yerta y cana,
Y exhalando la boca del tirano,
Negro volumen de la niebla insana,
Dejando el trono horrendo é inhumano,
Que ocupa fiero y pertinaz profana,
Dió licencia á la viva cabellera
Que silbe ronca y que se erice fiera.

Dejó caer el cetro miserable
En ahumados círculos de fuego;
De lágrimas el curso lamentable
Cocito suspendió; paróse luego
Del alto cerro el golpe formidable,
El triste Flegetonte mudo y ciego;
Ladró Cerbero ronco, y, diligentes,
De entre su saña desnudó los dientes.

Pocas les parecieron las culebras
Y los ardientes pinos á las furias;
Éstas vibraron las vivientes hebras,
Y en vano lamentaron sus injurias,
Cuando, por ciegos senos y hondas quiebras,
Los ciudadanos de las negras curias,
Con triste són, tras pálidas banderas,
Vinieron en escuadras y en hileras.

La desesperación los aguijaba,
Y alto miedo su paso divertía;
Cuál de su compañero se espantaba;
Cuál de sí propio temeroso huía;
La Majestad horrenda los miraba:
«¡Oh escuadrón valeroso!—les decía,—
Porque á Dios no temimos padecemos,
¿Y, padeciendo agora, le tememos?

»¿No os acordais del alto, del dorado
Zafir, de quien son ojos las estrellas,
En la noche despierto y desvelado,
Y de las armas del Arcángel bellas?
¡Oh, qué escudo! ¡oh, qué arnés tan bien grabado,
De minas repartidas en centellas!
Pues todo, si vengáis nuestros enojos,
Vuestra vitoria lo verá en despojos.

»Guardad los puestos; defended los muros;
La desesperación vibrará el asta.»

Luego cerrojos de diamantes duros
Á la muralla de inviolable pasta
Pusieron los espíritus obscuros:
Así se pertrechó la infame casta,
Guarneciendo los puestos repartidos,
Y amenazando el Cielo con bramidos.

Uno, de ardientes hidras coronado,
Formaba en sus gargantas ruido horrendo;
Cuál, de sierpes y víboras armado,
Les estaba á la guerra previniendo;
Otro, en monte de fuego transformado,
En las humosas teas viene ardiendo,
Y cuál quita, corriendo á la batalla,
Á Sísifo la peña, por tiralla.

Llegó Cristo, y al punto que le vieron,
¡Oh, qué grita del pecho desataron!
Los más del muro altísimo cayeron:
Que los rayos de luz los fulminaron.
¡Qué de antiguas memorias revolvieron,
Cuando, un tiempo, la alegre luz miraron!
Y, á pesar de blasfema valentía,
La eterna noche se llenó de día.

El miedo les quitaba de las manos
Los pálidos funestos estandartes;
Los pueblos tristes y los reinos vanos
Resonaron en llanto por mil partes;
Aparecieron claros los tiranos
Muros y los tremendos baluartes:
Para esconderse pareció al infierno
Poca tiniebla la del caos eterno.

Cuál dijo pronunciando su gemido:
«¡Nunca esperé suceso afortunado!»
Otro gritaba: «Siempre fuí atrevido;
Siempre vencido; nunca escarmentado»;
Mas el tirano, cuanto bien nacido,
Por soberbios motivos, derribado,
Dijo: «¿Quién presumiera gloria alguna
Del que nació en pesebre, en vez de cuna?

»No niego que, advirtiendo que venían
Á adorarle los reyes del Oriente,
La estrella y los tesoros que traían,
Conjeturé poder omnipotente;

Mas cuando vi que de temor huían
Con él sus padres al Egipto ardiente,
No sólo le juzgué, mal engañado,
Hombre, mas juntamente desdichado.
   »Si yo entregara á Herodes su terneza,
Tuviera entre los otros inocentes
Cuchillo, antes que pelo, su cabeza;
Padeciera verdugos inclementes;
Mas ¿quién juzgara tal de tal bajeza,
Siendo el oprobio y burla de las gentes?
Vile llorar, y vi sus aflicciones,
Y expirar en la Cruz entre ladrones.
   »Tarda fué mi malicia y mi recato;
Perezosa advertencia fué la mía,
Cuando en un sueño hice que á Pilato
Su mujer fuese de mi miedo espía:
Faltóme la mujer en este trato;
No la creyó quien la maldad creía;
Fié de la mujer la postrer prueba,
Viendo que la primera logré en Eva.
   »Véisle que, con abierta mano y pecho,
Poblar quiere á mi costa los lugares
Que desiertos están, y, á mi despecho,
Aumentando pesar á los pesares.
La posesión alego por derecho:
Conténtate, Señor, con tus altares;
¡Truena sobre las puertas de tu Cielo,
Y déjame en el llanto sin consuelo!»
   Dijo, y, buscando noche en que envolverse,
Y viendo que aun la noche le faltaba,
Dentro en sí mismo procuró esconderse,
Y aun á sí en sí propio no se hallaba.
Con las dos manos quiso defenderse
De la luz, que sus ojos castigaba,
Cuando la voz del Rey omnipotente
Le derribó las manos de la frente.
   «¿Á vuestro Rey piadoso, á vuestro dueño,
Almas precitas, oponéis cerradas
Las puertas duras del eterno sueño,
Las cárceles sin fin desesperadas?
Ya conocéis mi belicoso ceño,
Que milita con señas bien armadas.»

Repitiólo tres veces, de manera
Que se abrió el grande reino á la tercera.
  Como luz tremolante vuela leve
Cuando el sol reverbera en agua clara,
Que en veloz fuga se reparte y mueve
Y en vuelo imperceptible se dispara,
Así la mente de Luzbel (1) aleve,
Herida con el rayo de la cara
De quien apenas todo el sol es rayo,
Bajaba entre las iras y el desmayo.
  Alecto con Tesífone y Meguera,
Furias, su propio oficio padecieron;
En ellas se cebó su cabellera,
Y con sus luces negras se encendieron:
Perdió Cloto turbada la tijera;
Las otras dos ni hilaron ni tejieron;
No osó el viejo Carón, con amarilla
Barca, arribar á la contraria orilla.
  Eaco el tribunal dejó desierto,
Las rigurosas leyes despreciadas;
Del temor Radamanto mal despierto,
Se olvidó de las sombras desangradas;
Por un peñasco y otro, frío y yerto,
Las almas en olvido sepultadas
En vano procuraban sin aliento
Dar á sus lenguas voz y movimiento.
  Entró Cristo glorioso en las señales
De su Pasión y, con invicta mano,
De majestad vistió los tribunales
Donde execrables leyes dió el tirano;
Estremeció los reinos infernales;
Halló al príncipe de ellos inhumano,
Tan fiero con la pena y la luz clara,
Que era su medio reino ver su cara.
  Hay, vecino á Cocito y Flegetonte,
Grande palacio, ciego é ignorante
Del rayo con que enciende el horizonte
La luz, peso y honor del viejo Atlante:
La entrada cierra, en vez de puerta, un monte,
Con candados de acero y de diamante;

---

(1) En la primera edición de *Las tres Musas últimas: en* Luzbel.

Dentro, en noche y silencio adormecido,
Ociosa está la vista y el oído.
    Aquí divinas almas sepultadas
En ciega noche, donde el sol no alcanza,
Están, si bien ociosas, ocupadas
En aguardar del tiempo la tardanza.
Triunfa de las edades ya pasadas,
No ofendida y robusta la esperanza,
Honrándose de nuevo cada día
Con crédito mayor la profecía.
    Tembló el umbral debajo de la planta
Del Vencedor Eterno, y al momento
El monte con su peso se levanta,
Obediente al divino mandamiento;
Luego la clara luz, la lumbre santa,
Recibió el triste y duro encerramiento,
Y con el nuevo sol que la hería,
Hasta la niebla densa se reía.
    En oro de los rayos del sol puro
Se enriquecieron redes y prisiones;
Vióse asimismo el gran palacio obscuro;
Vieron los viejos padres sus facciones;
Y, abrazando el larguísimo futuro,
Templando á los suspiros las canciones,
De la puerta salieron todos juntos,
Con viva fe, en la sombra de difuntos.
    En lágrimas los ojos anegados,
El cabello en los hombros divertido,
La venerable frente y rostro arados,
Con la postrera nieve encanecido,
Con sus hijos, que en él fueron culpados,
Y fueron para Dios pueblo escogido,
Se mostró el padre Adán: el ciudadano
Del reino verde, que trocó el manzano.
    Puso las dos rodillas en el suelo,
Y, alzando las dos manos, le decía:
«¡Oh redentor del mundo! ¡oh luz del Cielo!
Llegó, Señor, llegó el alegre día:
Vos nos dais la salud, Vos el consuelo;
Grande é inmensa fué la culpa mía;
Grande, empero dichosa, si se advierte
Que costó su disculpa vuestra muerte.

»¿Qué llagas son aquellas de las manos,
Que en vuestra desnudez fueron mi abrigo?
¿Qué golpes son aquellos inhumanos?
¿Quién dió licencia en Vos á tal castigo?
Dió licencia el amor á los humanos,
De quien, siendo mal padre, fuí enemigo;
Todos mis hijos son, y lo confieso:
Que lo parecen en tan fiero exceso.
»Acuérdome, Señor, ¡memoria amarga!
Después que por mi mal el limbo piso,
Que luego que les di á los hombres carga
(Así mi culpa y vuestra Ley lo quiso),
Con espada de fuego, á prisión larga
Un ángel me arrojó del Paraíso;
Quedó por guarda de la misma puerta,
Porque á ningún mortal le fuese abierta.
»Ninguno pudo entrar: que, amenazante,
Les puso á todos miedo reluciente;
Vos solo, gran Señor, fuistes bastante
Á salir con empresa tan valiente;
Pues, con vestido humano, tierno amante,
Os opusisteis á su espada ardiente,
Y se hartó de cortar en Vos, de modo
Que está seguro de sus filos todo.
»Osaré pronunciar el nombre de Eva,
Pues vuestra siempre Virgen Madre en *Ave*
Le califica y muda, y le renueva,
Con el *sí* que á Gabriel dijo suave.
No teme que la sierpe se le atreva;
Que, viendo en vos el Prometido, sabe
Que el pie de vuestra Madre, con pureza,
La deshizo la lengua y la cabeza.
»Llevadnos, Hombre y Dios, á la morada
Que yo perdí: pasemos á la Vida,
Pues, satisfecha en Vos la ardiente espada,
Nos asegura de mortal herida.»
Dijo, y, la vista en llantos anegada
Y en lágrimas la voz humedecida,
Venerable en sus canas, con severa
Voz, Noé razonó desta manera:
«Yo, cuando, con licencia rigurosa,
Fué el mar abrazo universal del suelo,

Y cuando, por la culpa vergonzosa,
La tierra con su llanto anegó el cielo,
¡Tanto lloró!, fuí yo quien la piadosa
Máquina fabricó donde mi celo
Las reliquias del mundo hurtó al diluvio,
Hasta que vió los montes el sol rubio.
　　»Yo, en república corta y abreviada,
Salvé el mundo con arca de madera;
Mas Vos, del Testamento arca sagrada,
De la que sombra fué luz verdadera,
Salváis de pena inmensa y heredada
Los que osaba anegar culpa primera.
Yo salvé siete en el bajel primero:
Vos solo todo el mundo en un Madero.
　　»Yo paloma envié que me trujese
Lengua de lo que en tierra se hallase;
Vos, porque vuestro amor se conociese,
Enviasteis paloma que llevase
Lenguas de fuego al mundo, y que las diese,
Porque mejor con ellas se enjugase:
Vos sois...» Mas Abrahán, que ve en su Seno
Á Cristo, dijo, de misterios lleno:
　　«Ya, grande Dios, ya miro en Vos, ya veo
Lo figurado en mi obediente mano,
Cuando el único hijo, á mi deseo,
Os quise dar en sacrificio humano.
Ya toda mi esperanza en Vos poseo;
Ya entiendo el gran misterio soberano;
El Cordero sois Vos manso y sencillo
Que de la zarza vino á mi cuchillo.
　　»Esperé entonces contra mi esperanza,
Pues, aguardando que de mí naciese
Generación sin fin, mi confianza
Quiso que en mi unigénito muriese;
Mas á tan grande hazaña sólo alcanza
Tu Padre, porque sólo en Él se viese
Quedar el Hijo en que Él se satisfizo:
Si Abrahán lo intentó, sólo Dios lo hizo.»
　　Más le dijera, si de Isaac el llanto
No atajara su voz, diciendo: «¡Oh hijo
Del Rey que pisa el bien dorado manto,
Y tiene sobre el sol asiento fijo!

¿Mi haz en vuestros hombros, siempre Santo?
¿Vos con mi haz? ¿Cargado Vos?», le dijo,
Y enmudeció; que, á fuerza de pasiones,
El llanto le anegaba las razones.

    Tras él Jacob de entre el horror salía,
Defendiendo los ojos con la mano:
Que la luz clara y nueva le ofendía
La vista, que enfermó reino tirano.
«Vos sois la escala, Vos, Señor,—decía,—
Que yo soñé, y Vos sois el largo llano (1).
La Cruz es la escalera prometida;
Los clavos, escalones y subida.

    »Camino angosto de la tierra al cielo,
Yo ascenderé por ella peregrino.»
«Y yo,—dijo Josef,—tenderé el vuelo
Por vuestra escala á Vos, que sois camino.
Yo soy aquel humano que en el suelo
Representó vuestro valor divino;
Yo soy el que vendieron inhumanos,
Como á Vos vuestros hijos, mis hermanos.»

    Voz trémula, delgada y afligida
Se oyó, diciendo: «Yo, Señor, espero,
Con vuestra claridad, descanso y vida;
Caudillo fuí de vuestro pueblo fiero;
Moisés su vara en Vos mira vencida,
Con maravillas del Pastor Cordero;
El maná en el destierro fué promesa
Del manjar consagrado en vuestra mesa.

    »Cuando en la zarza os vi, fuego anhelante,
Y en pacífica llama repartido,
Detener el incendio relumbrante,
Y á la zarza ostentaros por vestido,
Igualmente por fuego y por amante,
Os adoré con gozo repetido;
Allí vi los misterios enzarzados,

_____

(1)   En la edición príncipe no consta este verso, pues dice:
              Que yo soñé, y largo llano.
López de Sedano, en el t. V de su _Parnaso Español_, suplió de este modo:
              Que yo soñé, y sois el largo llano...
lección que siguió Janer en la _Biblioteca_ de Rivadeneyra; pero como aun así
no es verso, ó es verso muy flojo, y Quevedo los hacía comúnmente llenos
y rotundos, lo restituímos como nos parece que hubo de escribirlo.

Y los miro de zarzas coronados.

»La médica serpiente, que en la vara,
Imitada en metal, tan varias gentes,
Con oculta virtud, con fuerza rara,
Mordidas preservó de otras serpientes,
Hoy símbolo y emblema se declara
De Vos, Señor, que, en una cruz pendientes
Los miembros, dais remedio en forma humana
A los mordidos de la sierpe anciana.»

Dijo, dando lugar al sentimiento
Del grande Josué, que llora y calla,
Á persuasión del gozo y del contento
Que en las amanecidas nieblas halla:
«El sol obedeció mi mandamiento,
Y dió más vida al día en mi batalla:
Cual otro Josué, nos ha parado
En Vos el Sol eterno y deseado.»

Querer decir el número infinito
De los que rescató de las cadenas
Fuera medir al cielo su distrito
Y contar á los mares las arenas;
La mies que nube y río en el Egipto
La licencia del Nilo riega apenas;
Las hojas que, espumoso y destemplado,
Desnuda otoño á la vejez del prado.

Sólo quisiera voz, sólo instrumento
Que al mérito del canto se igualara,
Para poder decir el sentimiento
Del alma de David ilustre y clara:
Salió juntando al harpa dulce acento,
Y, viendo al Redentor la hermosa cara,
En sus cuerdas, ufano, al mesmo punto,
El ocio y el silencio rompió junto.

«Desempeñastes mi palabra, dada
Tantas veces al mundo en profecía;
Ya se llegó la hora, ya es llegada:
Eterna reina en Vos mi monarquía.
El coloso (1) que, en pública estacada,
Siendo pastor, gimió mi valentía,

----

(1) *Celoso* dicen las ediciones, pero es evidente desatino, porque se trata del gigante Goliat, á quien venció David en desafío.

No le venció mi piedra ni mi saña:
Que en Vos, piedra angular, logré la hazaña.
　»¿En dónde habéis estado detenido
Prolijo plazo y término tan largo,
Mientras en la garganta del olvido
De la esperanza nos posee el embargo?»
«La fe, con dilaciones, ha crecido;
Examinóse en el destierro amargo:
Padre me llama vuestro afecto tierno,
Siendo de Eterno Padre el Hijo Eterno.»
　Dijo, y, en venerable edad nevadas,
Mostraron los profetas sus cabezas:
¡Oh, cuán ancianas frentes arrugadas!
¡Oh, cuán blandos afectos y ternezas!
Juntas las manos santas levantadas,
Quisieron referirle sus grandezas;
Mas Cristo, que los ve llegar con prisa,
Les mostró en el semblante amor y risa.
　«Llegad á mí, llegad, dulces amigos,
Cuyo saber al tiempo se adelanta;
Llegad á mí, llegad, seréis testigos
De lo que publicó vuestra garganta:
Encarné, por librar mis enemigos,
En Virgen siempre pura, siempre santa;
Parióme sin dolores; nací de ella;
Siempre intacta quedó; siempre doncella.
　»Con los doce cené: yo fuí la cena:
Mi cuerpo les di en pan, mi sangre en vino;
Previne mi partida de amor llena,
Y Viático previne á su camino (1):
Que me quede en manjar amor ordena,
Cuando á la Cruz me lleva amor divino;
Encarné por venir, y, al despedirme,
En el Pan me escondí por no partirme.
　»Cenó conmigo, de venderme hambriento,
Júdas, varón de Carioth ingrato;
Mi cuerpo despreció por alimento,

---

　(1)　En la primera edición dice
　　　　　Y Viático *quedó* á su camino,
lo cual no es verso ni hace sentido. Uno y otro quedan cabales con la re-
petición del verbo *previne.*

Que le alcanzaba de mi mismo plato;
Amigo le llamé en el prendimiento,
Porque, ya que me daba tan barato,
Cuando se pierde á sí, y en mí su amparo,
No le costase lo barato caro.
    »Viví treinta y tres años peregrino,
Perseguido de todos los humanos;
Mostrélos mi poder, alto y divino,
En obras de mi voz y de mis manos;
Fuí verdad, y fuí vida, y fuí camino,
Porque fuesen del Cielo ciudadanos;
No digo de la púrpura la afrenta,
Ni los trabajos que pasé sin cuenta.
    »Después que ennoblecí tantos agravios,
Que atesora el amor en mi memoria,
Después que me escupieron viles labios,
Ensangrentando en mi Pasión su historia,
Á muerte me entregaron necios sabios,
Sin saber que en mi pena está su gloria:
Claváronme en la Cruz...» Y aquí fué tanto,
Que suspendió la voz del coro el llanto.
    Entre todos, quien más dolor sentía,
Y quien de más congojas muestras daba,
Era el gran Padre Adán, que se hería,
Y ni rostro, ni canas perdonaba.
«¿No ves,—dijo el Señor,—que convenía
Para que la alma no muriese esclava?
Di el cuerpo entre ladrones al Madero,
Y uno me despreció por compañero.
    »Mi Cuerpo en el sepulcro está guardado
De eterna majestad siempre asistido;
Al sol tercero está determinado
Que resucite, de esplendor vestido;
El premio de mi sangre ha rescatado
Vuestra esperanza del obscuro olvido:
Seguidme á donde nunca muere el día,
Pues vuestra vida está en la muerte mía.»
    La voz que habló del Verbo en el desierto
Dulce sonó, por la garganta herida;
De tosca y dura piel salió cubierto
El que nació primero que la vida,
Y el que primero fué por ella muerto,

Con mano al cielo ingrata y atrevida;
Que, como al (1) sol divino, fué lucero,
Primero vino, y se volvió primero:
  Éste, cuya cabeza venerada
Fué precio de los pies de una rámera;
Á cuya diestra vió el Jordán postrada
La grandeza mayor en su ribera;
Donde, con voz suave y regalada,
El gran monarca de la impírea esfera,
Con palabras de fuego y de amor, dijo:
«Éste es mi caro y muy amado Hijo:»
  Viendo de ingratas manos señalado,
Á quien él, con un dedo solamente,
Señaló por Cordero sin pecado,
Libertador del pueblo inobediente,
Dijo: «Sin serlo parecí culpado;
Decirlo así tan gran dolor se siente,
Pues sin temer sus dientes y sus robos,
Siendo Cordero, os enseñé á los lobos.
  »Viendo que yo enseñaba lo que vía,
Maliciosos osaron preguntarme
Si era profeta, y ciega pretendía
Con los profetas su pasión negarme;
Y mi demonstración en profecía
Quisieron con engaño interpretarme:
Juzgaron por más fácil sus enojos
El negarme la voz que no los ojos.
  »Yo fuí muerto por Vos, que, coronado,
Por todos fuisteis muerto, cuando el día
Vió cadáver la luz del sol dorado.»
«Vos fuisteis precursor de mi alegría,
—Le dijo Cristo á Juan,—vos degollado
Del que buscaba la garganta mía:
Tanto más que profeta sois al verme,
Cuanto excede el mostrarme al prometerme.
  »Seguidme, y poblaréis dichosas sillas,
Que la soberbia me dejó desiertas;
Dejad estas prisiones amarillas,
Eterna habitación de sombras muertas;

---

(1) *El* dice la primera edición, pero debe ser *al*, porque Quevedo alude á San Juan Bautista, calificándole de *lucero precursor del sol divino.*

Sed parte de mis altas maravillas,
Y del Cielo estrenad gloriosas puertas.»
Dijo, y siguió su voz el coro atento,
Con aplauso de gozo y de contento.
   Luego que el ciego y mudo caos dejaron
Y alto camino de la luz siguieron,
Desesperados llantos resonaron,
De las escuadras negras que lo vieron;
Las puertas de su reino aun no miraron:
Que, medrosos de Dios, no se atrevieron;
Pues, viéndole partir, aún mal seguros,
Huyeron de los límites obscuros.
   Subiéronse á los duros y altos cerros
Y, viendo caminar la escuadra santa,
La invidia les dobló cárcel y hierros,
No pudiendo sufrir grandeza tanta;
Reforzóles la pena y los destierros
Ver su frente pisar con mortal planta;
Los ojos le cubrió muerte enemiga,
Y el aire se vistió de noche antiga (1).
   Llegó Cristo, glorioso en sus banderas,
· En tanto que padece el Rey violento,
Del siempre verde sitio á las riberas,
Que abrió con su pasión y su tormento:
Riéronse á sus pies las primaveras,
Y en hervores de luz encendió el viento;
Abriéronse las puertas cristalinas
Y corrió el Paraíso las cortinas.
   Hay un lugar en brazos de la Aurora,
Que el Oriente se ciñe por guirnalda;
Sus jardineros son Céfiro y Flora,
El sol engarza en oro su esmeralda;
El cielo de sus plantas enamora,
Jardín Narciso de la varia falda,
Y el comercio de rosas con estrellas,
Enciende en joyas la belleza dellas.
   Por gozar del jardín docta armonía
Que el pájaro desata en la garganta,
A las tinieblas tiraniza el día

---

(1) En la primera edición, *antigua;* pero como esta palabra no con-
suena con *enemiga,* parece indudable que Quevedo usó la forma arcaica
antigo.

El tiempo, y con sus horas se levanta;
Su luz, y no su llama, el sol envía,
Y, con la sombra de una y otra planta,
Seguro de prisión del yelo frío,
Líquidas primaveras tiembla el río.
  El firmamento duplicado en flores
Se ve en constelaciones olorosas;
Ni mustias envejecen con calores,
Ni caducan con nieves rigurosas;
Naturaleza admira en las labores;
Con respeto anda el aire entre las rosas:
Que sólo toca en ellas manso el viento
Lo que basta á robarlas el aliento.
  Pródiga ya la luz de su tesoro,
Más claros rayos recibió que daba;
Acrisolaron los semblantes de oro
Las espléndidas luces que miraba
El Redentor; siguió el sagrado coro
Al pie de Cristo, y en su cruz se clava;
Saludó Adán la antigua patria, y todos
Después la saludaron de mil modos.
  Luego que la promesa vió cumplida
Dimas, gozando el Reino del reposo,
Dijo: «Yo con mi muerte hurté mi vida:
Yo solo supe ser ladrón famoso;
Fué mi culpa á tu lado ennoblecida;
Mi postrer hurto llamarán glorioso,
Pues, expirando con afecto tierno,
Hurté el cuerpo á las penas del infierno.
  »Condenóse un discípulo advertido,
Y salvóse un ladrón bien condenado;
¡Oh piélago en misterios escondido!
¡Oh abismo en tus secretos encerrado!
¡Un apóstol precito y suspendido!
¡Un ladrón en la cruz predestinado!
Hoy me dijiste que sería contigo ·
En tu reino: hoy le gozo, y hoy te sigo.»
  Temiendo nueva carga blandamente,
Atlante añadió el hombro, cuello y brazos:
Que aguarda mayor peso que el presente,
Después que Dios cumplió tan largos plazos;
Dejó en el Paraíso refulgente

Á los que desató de ciegos lazos
Cristo Jesús, y se volvió á la tierra,
Porque su cuerpo triunfe de la guerra.
   Pasaba el cielo al otro mundo el sueño
Y en nueva luz las horas se encendían;
Cedió á la aurora de la noche el ceño
Y dudosas las sombras se reían;
El silencio dormido en el beleño
Las guardas con letargo padecían,
Cuando se vistió la Alma soberana
En Cuerpo hermoso, la porción humana.
   Cuando la piedra que el sepulcro cierra,
Cuando la piedra que el sepulcro guarda,
Aquélla con piedad, ésta con guerra
Espantosa en la espada y la alabarda,
Cuando ésta la razón de esotra encierra,
Cuando aquélla la olvida y se acobarda,
En la Resurrección se les previno
Por la muerte al vivir fácil camino.
   Si cuando murió Cristo se rompieron
Las piedras, que el dolor inmenso advierte,
Mal los duros hebreos pretendieron
Fabricarle con piedras cárcel fuerte:
Como de sí, del mármol presumieron
La dureza, sin ver que, pues su muerte
Le animó con dolor en su partida,
Mejor le animará con gloria y vida.
   Tembló el mármol divino; temerosa
Gimió la sacra tumba y monumento;
Vió burladas sus cárceles la losa;
De duplicado sol se vistió el viento;
Desatóse la guarda rigurosa
Del lazo de la noche soñoliento;
Quiso dar voces, mas la lumbre santa
Le añudó con el susto la garganta.
   Es tal la obstinación pérfida hebrea,
Que el bien que deseaban y esperaron
Temen llegado, y temen que así sea (1);
Buscaron luz y en viéndola cegaron,
Cuando, con ansia inútil, ciega y fea,

---

(1) En la primera edición, por errata, *que succda.*

Para sus almas muertas ya guardaron,
Sólo sepulcro, el que sirvió de cuna,
Al que, vistiendo el sol, pisa la luna.
    Levantáronse en pie para seguirle,
Mas los pies de su oficio se olvidaron;
Las armas empuñaron para herirle,
Y en su propio temor se embarazaron;
Las manos extendieron para asirle,
Mas, viendo vivo al muerto, se quedaron,
De vivos, tan mortales y difuntos,
Que no osaban mirarle todos juntos.
    Apareció la Humanidad sagrada,
Amaneciendo llagas en rubíes;
En joya centellante, la lanzada;
Los golpes, en piropos carmesíes:
La corona, de espigas esmaltada,
Sobre el coral mostró cielos turquíes:
Explayábase Dios por todo cuanto
Se vió del Cuerpo gloríoso y santo.
    En torno las seráficas legiones
Nube ardiente tejieron con las alas,
Y, para recibirle, las regiones
Líquidas estudiaron nuevas galas;
El *hosanna*, glosado en las canciones,
Se oyó suave en las eternas salas,
Y el cárdeno palacio del Oriente
Con esfuerzos de luz, se mostró ardiente.
    La Cruz lleva en la mano descubierta,
Con los clavos más rica que rompida;
La Gloria la saluda por su puerta,
Á las dichosas almas prevenida;
Viendo á la Muerte desmayada y muerta,
Con nuevo aliento respiró la Vida;
Pobláronse los cóncavos del Cielo,
Y guareció de su contagio el suelo.

1621

EN LA MUERTE

DEL BIENAVENTURADO REY D. FELIPE III

SONETO

(En *El Parnaso Español*, Musa III.)

75.
Mereciste reinar, y mereciste
No acabar de reinar; y lo alcanzaste
En las almas, al punto que espiraste,
Como el reinar, al punto que naciste.
  Rey te llamaste, cuando padre fuiste,
Pues la serena frente que mostraste,
Del amor de tus hijos coronaste,
Cerco á quien más valor que al oro asiste.
  Militó tu virtud en tus legiones;
Vencieron tus ejércitos, armados
Igualmente de acero y oraciones.
  Por reliquia llevaron tus soldados
Tu nombre, y por ejemplo tus acciones,
Y fueron victoriosos y premiados.

EN LA MUERTE DE D. RODRIGO CALDERÓN

MARQUÉS DE SIETE IGLESIAS, CAPITÁN
DE LA GUARDA TUDESCA

SONETO

(En *El Parnaso Español*, Musa III.)

76.
Tu vida fué invidiada de los ruines;
Tu muerte de los buenos fué invidiada;
Dejaste la desdicha acreditada,
Y empezaste tu dicha de tus fines.
  Del metal ronco fabricó clarines
Fama, entre los pregones disfrazada,
Y vida eterna y muerte desdichada
En un filo tuvieron los confines.
  Nunca vió tu persona tan gallarda
Con tu guarda la plaza como el día

Que por tu muerte su alabanza aguarda.
Mejor guarda escogió tu valentía,
Pues que hizo tu ángel con su guarda
En la Gloria lugar á tu agonía.

BODA Y ACOMPAÑAMIENTO DEL CAMPO

(De la *Primavera y flor de los mejores romances y sátiras...*
de Pedro Arias Pérez. 1621.) (1)

77. Don Repollo y doña Berza,
De una sangre y de una casta,
Si no caballeros pardos,
Verdes fidalgos de España,
    Casáronse, y á las bodas
De una gente tan honrada,
Que sustentan ellos solos
Á lo mejor de Vizcaya,
    De los solares del campo
Vino la nobleza y galas;
Que no todos los solares
Han de ser de la Montaña.
    Vana y hermosa á la fiesta
Vino doña Calabaza;

---

(1) Andando el tiempo, este romance fué notablemente refundido. Hélo aquí, tal como aparece en *El Parnaso Español*, Musa VI. Anotaremos, además, las variantes de López de Sedano (tomo VIII de su *Parnaso*) y las de Durán (tomo II de su *Romancero general*).

Don Repollo y doña Berza,
De una sangre y de una casta,
Si no caballeros pardos,
Verdes fidalgos de España,
    Casáronse, y á la boda
De personas tan honradas,
Que sustentan ellos solos
Á lo mejor de Vizcaya (a),
    De los solares del campo
Vino la nobleza y gala;
Que no todos los solares
Han de ser de la Montaña.
    Vana y hermosa, á la fiesta
Vino doña Calabaza;

(a) Á lo mejor de *su patria.*—Sedano.

Que su merced no pudiera
Ser hermosa, sin ser vana.
    La Cebolla, á lo viuda,
Vino con sus tocas blancas
Y sus entresuelos verdes;
Que sin verdura no hay canas.
    Para ser dama tan dulce
Vino la Lima gallarda
Al principio; que no es bueno
Ningún postre de las damas.
    La Naranja, á lo ministro,
Vino muy tiesa y cerrada,
Con su apariencia muy lisa
Y su condición muy agria.
    La Guinda, á lo hermoso y lindo,
Muy agria cuando muchacha,
Pero, entrando ya en más días,
Apacible, dulce y blanda.
    La Cereza, á lo hermosura,
Recién venida, muy cara;

Que su merced no pudiera
Ser hermosa sin ser vana.
    La Lechuga, que se viste
Sin aseo y con fanfarria (a),
Presumida, sin ser fea,
De frescona y de bizarra.
    La Cebolla, á lo viudo,
Vino con sus tocas blancas
Y sus entresuelos verdes;
Que sin verdura no hay canas.
    Para ser dama muy dulce
Vino la Lima gallarda,
Al principio, que no es bueno
Nigún postre de las damas.
    La Naranja, á lo ministro (b),
Llegó muy tiesa y cerrada,
Con su apariencia muy lisa,
Y su condición muy agria (c).
    Á lo rico y lo tramposo,
En su erizo, la Castaña,
Que la han de sacar la hacienda
Todos por punta de lanza.
    La Granada deshonesta,
Á lo moza cortesana,

(a) *Muy de verde* y con fanfarria.—**Sedano.**
(b) La naranja *á lo severo*.—Sedano.
(c) Muy *agra*.—**Durán.**

Pero, con el tiempo, todos
Se le atreven por barata.
   La Granada, descompuesta,
Á lo dama cortesana:
Desembozo en la hermosura;
Descaramiento en la gracia.
   Á lo rico y lo tramposo,
En su erizo, la Castaña,
Que le han de sacar la hacienda
Todos por punta de lanza.
   La Berengena, mostrando
Su calavera morada,
Porque no llegó en su tiempo
El socorro de las calvas.
   Doña Mostaza menuda,
Muy compuesta y atufada;
Que toda chica persona
Es gente de gran mostaza.

Desembozo en la hermosura,
Descaramiento en la gracia.
   Doña Mostaza menuda,
Muy briosa y atufada;
Que toda chica persona
Es gente de gran mostaza.
   A lo alindado, la Guinda,
Muy agria (a) cuando muchacha;
Pero ya entrada en edad,
Más tratable, dulce y blanda.
   La Cereza, á lo hermosura,
Recién venida, muy cara,
Pero, con el tiempo, todos
Se le atreven por barata.
   Doña Alcachofa, compuesta
Á imitación de las flacas:
Basquiñas y más basquiñas,
Carne poca y muchas faldas.
   Don Melón, que es el retrato
De todos los que se casan:
Dios te la depare buena,
Que la vista al gusto engaña.
   La Berengena, mostrando
Su calavera morada,
Porque no llegó en el tiempo
Del socorro de las calvas (b).

(a) Muy *agra.*—Durán.
(b) Sedano se dejó en el tintero estos cuatro versos.

T. II.

El Melón, que es el retrato
De todos los que se casan;
Dios te la depare buena:
Que la vista al gusto engaña.
　　Don Cohombro, desvaído,
Largo de verde y de zancas,
Muy puesto en ser gentil hombre,
Siendo cargado de espaldas.
　　Don Pepino, muy picado
De amor de doña Ensalada,
Gran compadre de dotores,
Pensando en unas tercianas.
　　Á lo valiente, cobarde,
Todo furias y bravatas,
Vino el señor don Pimiento,
Vestidito de botarga.
　　De blanco, morado y verde,
Corta crin y cola larga,
Don Rábano, pareciendo
Moro de juego de cañas.
　　Doña Alcachofa, compuesta
Á imitación de las flacas:

　　Don Cohombro desvaído,
Largo de verde esperanza,
Muy puesto en ser gentil hombre,
Siendo cargado de espaldas.
　　Don Pepino, muy picado
De amor de doña Ensalada,
Gran compadre de dotores,
Pensando en unas tercianas.
　　Don Durazno, á lo invidioso,
Mostrando agradable cara,
Descubriendo con el trato
Malas y duras entrañas.
　　Persona de muy buen gusto,
Don Limón, de quien espanta
Lo sazonado y panzudo;
Que no hay discreto con panza.
　　De blanco, morado y verde,
Corta crin y cola larga,
Don Rábano, pareciendo
Moro de juego de cañas.
　　Todo fanfarrones bríos,
Todo picantes bravatas,
Llegó el señor don Pimiento,
Vestidito de botarga.

Basquiñas y más basquiñas,
Carne poca y muchas faldas.
   Don Nabo, que, viento en popa,
Navega con tal bonanza,
Que viene á mandar el mundo,
De gorrón de Salamanca.
   Baratísimo lector,
Si objeciones desenvainas,
Nunca hay bodas sin malicias,
Ni desposados sin tachas.

1622
AL CONDE DE VILLAMEDIANA
SONETO

(En el códice M, 8 de la Biblioteca Nacional, y en otros varios.)

78.　　Religiosa piedad ofrezca llanto
Funesto; que á su libre pensamiento
Vinculó lengua y pluma cuyo aliento
Se admiraba de verle vivir tanto.
   Cisne fué, que, causando nuevo espanto,
Aun pensando vivir, clausuló el viento,
Sin pensar que la muerte en cada acento
Le amenazaba, justa, el postrer canto.
   Con la sangre del pecho, que provoca,
Aquel sacro silencio se eternice.
Escribe tu escarmiento, pasajero:
   Que á quien el corazón tuvo en la boca,
Tal boca siente en él, que sólo dice:
«En pena de que hablé, callando muero.»

Don Nabo, que, viento en popa
Navega, con tal bonanza,
Que viene á mandar el mundo
De gorrón de Salamanca.
   Mas baste, por si el lector
Objeciones desenvaina;
Que no hay boda (a) sin malicias,
Ni desposados sin tachas.

(a)　Que no hay *bodas...*—Durán.

1623

CONFISIÓN QUE HACEN LOS MANTOS DE SUS CULPAS
EN LA PREMÁTICA DE NO TAPARSE LAS MUJERES

(En *El Parnaso Español*, Musa VI.) (1)

79,
«Allá van nuestros delitos,
—Le dijeron al Destapo
De la premática nueva
Unos pecadores mantos.—
»Á la muerte estamos todos,
Muy cerca de condenarnos,
Porque ya el Mundo y la Carne
Nos deja en poder del Diablo.
»Quiebra (2) al mismo los dos ojos
Quien el medio ojo ha quitado
En el *Attolite* (3) *caras*
Á sus (4) infernales trastos.»
Desenváinanse las viejas,
Y desnúdase lo rancio,
Las narices, con juanetes;
Las barbillas, con zancajos.
La frente, planta de pie;
Lo carroño, confitado;
Las bocas, de oreja á oreja,
Y vueltos chirlos los labios.
Empezó un manto de gloria,
Vidrïera de tasajos,
Que afeitados, con el lustre
Disimulaba lo magro:
«Soy pecador transparente,
—Dijo,—que truje arrastrando
Un año tras una tuerta
Á un caballero don Pablos.
»Discreteando á lo feo,

(1) Durán incluyó este romance en el tomo II de su Romancero. Indicaremos sus variantes.
(2) *Quiebre.*
(3) *Quitolite.*
(4) *De* sus.

Y desnudando á lo caco,
Un tirador de ballesta
Descubrí brujuleando.
»Carátula de una vizca,
Desmentí dos ojos zambos,
Y en sus niñas vizcaínas
El vascuence de (1) sus rayos.
»Adargué cara frisona
Con una nariz de ganchos,
Que á todos los (2) doce tribus
Los dejó romos y bracos.
»Á cuyas ventanas siempre
Hace terrero el catarro:
Nariz que con un martillo
Puede amenazar un paso.
»Tras esta alquitara rubia,
Truje á don Cosme penando;
Hallóse con un sayón
Para premio de sus gastos.»
El que segundo llegó
Un manto fué de burato,
Malhechor de madrugones,
Y antipara de pecados.
«Un siglo há bien hecho,—dijo,—
Que á los maridillos blandos,
Que llaman de buena masa,
Sus mujeres les ojaldro.
»Por mí, topando un celoso
Su mujer en otro barrio,
Quiso acompañarla en casa
Del proprio que iba buscando.
»Á maridos estantiguas (3)
He dado mujeres trasgos:
Soy trasponedor de cuerpos;
Soy tragantona de honrados.
»He sido trampa de vistas,
Y cataratas de Argos,
Rebozo de travesuras,

(1) *Da.*
(2) *Á todas las.*
(3) En algunas ediciones antiguas, *estantiguos.*

Y masicoral de agravios.»
    «También yo digo mi culpa,
—Dijo un mantillo mulato,
De humo,—pues soy infierno,
Y encumbro (1) llamas y diablos,
    »Fullerito de faciones,
Que las retiro y las saco,
Y muestro como unos oros,
Á quien es como unos bastos.
    »Á quien amago con sota
Doy coces con un caballo;
Copas doy á los valientes,
Y espadas á los borrachos.
    »Una cara virolenta,
Hecha con sacabocados,
Un rostro de salvadera,
Un testuz desempedrado,
    »Hice tragar á un don Lucas
Por de hermosura milagro,
Hasta que con un descuido
Vió con guedejas un rallo.
    »Daba tarazón con ojo;
Miraba de guardamano;
Mostraba con soportal
La niña guerra (2) á lo zaino.»
    «Inormes son mis ofensas
Y los delitos que traigo,
—Dijo un manto de Sevilla,
Ceceoso y arriscado.—
    »He rebujado una vieja
Sin principio ni sin cabo,
Eternamente cecina,
Y momia, siendo pescado.
    »Entre dos yemas de dedos,
Con que la tapaba á ratos,
Escondí, sin que se viesen,
Mucha caterva de antaños:
    »De condenadas gran turba,
Si fuera la edad pecado,

(1) Janer, *encumbro*, sin duda por errata.
(2) Janer entendió que había de decir *güera*, esto es, *huera*.

Porque no la confesaran,
Muriéndose, al Padre Santo.»
    Un manto de lana y seda,
Lleno de manchas y rasgos,
Contrito y arrepentido
Dijo delitos extraños:
    «Tapé á una mujer gran tiempo,
En su rostro boticario,
Por mejillas y por frente,
Polvos, cerillas y emplastos.
    »Con poco temor de Dios,
Pecaba en pastel de á cuatro,
Pues vendí en traje de carne,
Huesos, moscas, vaca y caldo.
    »Á otras, más negras que entierro (1),
Embelecaba de blanco,
Siendo, cuando descubiertas,
Requesones fondo en grajo.
    »He sido alcahuete infiel,
Pues he traído, nefando,
Tras soliman, siendo moro,
Gran número de cristianos.»
    El Destapo los oyó,
Y en tan sacrílegos casos,
Les condenó á la vergüenza
De apodos y de silbatos (2).
    Que vivan de par en par (3),
Que sirvan de claro en claro,
Y que los rostros, en cueros,
Parezcan á ser juzgados.
    Nadie se tape, busconas;
Que habrá, para remediarlo,
Al primer tapón, zurrapas
De alguaciles y escribanos.

(1) *Á otras negras, más que entierro.*
(2) En alguna edición antigua faltan estos cuatro versos.
(3) *Y á que de par en par vivan.*

UN FIGURA DE GUEDEJAS
SE MOTILA EN OCASIÓN DE UNA PREMÁTICA

(En *El Parnaso Español*, Musa VI.)

80.
Con mondadientes en ristre,
Y jurando de «aquí yace
Perdiz», donde el salpicón
Tiene por tumba el gaznate,
  Don Lesmes de Calamorra,
Que, á las doce, por las calles,
Estómago aventurero,
Va salpicando de hambres,
  Con saliva saca manchas,
Y con el color fiambre,
La nuez que, á buscar mendrugos,
Del guarguero se le sale,
  Se entró en una barbería,
Á retraer la pelambre
De guedejas, que á sus sienes
Sirvieron de guardainfante.
  Estábase el tal barbero
Empapado en pasacalles,
Aporreando la panza
De un guitarrón formidable.
  Don Calamorra le dijo:
«Las tijeras desenvaine,
Y la sotana de greñas
Á mis orejas la rape.
  »Basta que con hopalandas
Truje una cara estudiante,
Será ya por lo raído
De mi ferreruelo imagen.
  »Más quiero el trasquilimoche
Que algún récipe de alcaldes;
Que á premática navaja
Todo testuz se arremangue.
  »El rostro, perro de agua,
Ya de perro chino sale;
No enseña menos ser hombres,
El parecer más á frailes.

»No deje reminiscencia,
En el casco, de aladares;
Trasquile de tabardillo,
Con defensivo sin margen.
    »Sacaráme de pelón (1),
Cosa que no ha sido fácil,
Y á España daré la vuelta,
Luego que el gesto desfrancie.
    »Haga en mí lo que las bubas
En otros cabellos hacen;
Sea Dalida (2) de mi cholla,
Y las vedijas me arranque.
    »El pelo que se cayere,
Si en la ropilla se ase,
Déjele por cabellera
De la calva del estambre.»
    Tomó el espejo y, mirando
La melena, de ambas partes,
Y diciendo, «haga su oficio»,
Dijo al pelo: «buen viaje.»
    La danza de la tijera
Le dió una tunda notable,
Y con un cuarto sellado
Le pagó que le acatarre.
    Salió vejiga con ojos,
A sí tan desemejante,
Que sus mayores amigos
No le veían con mirarle.

COMISIÓN CONTRA LAS VIEJAS (3)

(En *El Parnaso Español*, Musa VI.)

81.   Ya que á las cristianas nuevas
        Expelen sus Majestades,
        A la expulsión de las viejas
        Todo cristiano se halle.

---

(1)   Janer, por errata, *sacárame*.
(2)   Por *Dalila*. Janer, *Dálida*, también por errata.
(3)   En los *Romances varios de diversos autores* (Madrid, 1664) salió

T. II.   40

Pantasmas accecinadas,
Siglos que andáis por las calles,
Muchachas de los finados,
Y calaveras fiambres;
    Doñas siglos de los siglos,
Doñas vidas perdurables;
Viejas (el diablo sea sordo),
Salud y gracia: Sepades
    Que la Muerte, mi señora,
Hoy envía á disculparse
Con los que se quejan della,
Porque no os lleva la landre.
    Dicen, y tienen razón
De gruñir y de quejarse,
Que vivís adredemente
Engullendo Navidades;
    Que chupáis sangre de niños,
Como brujas infernales;
Que ha venido sobre España,
Plaga de abuelas y madres.

tan variada esta composición, que lo mejor será reproducir íntegramente
su texto:

Ya que á las cristianas nuevas
Expelen sus majestades,
Para expulsión de las viejas
Todo cristiano se arme.
    Pantasmas accecinadas,
Siglos que andáis por las calles,
Doncellas de los difuntos
Y calaveras fiambres;
    Doñas siglos de los siglos,
Doñas vidas perdurables,
Viejas (el diablo sea sordo)
Salud y gracia: Sepades
    Que la muerte, mi señora,
Hoy envía á disculparse,
Que vivís adredemente
Y coméis el pan de balde.
    Y porque dicen que hay
Vieja estantigua gigante
Que se acuerda de Amadís
Y fué doncella de Agrajes.
    Toda vieja que se enrubia
Pasa de lejía se llame;
Y toda vieja opilada,
Con ella de congrio ande.

Dicen que, habiendo de ser
Los que os rondan, sacristanes,
La Capacha y la Doctrina,
Andáis sonsacando amantes.

Diz que sois como pasteles,
Sucio suelo, hueca ojaldre,
Y, aunque pasteles hechizos,
Tenéis más hueso que carne.

Que servís de enseñar sólo
Á las pollitas que nacen
Enredos y pediduras,
Habas, puchero y refranes.

Y porque no inficionéis
Á las chicotas que salen,
Que sois neguijón de niñas,
Que obligáis á que las saquen.

Y, atento á que se han quejado
Una resma de galanes
Que pedís, y no la unción,
Y no hay bolsa que os aguarde,

Vieja amolada y buída,
Cecina con aladares,
Pellejo que anda en chapines,
Carne sea momia, si es carne.
Vieja vísperas solemnes,
Con perfumes y estoraques,
Si huele cuando se acuesta,
Hieda cuando se levante.
Vieja de boca de concha,
Con arrugas y canales,
Pase por mono profeso,
Y coque, pero no hable.
Vieja píldora con oro,
Muy cargada de diamante,
Quien la tratare la robe,
Y quien la herede la mate.
Vieja de diente ermitaño,
Que la santa vida hace
En un desierto de muelas,
Tenga su risa por cárcel.
Vieja blanca á puros moros
Solimanes y Albayaldes,
Vestida, sea el zancarrón,
Y sea Mahoma en carnes.
Los cementerios pretenden
Un jüez que almas despache,

Ha mandado á los serenos
Que os han de dar estas tardes,
Al afeite y al cartón,
Que os enfermen y que os maten.

Y si (lo que Dios no quiera)
Estas cosas no bastaren,
Que con desengaños vivos
Los espejos os acaben.

Y, porque dicen que hay
Vieja frisona y gigante,
Que ella y la puerta de Moros
Nacieron en una tarde,

Declara que aquesta vieja
Murió en las Comunidades,
Y que un diablo, en su pellejo,
Anda hoy haciendo visajes.

Vieja barbuda y de ojeras,
Manda que niños espante,
Y que al alma condenada
En todo lugar retrate.

Toda vieja que se enrubia,
Pasa de lejía se llame;
Y toda vieja opilada (1),
En la Cuaresma se gaste.

Vieja de boca de concha,
Con arrugas y canales,
Pase por mono profeso,
Y coque, pero no hable.

Vieja de diente ermitaño,

Y que castigue porvidas
De los responsos y el *parce*.
    Mas su majestad la Muerte,
Que en las universidades,
Se está armando de dotores
Que le sirvan de montantes,
    Quiere que en cuarenta días
Todas las viejas se gasten,
En hacer tabas y chitas
Y otros dijes semejantes.
    Yo que lo pregono, soy
El Lázaro miserable,
Que del sepulcro de viejas
Quiso Dios resucitarme.

(1) *Apilada* dice la primera edición, sin duda por errata.

Que la triste vida hace
En el desierto de muelas,
Tenga su risa por cárcel.
  Vieja vísperas solenes,
Con perfumes y estoraques,
Si huele cuando se acuesta,
Hieda cuando se levante.
  Vieja amolada y buída,
Cecina con aladares,
Pellejo que anda en chapines,
Por carne momia se pague.
  Vieja píldora con oro
Y cargada de diamantes,
Quien la tratare la robe;
Quien la heredare la mate.
  Vieja blanca á puros moros
Solimanes y Albayaldes,
Vestida, sea el zancarrón,
Y el puro Mahoma en carnes.
  Los cimenterios pretenden
Que un juez Alma se despache,
Que os castigue por huídas
De los responsos y el *parce*.
  Mas su merced de la Muerte,
Que, en las universidades,
De médicos se está armando,
Que la sirven de montantes,
  Esto me ha mandado ¡oh viejas!
Que en su nombre y de su parte
Os notifique: atención,
Y ninguna se me tape:
  Dentro de cuarenta días
Manda que á todas os gasten
En hacer tabas y chitas,
Y otros dijes semejantes.
  Y, como á franjas traídas,
Ha ordenado que os abrasen,
Para sacaros el oro,
Que no hay demonio que os saque.
  Que ella se tendrá cuidado
Desde hoy en adelante,
En llegando á los cincuenta,

De enviar quien os despache.
Yo que lo pregono, soy
Un Lázaro miserable,
Que del sepulcro de viejas
Quiso Dios resucitarme.

REFORMACIÓN DE COSTUMBRES

NO IMPORTUNA

(En *El Parnaso Español*, Musa VI.)

82.   Mando yo, viendo que el mundo
De remedio necesita,
Que esta Premática guarden
Todos los que en él habitan.
    Todo varón ojizarco
Con toda ojinegra ninfa
Quiero que truequen los ojos,
Ó, si no, que se los tiñan.
    Á barbados ceceosos
Mando se pongan basquiñas;
Que si un barbado cecea,
¿Qué hará doña Serafina?
    Quito mujeres que rapan
Con orinales mejillas;
Aunque hay rostro, que de bello
Tiene sólo el que le quitan (1).
    Que mujer que muda barrio,
No piense que se confirma;
Que algunas mudan más nombres
Que tienen las letanías.
    Á los que visten bayeta
Quiero que se les permita
Que mientan pariente muerto,
Porque su sotana viva.
    Cara de mujer morena
Con solimán por encima,
Aunque más grite el jalbegue,

_____

(1) El autor juega del vocablo, como tantas otras veces, y ésta sin parar la atención en menudencias ortográficas: en la diferencia entre *bello*, adjetivo, y *vello*, sustantivo.

Puede (1) pasar por endrina.
Desvanes quiero que habite
Mujer de cincuenta arriba:
Que es bien que viva en desvanes
Quien anda de viga en viga.

Que á los que están escribiendo
No los vea quien se tiña,
Porque en sus barbas no mojen,
Si les faltare la tinta.

Excluyo dientes postizos,
Porque es notable desdicha
Que traigan, como las calvas,
Cabelleras las encías.

Que no anden por las mañanas
Las doncellas que se opilan,
Pues, sanando de doncellas,
Les crecen más las barrigas.

Que no se juzgue sin hijos
El que á su mujer permita
Que vaya á hacer diligencia
Si algún vecino la bizma.

Que á los que murieron mozos,
Porque vuelvan á la vida,
Se les infundan las almas
De viejas que quedan vivas.

Destierro puños pajizos (2);
Que hay damas pastelerías
Que traen en puños y en manos
Roscones y quesadillas.

Permito las vueltas huecas,
Donde hay muñecas rollizas;
Que en flacas, son candeleros;
Y las muñecas, bujías.

Tusona con ropa de oro
Traiga cédula que diga:
«En este cuerpo sin alma
Cuarto con ropa se alquila.»

---

(1)   *Puede* dice la primera edición, pero parece que estaría mejor *pueda*.

(2)   Aquí hay en la primera edición una nota que dice: «Eran entonces recibidos estos trajes.»

LETRILLA BURLESCA

(En *El Parnaso Español*, Musa V.)

83. *Galán.* Si queréis alma, Leonor,
    Daros el alma confío.
Dama. *¡Jesús, qué gran desvarío!*
   Dinero será mejor.
  G. Ya no es nada mi dolor.
  D. ¿Pues qué es eso, señor mío?
  G. Dióme calentura y frío,
    Y quitóseme el amor.
  D. De que el alma queréis darme,
    Será más razón que os dé.
  G. ¿No basta el alma y la fe,
    En trueco de acariciarme?
  D. ¿Podré della sustentarme?
  G. El alma, bien puede ser.
  D. Y ¿querrá algún mercader
    Por tela su alma trocarme?
  G. Y ¿es poco daros, Leonor,
    Si toda el alma os confío?
  D. *¡Jesús, qué gran desvarío!*
   Dinero fuera mejor.
  G. Daréos su pena también.
  D. Mejor será una cadena
    Que vuestra alma, y más en pena.
  G. Con pena pago el desdén.
  D. Para una necesidad
    No hay alma como el dinero.
  G. Queredme vos como os quiero,
    Por sola mi voluntad.
  D. No haremos buena amistad.
  G. ¿Por qué vuestro humor la estraga?
  D. Porque cuando un hombre paga,
    Entonces trata verdad.
  G. ¿Qué más paga de un favor
    Que el alma y el albedrío?
  D. *¡Jesús, qué gran desvarío!*
   Dinero será mejor.

EL JUEGO DE CAÑAS PRIMERO
POR LA VENIDA DEL PRÍNCIPE DE GALES
(En *El Parnaso Español*, Musa VI.)

84.
Yo, el otro juego de cañas
Que en mal estado murió,
Y estoy en penas eternas,
Por justos juicios de Dios,
    Á cuantos fieles cristianos
Mirastes mi perdición,
Salud y gracia: Sepades
La causa de mi dolor.
    Yo me comí de atabales,
Y me metí á san Antón,
Con séquito de mercado
Y vueltas alrededor.
    Quise embutir en un día,
Con mucho re mi fa sol,
Cañas, rejones y toros,
Y murciégalo lanzón.
    Los herradores del banco
Y el banco del herrador,
Tenaza y martillo, trozos
De sarta de la pasión.
    Entradas tuve de calvo,
Parejas de hoz y de coz,
Y asímismo, bien mirado,
No se valió el caracol (1),
    Si al salir mis adalides,
Gloria del suelo español,
Dió la postrer boqueada
El bien barbado estrellón (2);
    Yo, pecador mucho errado,
No merezco culpa, no:
De un lado me cerca Riche;
Del otro un esgrimidor.

(1) En la primera edición hay esta nota explicativa: «No valió un caracol.»

(2) «Porque fué ya tarde la salida del juego de cañas.» (Nota de la primera edición.)

Galas y caballos tuve,
Y mucho grande señor,
Mas lo real, aun en tortas,
Siempre añade estimación.
    ¿Qué mucho que me venciese
Una fiesta superior,
Que llevó el Rey en el cuerpo,
Desde el tocado al talón?
    Júpiter corrió con lanza;
Con la caña voló Amor,
Cuando en la concha de Venus
Se adargaba, Marte y Sol.
    Yo fuí juego behetría
En los trastos y el rumor;
Mas el suyo, realengo,
Hasta en la jurisdición.
    Yo fuí lego; él, de corona;
Yo fuí cañas motilón;
Un regocijo donado,
Sirviente y demandador.
    Provisión á la jineta
Fué la fiesta que pasó;
Por don Felipe empezaba,
Á modo de provisión.
    Si me quitaran la tara,
Como hacen al carbón,
Quedara menos pesado (1),
Sin familia tan atroz.
    Vosotras, de la hermosura
Jerarquía superior,
Que miráis con dos batallas
Las paces del corazón;
    Las que clavel dividido
Mostráis por conquistador,
Donde milita la risa,
Con perlas en escuadrón,
    Haced bien por mis parejas,
Que están en eterno ardor,
Y cada menina sea
Una cuenta de perdón.

_____

(1) Janer, *pasado,* sin duda por errata.

ACÚSANSE DE SUS CULPAS LOS CUELLOS

CUANDO SE INTRODUJERON LAS VALONAS

(En *El Parnaso Español*, Musa VI.)

85.

Yo, cuello azul pecador,
Arrepentido confieso
Á vos, Premática santa,
Mis pecados, pues me muero.
   Contaros puedo mis culpas,
Pero no puedo mis yerros (1):
Que en molde, bolo y cuchillas,
Á toda Vizcaya tengo.
   Mi nacimiento fué estopa,
En aquellos homes viejos
Que, á puras trenzas, traían
Con registros los gargueros.
   En bodas de ricas fembras
Vine á subir al anjeo,
Y llevaban sus gaznates
Como cuartos en talegos.
   Pegóseme la herejía,
Y, con favor de Lutero,
De Holanda pasé á Cambray,
Más delgado y menos bueno.
   Ya era la caza no más
Todo mi entretenimiento:
Vainillas eran mis redes;
Mis abridores, sabuesos.
   Ya teníamos á España
(Perdóneme Dios si peco)
Los extranjeros y yo
Asolada con asientos.
   Los polvos azules truje
Del rebelado Flamenco,
Y, con la gran polvareda,
Perdimos á don Dinero.
   Más ayunos introduje

---

(1) Jnega del vocablo: *yerros* é *hierros*, que se pronunciaban como la primera de estas voces; y así *yelo*, *herba*, *yedra*, etc.

Que la cuaresma y adviento,
Y hubo algún hombre de bien
Que ayunaba á molde y cuello.
   Á fe de cuello juraban,
Como á fe de caballero,
Y muchos, cuellos en sal
Se han vuelto, de puro tiesos.
   Desenvainen, pues, las nueces;
Digan la verdad los gestos;
Toda quijada se aclare,
Y el lamparón ande en cueros.
   Parezcan á ser juzgados
En viva carne y en huesos
Todo cigüeño gaznate
Y con corcova camello.
   Por justos juicios de Dios,
Y de tan alto decreto,
Vivan las santas valonas,
Y mueran los mercan-lienzos.

FIESTA
DE TOROS CON REJONES AL PRÍNCIPE DE GALES
EN QUE LLOVIÓ MUCHO
(En *El Parnaso Español*, Musa VI.)

86.   Floris, la fiesta pasada,
Tan rica de caballeros,
Si la hicieran taberneros
No saliera más aguada.
Yo vi nacer ensalada
En un manto en un terrado,
Y berros en un tablado;
Y, en atacados coritos (1).
Sanguijuelas, no mosquitos,
Y espadas de Lope Aguado.
   Vióse la plaza excelente,
Con una y otra corona,
Tratada como fregona:
Con lacayos solamente.

(1) «Los lacayos.» *(Nota de la primera edición)*

Corito resplandeciente,
Á Gallego relumbrante;
Mucho rejón fulminante,
Mucho Céfiro andaluz,
Mucho Eleno con su cruz,
Y poco diciplinante.
Vi la magna conjunción,
Floris divina, á pesar
De los divorcios del mar,
Abreviada en un balcón.
El castellano León,
La británica Ballena,
Que, de española sirena
Suspendido, padecía
Los peligros que bebía
Entre el agua y el arena.
Las nubes, por más grandeza,
En concertada cuadrilla,
Fueron carros de la Villa,
Por hacer fiesta á su Alteza.
Restituyó su belleza,
Floris, con tu vista el día:
Tú abrasabas; él llovía;
Haciendo tus dos luceros
Suertes en los caballeros,
Y en el toro, si te vía.
Si á Júpiter, toro (1) ó popa,
Bramar y nadar le vieras,
Mejor suerte en él hicieras
Que Europa, ni toda Europa.
Cuanto tu hermosura topa,
Si á mirarlo se abalanza,
Aunque ayude la esperanza,
Aunque alivie el pensamiento,
Lo convierte en escarmiento
Y lo deshace en venganza.
Toros valientes vi yo
Entre los que conocí,
Pasados por agua, sí;

(1) «Alude á la transfiguración en toro, que los mitológicos dicen fué
nave que tenía por imagen tutelar un toro.» *(Nota de la primera edición.)*

Pasados por hierro, no.
Y bien sé quién procuró,
Para no venir á menos,
Llegarse siempre á los buenos,
No á toritos zamoranos,
Porque los toricantanos
Son enemigos de truenos.

Y, aunque la fiesta admiré,
Y á todos quise alaballos,
Fiesta de guardar caballos
En un calendario fué.
En todos valor hallé;
Y, aunque careció de zas,
Me entretuvo mucho más,
Con mesura de convento,
El del quinto mandamiento
Rejón de No matarás.

Con lacayos de color,
En bien esmaltada rueda,
La plaza llenó Maqueda
De señores, y valor.
Cea, Velada y Villamor
Entraron solos después,
Cuyas manos, cuyos pies,
Con lo que se aventajaron,
Tres cuarentenas ganaron
De lacayos todos tres.

No con trote prevenido,
Ni con galope asustado,
Mas con paso confiado,
Sonoro, no divertido,
El caballo detenido,
Villamor, del toro dueño,
Burló remolino y ceño,
Despreciando bien heridas,
Amenazas retorcidas,
En el blasón jarameño.

Á Velada generoso
El día, por un desmán,
Concedióle lo galán;
Recatóle lo dichoso.
Por valiente y animoso

La invidia le encaminó
Golpe, que le acreditó;
Pues fué en mayor apretura
Dichoso en la desventura,
Que esclarecido ilustró.
    Bizarro anduvo Tendilla,
Pues, en cualquiera ocasión
Astillas dió su rejón;
Cuchilladas su cuchilla.
Todos los de la cuadrilla,
Quién osado, quién sagaz,
Esforzaron el solaz,
Pues cualquiera se animaba,
Y Bonifaz deseaba
El andar más Bonifaz.
    Don Antonio de Moscoso,
Galán, valiente y osado,
Bien anduvo aventurado,
Si bien poco venturoso.
Quedó agradecido el coso
A tanto lucido trote;
Echó el cielo su capote,
Por no ver un caballero,
Que, al contar, sirvió de cero;
Y al torear, de cerote.
    Cantillana anduvo tal,
Y tan buenas suertes tuvo,
Que estoy por decir que anduvo
De lo fino y un coral.
Él fué torero mortal,
Y lo venial dejó
Á otro, que allí salió,
Vagamundo de venablo,
Que en este otro anduvo el diablo,
Pero en Cantillana no.
    De lo caro, y de lo fino,
Con resolución decente
Al auditorio presente,
Aguardó á los toros Guino.
Uno se fué, y otro vino;
Y, viéndole con pujanza
Tratar, sin hacer mudanza,

Al torazo, como á buey,
Dijo á los suyos el Rey:
«Veis allí una buena lanza.»
　Un hombre salió notable,
Que, desde el principio al fin,
Fué tutor de su rocín,
Con garrochón perdurable.
¡Oh jinete abominable,
No te tragara el abismo!
Pues, tras largo parasismo,
Cuando los toros salían,
Tus caballos te decían:
«Haga bien para sí mismo.»
　Para poder alaballo
Todo, á mí se me ordenó
Que alabe á los unos yo,
Mas al otro, su caballo.
Agradézcale el guardallo;
Pues por no le decentar
Al tiempo del torear,
En saliendo toro arisco,
Se convertía en basilisco,
Y mataba, con mirar.
　Los demás, á mi entender
(Su obligación me lo advierte),
Ya que no tuvieron suerte,
La procuraron hacer.
La culpa estuvo (1) en traer
Á la jineta tortugas,
Caballos metiendo fugas,
Como si fuera en la silla,
Un maestro de capilla,
Solfeando de jamugas.
　Cea, siempre esclarecido,
Dió á la fama que decir;
Á las plumas que escribir;
Que contrastar al olvido.
Dichosamente atrevido,
Ozeta anduvo valiente,

(1) *Tuvo* dice la edición de Zaragoza, 1649, pero en la primera de
1648 se lee *estuvo*, y es mejor lección.

Y galán dichosamente;
Zárate mostró valor;
Y dió al toreo mejor
Fuga, lluvia de repente.

LAS CAÑAS QUE JUGÓ SU MAJESTAD
CUANDO VINO EL PRÍNCIPE DE GALES
(En *El Parnaso Español*, Musa V.)

87.
Contando estaba las cañas
Magañón el de Valencia
Á Pangarrona y Chucharro (1),
Duendes de Sierra Morena.
Las barbas, de guardamano;
Las bocas, de oreja á oreja;
Dando la teta á los pomos
Y talón á las conteras.
Los sombreros, en cuclillas,
Y las faldas, en diadema,
Mientras garlaba con hipo,
Escucharon con mareta:
«Vivo y enterrado estuve;
Lázaro fuí de las fiestas (2);
Oyente de Peralvillo,
En un palo entre las tejas.
»Los ojos eché á rodar
Desde las canales mesmas:
Despeñóseme la vista,
Y en el coso di con ella.
»Los toros me parecían
De los torillos de mesa,
Que, á fuerza de mondadientes,
Tanta garrocha remedan.
»Por Dafne me tuvo el sol,
Pues se andaba tras mi jeta,
Retozándome de llamas;
Requebrándome de hoguera.

---

(1) En los *Romances varios de diversos autores* (Madrid, 1664), *Cucharro*.

(2) Janer *siestas*, sin duda por errata.

»Á los sastres os remito,
En vestidos y libreas,
Hurtados, no de Mendoza,
Hurtados, sí, de tijera.

»Los caballos, ya se sabe:
De los que el céfiro engendra,
Donde fué el soplo rufián
Adúltero de las yeguas:

»Todo el linaje del Betis,
Y toda su descendencia,
Primogénitos del aire,
Mayorazgos de las hierbas.

»Los jaeces, relevados;
De aquellos de quien se cuenta
Lo de seis dedos en alto,
Mucha plata y mucha perla.

»Del día de San Antón
Me acordó (1) de dos maneras
El fuego que me tostaba,
Y el concurso de las bestias.

»En la clarísima tarde
Se dió el sol, con sus melenas,
Un hartazgo de testuces,
De moños y cabelleras.

»Los toros sin garrochones
Se perdieron tan á secas
Como el pobre don Beltrán
Con la grande polvareda.

»Los músicos de garrote
Sus atabales afrentan,
Mezclados de mil colores,
Con los soplones de Iglesia.

»El Mexía y el Girón,
Que apadrinan y gobiernan,
Jubilados en batalla,
Allí estrenaron las puertas.

»No hay librea en que la plata
Tan bien (2) á todos parezca,

(1)   *Me acuerdo. (Romances varios...)*

(2)   En la edición príncipe (1648) y en la segunda (Zaragoza, 1649),
también.

Como en sus sienes bruñida,
Y como en sus canas crespa (1).
»Acercáronse al balcón,
Digo, al Oriente se acercan,
Donde para que el Sol salga,
El Aurora da licencia:
»El lirio, con cuyas hojas (2)
Sus rayos la luz esfuerza,
La alba toma atrevimientos,
Y presunción las estrellas.
»Los precursores ancianos
Á Filipo hicieron señas,
Y de dos hierros que vibra,
Dos mundos, que pisa, tiemblan.
»La reina se levantó;
En pie se puso la esfera (3),
Y al firmamento siguieron
Imágenes y planetas.
»Como creciente la luna
Disimula las tinieblas,
Y en pueblos de luz, monarca,
Imperiosamente reina,
»La infanta doña María
Vivo milagro se muestra,
Fénix, si lo raro admiras;
Cielo, si lo hermoso cuentas.
»Bien imitadas de Clicie
Solícitas diligencias,
En el príncipe britano,
Amarteladas la cercan.
»El que la púrpura sacra
De cuatro coronas siembra,
Tres, que adora religioso,
Una, que esmalta sus venas.
»Los reyes en provisión,
Que por don Felipe sellan,
Hicieron en pie pínicos,
Á modo de reverencias.

---

(1) Janer, *crespas.*
(2) En los *Romances varios, el río,* visiblemente por errata.
(3) *En la esfera. (Romances varios...)*

»Estremecióse la plaza,
Rechinaron las barreras,
Rebulleron los terrados,
Relucieron las cabezas.
»Los hervores del teatro
Pusieron en competencia
Los lacayos y la guarda,
Chirimías y trompetas.
»Aquí de Dios y de Apolo;
Pues, porque acierte mi testa,
Es bien que las nueve musas
Se embutan en mi mollera.
»Aunque estén unas sobre otras,
Todas entren en mi lengua;
Dé el Pegaso á mi tintero
Para algodones cernejas.
»Helo, helo por do viene
Quien no cabe en cuanta tierra
Del sol registra la fuga;
Del mar fatiga la fuerza.
»Cometa, corrió veloz,
Sobre rayo á la gineta,
Y, relámpago de galas,
Vistas burló bien atentas.
»Tras sí se llevó los ojos
Que le admiran y contemplan;
Los invidiosos arrastra
Y los curiosos despena.
»Visto, no comprehendido (1),
Pasó veloz la carrera;
Son desaparecimientos,
No trancos, los que le llevan.
»El aire con que corría,
Ni le alcanza primavera,
Ni le ha merecido el mar,
Ni hay brújula que le sepa.
»Olivares á su lado
Ni le iguala, ni le deja;
Pues desiguala en respeto
Á quien sigue en obediencia.

---

(1) Janer, *comprendido;* pero así falta al verso una sílaba.

»En lo desigual estuvo
El primor de sus parejas,
Pues compañero le sigue,
Cuando señor le confiesa.
»Si se llamara Godínez,
Si medio hidalgo naciera,
Fuera premio á su valor
Lo que goza por herencia.
»Vive Dios, que las vislumbres
Del acero que maneja,
Fueron eclipse en el Cairo;
En Argel fueron cometas.
»Ya miro con perlesía
Á las lunas que le tiemblan,
Y á Mahoma dando vuelcos
En el sepulcro de Meca.
»Tiene talle, en pocos años,
De no dejar al profeta
Ni alcorán que le dispute,
Ni alfanje que le defienda.
»Él embrazaba la adarga,
Desanudaba las vueltas,
Recordando divertidos,
Que entre los galopes sueñan (1).
»Acometió con valor,
Retiróse con destreza:
Ni hubo más toros ni cañas
Que verle correr en ellas.
»En sí agotó la alabanza,
Y su garbo y su belleza
No dejaron bendición
Á nadie que con él entra.
»Fullero del juego fué
Con la mano y con la rienda,
Retirando á los que pasan
Y aguardando á los que esperan.
»Todos anduvieron bien,
Pero, sin hacer fineza,
Los méritos le dejaron
Por descargo de conciencias.

_____

(1)   *Que entre los golpes suenan. (Romances varios.)*

»Don Carlos..., mas su alabanza
Se deposita secreta,
Por dejar aclamaciones,
Que al rey el (1) número crezcan.
    »Vive Cristo, que su nombre
Ha de servir de receta
Con que medrosos se purguen;
Con que valientes se mueran.
    »Tan magnífica persona
En todos lances ostenta,
Que en su *deposuit potentes*
Se deshace la soberbia.
    »Él es un mozo chapado,
Amante de las proezas,
Recuerdo de los Alfonsos,
Olvido de los Fruelas.
    »Su espada será Tizona,
Y su caballo Babieca;
Su guerra será la paz;
Su ocio será la guerra.
    »Tantos años le dé Dios,
Que le llame á boca llena
Matus Felipe la Fama,
Confundida con la cuenta.
    »Hágale el cielo monarca
De aquellas partes adversas
Que castiga riguroso
Con sólo que no lo sea.
    »El primer juego es de cañas,
Que no se ha errado de ochenta,
Por gracia de don Felipe;
No don Felipe por ella.
    »Agosto le cortó al día
Á su medida la fiesta,
Pues con luz llegué á la plaza
Desde mi horca cigüeña.
    »Bien empleados dos reales,
Aunque los debo á mi cena,
Pues llevo en este cogote,
Sol que vender á Noruega.»

---

(1) «Vuelve al rey.» (Nota de la edición príncipe.)

Paróse á espumar la voz,
Porque, en relación tan luenga,
Hablaba jabonaduras,
Y pronunciaba cortezas.
El auditorio le sigue
Con aprobación risueña,
Y á remojar la palabra
Se entraron en la taberna.

SÁTIRA

(En la *Primavera y Flor de los mejores romances...*
por Arias Pérez. 1623.)

88.
Los que quisieren saber
De algunos amigos muertos
Yo daré razón de algunos,
Porque vengo del infierno.
Allá quedan barajando
Quien acá supo más cierto
Á cuántas venía su carta
Que si fuera del correo.
Un letrado y su mujer
Pena en contrarios efectos,
Él por su mal parecer
Y ella por tenerle bueno.
Doncellas hay camarines
De los barros que comieron
Y, cual otras por las obras,
Se condenan por deseos.
Al bajar un par de lindos,
Quedaron los diablos ciegos,
Porque los lindos son tales,
Que el diablo no puede verlos.
Por sacar á su mujer
Dicen que cantaba Orfeo,
Y él me dijo como amigo
Que fué por vella allá dentro.
Un mal casado pedía
Que su mujer fuese al cielo,
Por estar allá seguro
De que no le pida celos.

Por engaños en las dotes
Penan allá muchos suegros,
Y porque, al casar sus hijas,
Daban forjados los nietos.
    No sólo los corcovados
Sirven de cepas al fuego,
Pero sus padres también,
Por lo que hicieron mal hecho.
    Los médicos pasicortos
Llegan allá tan corriendo,
Que parece que postean
Las vidas de sus enfermos.
    Por echar agua en el vino
Penan muchos taberneros,
Y porque á los bebedores
Les sisan millón y medio.
    Los trajes que acá se quitan
Sirven allá de usos nuevos,
Y así traen todos los diablos
Azul, guedejas y petos.
    De sólo los escribanos
No traigo conocimiento,
Porque cuando van de acá,
Bajan demonios profesos.
    Quien tuviere conocidos
Escribirlos puede luego;
Que un sastre que está espirando
Será mensajero cierto.

DÉCIMA SATÍRICA
CONTRA D. JUAN RUIZ DE ALARCÓN

(En las *Poesías varias de grandes ingenios españoles,*
recogidas por Josef de Alfay, 1654.)

89.
    Yo vi la segunda parte
De don Miguel de Venegas,
Escrita por don Talegas
Por una y por otra parte.
No tiene cosa con arte,
Y así, no queda obligado

El señor· Adelantado,
Por carta tan singular,
Sino á volverle á quitar
El dinero que le ha dado.

1624
MEMORIA INMORTAL DE D. PEDRO GIRÓN
DUQUE DE OSUNA, MUERTO EN LA PRISIÓN

(En *El Parnaso Español*, Musa I.)

90.
Faltar pudo su patria al grande Osuna,
Pero no á su defensa sus hazañas;
Diéronle muerte y cárcel las Españas,
De quien él hizo esclava la Fortuna.
　Lloraron sus invidias una á una
Con las propias naciones las extrañas;
Su tumba son de Flandres las campañas,
Y su epitafio la sangrienta luna.
　En sus exequias encendió al Vesubio
Parténope, y Trinacria al Mongibelo;
El llanto militar creció en diluvio.
　Dióle mejor lugar Marte en su cielo;
La Mosa, el Rhin, el Tajo y el Danubio
Murmuran con dolor su desconsuelo.

INSCRIPCIÓN EN EL TÚMULO
DE D. PEDRO GIRÓN, DUQUE DE OSUNA,
VIRREY Y CAPITÁN GENERAL DE LAS DOS SICILIAS

(En *El Parnaso Español*, Musa III.)

91.
De la Asia fué terror, de Europa espanto,
Y de la África rayo fulminante;
Los golfos y los puertos de Levante
Con sangre calentó; creció con llanto.
　Su nombre solo fué vitoria en cuanto
Reina la luna en el mayor turbante;
Pacificó motines en Brabante:
Que su grandeza sola pudo tanto.

Divorcio fué del mar y de Venecia,
Su desposorio dirimiendo el peso
De naves, que temblaron Chipre y Grecia.
¡Y á tanto vencedor venció un proceso!
De su desdicha su valor se precia:
Murió en prisión, y muerto estuvo preso.

COMPENDIO DE LAS HAZAÑAS DEL MISMO,
EN INSCRIPCIÓN SEPULCRAL

(En *El Parnaso Español*, Musa III.)

92.
Diez galeras tomó, treinta bajeles,
Ochenta bergantines, dos mahonas;
Aprisionóle al Turco dos coronas
Y los cosarios suyos más crueles.
Sacó del remo más de dos mil fieles,
Y turcos puso al remo mil personas;
Y tú, bella Parténope, aprisionas
La frente que agotaba los laureles.
Sus llamas vió en su puerto la Goleta;
Chicheri y la Calivia, saqueados,
Lloraron su bastón y su gineta.
Pálido vió el Danubio sus soldados,
Y á la Mosa y al Rhin dió su trompeta
Ley, y murió temido de los hados.

EPITAFIO DEL SEPULCRO
Y CON LAS ARMAS DEL PROPRIO.
HABLA EL MÁRMOL

(En *El Parnaso Español*, Musa III.)

93.
Memoria soy del más glorioso pecho
Que España en su defensa vió triunfante;
En mí podrás, amigo caminante,
Un rato descansar del largo trecho.
Lágrimas de soldados han deshecho
En mí las resistencias de diamante;
Yo cierro el que el ocaso y el levante
Á su victoria dió círculo estrecho.

Estas armas, viudas de su dueño,
Que visten de funesta valentía
Éste, si humilde, venturoso leño,
  Del grande Osuna son; él las vestía,
Hasta que, apresurado el postrer sueño,
Le ennegreció con noche el blanco día.

REMITIENDO Á UN PERLADO CUATRO ROMANCES
PRECEDÍAN ESTAS COPLAS DE DEDICACIÓN [1]
ERA UNO DE SUS APELLIDOS *SAL*

(En *El Parnaso Español*, Musa VI.)

94.

Á vos, y ¿á quién sino á vos
Irán mis coplas derechas,
Por estimación, si cultas,
Si vulgares, por enmienda?
  Esas aves os envío,
Presente que no os ofenda
La limpieza de ministro,
Ó templanza de la mesa.

---

(1) Janer puso á estos romances la siguiente nota:

«En las últimas hojas del libro titulado *Enseñanza entretenida y donairosa moralidad, comprendida en el archivo ingenioso de las obras escritas en prosa de D. Francisco de Quevedo Villegas*, etc., impreso en Madrid en el año 1648, se insertaron estos romances del Fénix, Pelícano, Unicornio y Basilisco, pág. 384 y siguientes, con el título de *Las dos aves y los dos animales fabulosos*, y con tan notables variantes, que creemos oportuno reproducirlos aquí íntegros.»

También nos parece conveniente reproducir esa lección.

LAS DOS AVES
Y LOS DOS ANIMALES FABULOSOS
ROMANCES

Á vos, ¿y á quién si no á vos
Irán mis coplas derechas,
Por estimación, si cultas,
Si vulgares, por enmienda?
  Esas aves os envío:
Presente, que ni os ofenda
La limpieza de ministro
Ni el decoro de la mesa.

Ociosa volatería;
Perezosa diligencia;
Aves que la lengua dice,
Pero que nunca las prueba.
    Bien sé que desmiento á muchos,
Que muy crédulos las cuentan;
Mas si ellos citan á Plinio,
Yo citaré á las despensas.

Del ocio, no del estudio,
Es aquesta diligencia,
Distraimiento del seso,
Travesura de la lengua.
    Bien sé que desmiento á muchos
Que afirmativos lo cuentan;
Mas ellos citan á Plinio,
Y yo cito las dispensas.
    Si las afirman los libros,
Las contradicen las muelas:
Á vos remito la causa
Y consiento la sentencia.
    Si les faltare la gracia,
Á vuestra Sal se encomienda,
Que por obispo y por docto
Sabéis ser sal de la tierra.

LA FÉNIX

Ave del yermo, que sola
Haces la pájara vida,
Á quien solo libró Dios
De las malas compañías.
    Que ni habladores te cansan,
Ni pesados te visitan,
Ni entremetidos te hallan,
Ni codiciosos te atisban.
    Tú, á quien ha dado el Oriente
Una celda y una ermita,
Y sólo saben tu nido
Las coplas y las mentiras.
    Tú, linaje de ti propia,
Descendencia de ti misma,
Abreviado matrimonio,
Marido y esposa en cifra.
    Mayorazgo del Oriente,
Primogénita del día,
Cuyo tálamo es entierro,
Á donde eres madre y hija.
    Tú, que ahitas y engalanas,
Bebiendo aljófar, las tripas,
Y á puras perlas que sorbes,
Tienes una sed muy rica.

Si las afirman los libros,
Las contradicen las muelas;
Á vos remito la causa,
Y consiento la sentencia.
    Si les faltare la gracia,
Á vuestra *sal* se encomiendan;
Que, por obispo y por docto,
Sabéis ser *sal* de la tierra.

Avechucho de matices,
Hecho de todas las Indias,
Pues las plumas de tus alas
Son las venas de sus minas.
    Tú, que vuelas con zafiros,
Tú, que con rubíes pisas,
Guardajoyas de las llamas,
Donde naciste tan linda.
    Tú, que á puras muertes vives,
Los fulleros te lo envidian,
Donde en cuna y sepultura
El fuego te resucita.
    Parto de oloroso incendio,
Hija de fértil ceniza,
Descendiente de quemados,
Nobleza que arroja chispas.
    Tú, que vives en el mundo,
Tres suegras en retahíla,
Y medula de un gusano,
Ilustre bulto fabricas.
    Tú, que del cuarto elemento
La sucesión autorizas;
Estrella de pluma, vuelas;
Pájaro de luz, caminas.
    Tú, que te tiñes las canas
Con las centellas que atizas,
Y sabes el pasadizo
Desde vieja para niña.
    Ave de pocos amigos,
Más sola y más escondida
Que clérigo que no presta
Y mercader que no fía,
    Ave de la Soledad,
Que puedes en su capilla
Tener piadoso concepto
Y pretender disciplina.
    Así descansar te dejen
Similitudes prolijas,
Que de lisonja en lisonja
Te remudan peregrina,
    Que por ayuda de Fénix,
Si hubiere lugar, recibas,

LA FÉNIX

Ave del yermo, que sola
Haces la pájara vida,
Á quien, Una, libró Dios
De las malas compañías;

Por únicas y por solas,
Mi fineza y mi desdicha.
  No te acrecentarán gasto,
Que el dolor lo vivifica,
Y al examen de mi fuego,
Há seis años que te imitan.
  Si no, cantaré de plano
Lo que la razón me dicta,
Y los nombres de las pascuas
Te diré por las esquinas.
  Sabrán que la Inquisición
De los años te castiga,
Y que todo tu abolorio
Se remata en chamusquina.

EL PELÍCANO

Pájaro disciplinante,
Que, haciendo abrojo del pico,
Sustentas, como morcillas,
Á pura sangre tus hijos;
  Barbero de tus pechugas,
Y lanceta de ti mismo;
Ave de comparaciones
En los púlpitos y libros;
  Fábula de la piedad,
Avechucho de martirio,
Mentira corriendo sangre,
Aunque há mucho que se dijo.
  En jeroglíficos andas;
Que en asador no te he visto:
Te pintan y no te empanan;
Todo eres cuento de niños.
  Temo que las almorranas
Te han de pedir en el nido,
Por sanguijuelas, prestados,
Esos hijuelos malditos.
  ¿Adónde estás, que en el aire
No han podido dar contigo
Ni la gula ni el halcón,
Tan diligentes ministros?
  No vi cosa tan hallada
Con virtudes y con vicios;

Que ni habladores te cansan,
Ni pesados te visitan,
Ni entremetidos te hallan,
Ni embestidores te atisban;
  Tú, á quien ha dado la aurora
Una celda y una ermita,
Y sólo saben tu nido
Las coplas y las mentiras;

Eres amante en los versos;
Eres misterio en los himnos.
  Concepto de los poetas,
Vinculado á villancicos,
Que, entre Giles y Pascuales,
Te están deshaciendo á gritos.
  Con túnica y capirote,
Y esa llaga que te miro,
Te tragaran por cofrade,
En los pasos, los judíos.
  Esdrújulo que, emplumado,
Eres embeleco escrito:
Un tal ha de ser el padre;
Un así quiero el obispo.
  Ave para consonantes,
Golosina de caprichos,
Si no te citan figones,
De mi memoria te tildo.
  Que no entrarás en mis coplas,
Te lo juro á Jesucristo,
Que yo no doy alabanzas
Á quien no clavo colmillos.

EL UNICORNIO

Unos contadores cuentan
(Presumido, aquí te tengo,
Pues tú dijeras *autores*
Con sus *graves* y sus *ciertos*).
  ¿Qué cuentan? Cuentan que hay
(Como digo de mi cuento:
Eso es echar una albarda
Á tus fábulas y metros)
  Un animal en las Indias
Con sólo un cuerno derecho;
Puede ser; mas por acá
Poco se me hace un cuerno.
  Calvo estará si parece
En el rigor deste tiempo;
Mas puede comprar un moño
De peinadoras de yernos.
  Diz que dicen (no te enfades)
Que si oyeran tus abuelos

Tú, linaje de ti propria,
Descendiente de ti misma,
Abreviado matrimonio,
Marido y esposa en cifra;
    Mayorazgo del Oriente,
Primogénita del día,
Tálamo y túmulo junto,
En donde eres madre y hija;

Tan cercenadas palabras,
No te tuvieran por nieto.
    Que tiene inmensa virtud
En el adúltero hueso;
¡Qué frentes tan virtuosas,
Como se oyó por el reino!
    Si hay tanta virtud en uno,
¿Cuánta mayor habrá en ciento?
Lo que de unicornio va
Á ser otros muchicuernos.
    Á más cuernos más ganancia,
Dicen los casamenteros;
Que «á más moros», sólo el Cid
Y Bernardo lo dijeron.
    Cuentan que los animales
Le dejan beber primero:
Más valen los cuernos hoy,
Pues comen y beben de ellos.
    Saludador de cornadas,
Dicen que quita venenos:
¡Qué de cabezas triacas
Hay en boticas de pelo!
    Doncellas diz que le rinden;
Mas ahora en vuestro pueblo,
Á falta de las doncellas,
Casadas harán lo mesmo.
    Aquesto es, pe á pa,
Lo que nos dicen los griegos;
Lléguese acá el unicornio;
Por uno llevará ciento.

EL BASILISCO

Escándalo del Egipto.
Tú, que, infamando la Libia,
Miras para la salud
Con médicos y boticas;
    Tú, que acechas con guadañas
Y tienes peste por niñas;
Que no hay en Galicia pueblo
Que tenga tan malas vistas;
    Tú, que el campo de Cirene
Embarazas con insidias,

Tú, que engalanas y hartas,
Bebiendo aljófar, las tripas,
Y, á puras perlas que sorbes,
Tienes una sed muy rica;
    Avechucho de matices,
Hecho de todas las Indias,
Pues las plumas de tus alas
Son las venas de tus minas;

Y á toda vida tus ojos
Hacen oficio de espías;
    Tú, que con los pasos matas
Todas las hierbas que pisas,
Y sobre difuntas flores
Llora mayo sus primicias;
    Á primavera mal logras
Los pinceles que anticipas,
Y el daño recién nacido,
En columbrándote, espira;
    Tú con el agua que bebes
No matas la sed prolija;
Que tu sed mata las aguas,
Si las bebes ó las silbas.
    Enfermas, con respirar,
Toda la región vacía,
Y vuelan muerte las aves
Que te pasan por encima.
    De todos los animales
En quien la salud peligra,
Y su veneno la tierra
Flecha contra nuestras vidas.
    Tanto peligran contigo
Los que en verano te imitan,
Como los que contradicen
El tósigo que te anima.
    Así no dé con tu cueva
Señora Santa Lucía,
(Pues quita el mal de los ojos,
Desarmará tu malicia),
    Que me digas si aprendiste
Á mirar de mala guisa
Del ruín que mira en honra,
De los celos, ó la envidia.
    Dime si te dieron leche
Las cejijuntas, las bizcas;
Si desciendes de los zurdos;
Si te empollaron las tías.
    Ojos que matan, sin duda,
Serán negros como endrinas;
Que los azules y verdes
Huelen á pájara pinta.

Tú, que vuelas con zafiros,
Tú, que con rubíes picas,
Guardajoyas de las llamas,
Donde naciste tan linda;
   Tú, que á puras muertes vives,
Los médicos te lo invidian (1)
Donde en cuna y sepultura
El fuego te resucita;
   Parto de oloroso incendio,
Hija de fértil ceniza,
Descendiente de quemados,
Nobleza que arroja chispas;
   Tú, que vives en el mundo
Tres suegras en retahila,
Y, medula de un gusano,
Esa máquina fabricas;
   Tú, que del cuarto elemento
La sucesión autorizas,
Estrella de pluma, vuelas,
Pájaro de luz, caminas;
   Tú, que te tiñes las canas
Con las centellas que atizas,
Y sabes el pasadizo
Desde vieja para niña;
   Suegra y yerno en una pieza,
Invención que escandaliza,
La cosicosa del aire,

   Si está vivo quien te vió,
Toda tu historia es mentira;
Pues si no murió, te ignora;
Y si murió, no lo afirma.
   Si no es que algún basilisco
Cegó en alguna provincia,
Y con bordón ó con perro
Andaba por las ermitas.
   Para pisado eres bueno;
Que la escritura lo afirma:
Pues sobre ti y sobre el áspid
Dice que el justo camina.
   Llevarte en cas de busconas
Es sola tu medicina,
Pues te sacarán los ojos
Por cualquiera niñería.

(1)   En la segunda edición, visiblemente por errata, *invidan.*

1

Y la eterna hermafrodita;
    Ave de pocos amigos,
Más sola y más escondida
Que clérigo que no presta
Y mercader que no fía;
    Ave duende, nunca visto,
Melancólica estantigua,
Que, como el ánima sola,
Ni cantas, lloras, ni chillas;
    Ramillete perdurable,
Pues que nunca te marchitas,
Y eres el ave corvillo
Del miércoles de ceniza:
    Así de cansarte dejen
Similitudes prolijas,
Que de lisonja en lisonja
Te apodan y te fatigan,
    Que, para ayuda de fénix,
Si hubiere lugar, recibas,
Por únicas y por solas,
Mi firmeza y mi desdicha.
    No te acrecentarán gasto;
Que el dolor las vivifica,
Y al examen de mi fuego,
Há seis años que te imitan.
    Si no, cantaré de plano
Lo que la razón me dicta,
Y los nombres de las pascuas
Te diré por las esquinas.
    Sabrán que la Inquisición
De los años te castiga,
Y que todo tu abolorio
Se remata en chamusquinas.

EL PELÍCANO

    Pájaro diciplinante,
Que, haciendo abrojo del pico,
Sustentas como morcillas,
Á pura sangre, tus hijos;
    Barbero de tus pechugas,

Y lanceta de ti mismo;
Ave de comparaciones
En los púlpitos y libros;
   Fábula de la piedad,
Avechucho del martirio,
Mentira corriendo sangre,
Aunque há mucho que se dijo;
   En jeroglíficos andas;
Que en asador no te he visto;
Te pintan, mas no te empanan (1);
Toda eres cuento de niños.
   Temo que las almorranas
Te han de pedir en el nido,
Por sanguijuelas, prestados
Esos polluelos malditos.
   Con túnica y capirote
Y esa llaga que te miro,
Te tragarán por cofrade,
En los pasos, los judíos.
   ¿En dónde estás, que en el aire,
No han llegado á dar contigo
Ni la gula ni el halcón,
Tan diligentes ministros?
   No vi cosa tan hallada
Con virtudes y con vicios:
Eres amante en los versos;
Eres misterio en los himnos;
   Concepto de los poetas,
Vinculado á villancicos,
Que, entre Giles y Pascuales,
Te están deshaciendo á gritos.
   Símbolo eres emplumado,
Eres embeleco escrito;
Un «tal ha de ser el padre»;
Un «ansí quiero al obispo.»
   Ave para consonantes;
Golosina de caprichos;
Si no te citan figones,
De mi memoria te tildo.

---

(1) En la segunda edición, *empañan;* pero es errata evidente. En la primera edición está bien.

Si yo te viera sin pollos
Y con lonjas de tocino,
Vertiendo caldo por sangre,
Te retozara á pellizcos.

Buen esdrújulo sí haces;
Buen caldo, no lo he sabido;
Más quiero una polla muerta
Que mil pelícanos vivos.

Que no entrarás en mis coplas
Te lo juro á Jesucristo (1);
Que yo no doy alabanza
Á quien no clavo colmillo.

EL BASILISCO

Escándalo del Egipto,
Tú, que infamando la Libia,
Miras para la salud
Con médicos y boticas;

Tú, que acechas con guadañas,
Y tienes peste por niñas,
Y no hay en Galicia pueblo
Que tenga tan malas vistas;

Tú, que el campo de Cirene
Embarazas con insidias,
Y á toda vida (2) tus ojos
Hacen oficio de espías;

Tú, que con los pasos matas
Todas las hierbas que pisas,
Y sobre difuntas flores
Llora mayo sus primicias;

Á la primavera borras
Los pinceles que anticipa;
Y el año recién nacido
En columbrándote espira.

Tú, con el agua que bebes
No matas la sed prolija:

_____

(1) López de Sedano, quizás por evitar la irreverencia del juramento, enmendó:

Te lo juro *y te lo afirmo.*

(2) Sedano leyó: *y á toda vía.*

Que tu sed mata las aguas,
Si las bebes ó las miras.
   Enfermas, con respirar,
Toda la región vacía,
Y vuelan muertas las aves
Que te pasan por encima.
   De todos los animales
En quien la salud peligra,
Y su veneno la tierra
Flecha contra nuestras vidas (1),
   Tanto peligran contigo
Los que en veneno te imitan
Como los que son contrarios
Al tósigo que te anima.
   Así, pues, nunca á tu cueva
Se asome Santa Lucía;
Que si el mal quita á los ojos,
Desarmará tu malicia.
   Que me digas si aprendiste
Á mirar de mala guisa
Del ruin que se mira en honra,
De los celos ó la invidia.
   Dime si te dieron leche
Las cejijuntas, las bizcas;
Si desciendes de los zurdos;
Si te empollaron las tías.
   Ojos que matan, sin duda
Serán negros como endrinas;
Que los azules y verdes
Huelen á pájara pinta.
   Si está vivo quien te vió,
Toda tu historia es mentira:
Pues si no murió, te ignora;
Y si murió, no lo afirma.
   Si no es que algún basilisco
Cegó en alguna provincia,

---

(1) En este verso trae la primera edición esta nota: «La cualidad ve-
nenosa consiste en el exceso de calor ó frialdad. Es, pues, la sentencia de
esta copla, que tiene la ponzoña del Basilisco fuerza para ofender á todos
los otros animales ponzoñosos, así sea su veneno excesivamente frío ó ca-
liente con exceso, como en el propio Basilisco. Ansí lo enseñan los Scrip-
tores Naturales.»

Y con bordón y con perro
Andaba por las ermitas.
   Para pisado eres bueno,
Que la Escritura lo afirma;
Pues sobre ti y sobre el áspid
Dice que el justo camina.
   Llevarte en cas de busconas
Es sola tu medicina,
Pues te sacarán los ojos
Por cualquiera niñería.

EL UNICORNIO

   Unos contadores cuentan...
—Cultísimo, aquí te espero (1),
Pues tú dijeras *autores,*
Con sus *graves* y sus *ciertos.*—
   ¿Qué cuentan? Cuentan que hay,
Como digo de mi cuento
(Esto es echar otra albarda
Á tus coruscos y metros),
   Un animal en la India
Con sólo un cuerno, derecho.
Puede ser; mas para acá
Poco se me hace un cuerno.
   Calvo estará si él pretende
Andar al uso del tiempo;
Mas puede comprar un moño
De peinaduras de yernos.
   Diz que dicen (no te enfades;
Que así hablaban tus abuelos,
Y estas voces cercenadas
Te aseguran por su nieto)
   Que tiene inmensa virtud
En el adúltero hueso:
¡Qué de frentes virtuosas
Conozco yo por el reino!
   Si hay tanta virtud en uno,

---

(1)   En la segunda edición de *El Parnaso* (Zaragoza, 1649), *á quien
te espero,* sin duda por errata.

¿Cuánta mayor la habrá en ciento?
¡Lo que de unicornio va
Á ser otros muchicuernos!
«Á más cuernos más ganancia»,
Dicen los casamenteros;
Que «á más moros», sólo el Cid
Y Bernardo lo dijeron.
  No te inventaron maridos:
Que no son tan avarientos;
Pues por añadirte otro,
No empobrecieran más presto.
  Cuentan que los animales
Le dejan beber primero;
Más valen los cuernos hoy,
Pues comen y beben de ellos.
  Saludador de corona,
Dicen que quita venenos;
¡Qué de cabezas triacas
Hay en boticas de pelo!
  Doncellas diz que se rinden;
Mas agora, en nuestro pueblo,
Á falta de las doncellas,
Casadas harán lo mesmo.
  Aquesto es de pe á pa
Lo que nos dicen los griegos;
Lléguese acá el unicornio:
Llevará por uno sendos.

1625

TÚMULO DE DON FRANCISCO DE SANDOVAL Y ROJAS,

DUQUE DE LERMA Y CARDENAL DE ROMA

(En *El Parnaso Español*, Musa III.)

95.
  Columnas fueron los que miras huesos,
En que estribó la ibera monarquía,
Cuando vivieron fábrica, y regía
Ánima generosa sus progresos.
  De los dos mundos congojosos pesos
Descansó la que ves ceniza fría:

El seso que esta cavidad vivía
Calificaron prósperos sucesos.
 De Filipe Tercero fué valido,
Y murió de su gracia retirado,
Porque en su falta fuese conocido.
 Dejó de ser dichoso, mas no amado;
Mucho más fué no siendo que había sido:
Esto al Duque de Lerma te ha nombrado.

INSCRIPCIÓN EN EL SEPULCRO
DE LA SEÑORA DUQUESA DE NÁJARA,
CONDESA DE VALENCIA, ETC.
FUÉ MUJER DEL DUQUE DE MAQUEDA, VIRREY DE SICILIA.

(En *El Parnaso Español*, Musa III.)

96.
Á la naturaleza la hermosura,
Y á toda la hermosura la belleza,
El blasón y la sangre á la nobleza,
Al discurso el acierto y la cordura,
 Guarda este monumento y sepoltura,
Con más piedad del mármol que dureza,
Del mérito vencida la grandeza;
Dejada por plebeya la ventura.
 Aquí descansa en paz, aquí reposa
La Duquesa de Nájara, y la tierra
La guarda el sueño, leve y religiosa.
 ¡Oh huésped! Tú que vives siempre en guerra (1),
Dile blandas palabras á la losa
Que tan esclarecidas venas cierra.

(1) En la edición príncipe y en la segunda, por errata, *sombra en guerra*.

1626
CARTA AL CONDE DE SÁSTAGO, DESDE MADRID,
HABIENDO IDO CON SU MAJESTAD Á BARCELONA

(En *El Parnaso Español*, Musa VI.)

97.   Al que de la guarda es,
Si no ángel, capitán;
Al conde de los dolores,
Pues lleva tanto puñal;
        Al entendido sin pujo,
Discreto sin ademán,
Más airoso que diciembre
Y más valiente que zas;
        Al que en la jura pasada
Se vistió de Navidad,
Y, cardenal Belarmino,
Salió de pontifical;
        Al de la dorada tiple,
Digo, llave Florïán,
Que, impotente de pestillos,
Nunca ha podido engendrar;
        Al que gobierna vendimias
En la familia real,
Pues racimos con librea
Le van haciendo lugar;
        Á quien, porque nunca ha dado
Ni vivo, ni enfermo can (1),
Las niñas de la gotera
Lloran con pena mortal;
        Al Sástago, ya lo dije,
Que si quiere hará temblar,
Con sonetos á Lupercio,
Con pistolas á Latrás (2),
        Un hidalgo de la uva,
Hambrón de todo picar,
Bribón, que acude á la sopa
Que reparte Satanás,

(1)   *Dar perro*, modismo que todavía se usa, en el sentido de no pagar.

(2)   «Lupercio Leonardo y Lupercio Latrás, uno poeta y otro bando-
lero, ambos aragoneses, como el mismo Conde.» *(Nota de la edición prín-
cipe.)*

Sus soledades le escribe,
Sin estilo *soledad,*
Y como van á la Aurora (1),
No le dice: «culto va.»
    Lo que de nuevo y de viejo
Pasa en aqueste lugar,
En las hijas y en las madres
Cerrado y abierto está.
    En el rastro que han dejado
Los amantes que se van
La niña que quedó vaca
Vende carnero al galán.
    De ausentes y de presentes
Anda una sarta infernal;
Que á los idos no hay amigos,
Y á las quedadas los hay.
    Hay tapadas de medio ojo,
De lágrima, poco más,
Enjutas de los que fueron;
Mojadas de los que están.
    Como autores de comedia,
Tienen ya lleno el corral;
El métase va camino,
Y el víctor se queda acá.
    Las futuras sucesiones
Que dió el pecado mortal,
Él ya se fué, como muerte,
Las ha podido llegar.
    El que partió confiado
En pucheros de lealtad
Lleva á Medellín la frente,
Váyase donde se va.
    Son muy flacas de memoria;
Muy graves de voluntad;
La calle Mayor es diablo;
Infierno cada portal.
    Andan como lanzaderas,
Caraquí, caracullá,
Y en poder de vejecitas

---

(1) «Alude á la posición oriental de Cataluña y á la claridad de sus versos.» *(Nota de la primera edición.)*

Se deposita el caudal.
  Aquellas cinco chiquillas,
Que, si se cuenta su edad
Poniendo un año sobre otro,
Han de chocar con Adán,
  Andan enfermas de ronda,
Desarmando á cuantos hay,
Por linternas los maridos,
Y su pelo por cristal.
  La enflautadora de cuerpos,
La madre Masicoral,
La engarzadora de culpas
Y del infierno zaguán,
  Como la mala ventura,
En todas partes está,
Condenando á todo fuese,
Absolviendo á todo dar.
  Quien se muda Dios le ayuda,
Es un notable refrán;
Más cierto está el «Dios ayude»,
En cualquiera estornudar.
  Parecía la vaquería
La comedia de San Blas:
¡Cuántos silbos! ¡cuántas voces!
No respetaron el San.
  Los mosqueteros no temen
Garrotillos por silbar:
Las llaves eran culebras;
Las gargantas otro tal.
  Con la ida de la casa
Del infante Cardenal,
Gajes en pena se oyen
A la media noche aullar.
  Yo ando en peores pasos
Que en la procesión Anás;
A falta de condes buenos,
Paso por el conde tal.
  Hácenme de señoría
Los pobres al demandar;
Yo consiento de vizconde,
Con punta de mariscal.
  Abril, que á febrero hacía,

Ayer empezó á mayar,
Y hoy, á manera de marzo,
Nos ha vuelto el arrabal.

Hay abanico y rejuela,
Chimeneas, y enfriar,
Y mayas, y sabañones,
Pedir, y comer asaz.

Hágame vueseñoría
Merced de traer de allá
Chapines que las levanten;
Que echadas las hallarán.

Y firmaré de mi nombre,
Conde Lozano y Vivar,
Que no se os pegó en la ausencia
El estilo catalán.

ANTERIOR Á 1627

REFIERE SU NACIMIENTO
Y LAS PROPRIEDADES QUE LE COMUNICÓ (1)

(En *El Parnaso Español*, Musa VI.)

98. «Parióme adrede mi madre (2),
¡Ojalá no me pariera!
Aunque estaba cuando me hizo
De gorja naturaleza.

»Dos maravedís de luna
Alumbraban á la tierra;
Que, por ser yo el que nacía,
No quiso que un cuarto fuera.

»Nací tarde, porque el sol
Tuvo de verme vergüenza,
En una noche templada,
Entre clara y entre yema.

»Un miércoles con un martes
Tuvieron grande revuelta,

---

(1) Anotaremos las varientes de la primera edición de este romance
en los *Sueños*, impresos en Valencia, 1627.

(2) *Mi madre adrede.*

Sobre que ninguno quiso (1)
Que en sus términos naciera.
»Nací debajo de Libra,
Tan inclinado á las pesas,
Que todo mi amor le fundo (2)
En las madres vendederas.
»Dióme el León su cuartana,
Dióme el Escorpión su lengua,
Virgo, el deseo de hallarle,
Y el Carnero su paciencia.
»Murieron luego mis padres;
Dios en el cielo los (3) tenga,
Porque no vuelvan acá (4),
Y á engendrar más hijos vuelvan (5).
»Tal ventura desde entonces
Me dejaron los planetas (6),
Que puede servir de tinta,
Según ha sido de negra.
»Porque es tan feliz mi suerte (7),
Que no hay cosa mala ó buena,
Que, aunque la piense de tajo,
Al revés (8) no me suceda.
»De estériles soy remedio,
Pues, con mandarme su hacienda,
Les dará el cielo mil hijos,

---

(1)   Sobre *no querer ninguno.*
Lo mismo en los *Romances varios de diversos autores* (Zaragoza, 1663).
(2)   En alguna edición del siglo XVIII, *se funda.*
(3)   *Les* tenga.
(4)   Durán leyó:
                Porque no *en aqueste mundo*
                Á engendrar más hijos vuelvan.
(5)   En los *Sueños:*
                Que temo mucho que vuelvan.
Lo mismo en los *Romances varios*, citados antes.
(6)   En los *Sueños*, así:
                Hiciéronme desta vez
                Con tal suerte los planetas...
En los *Romances varios:*
                Dejáronme desta vez...
(7)   Y es tanta mi desventura...
Lo mismo en los *Romances varios...*
(8)   Durán leyó: *De* revés...

Por quitarme las herencias (1).
»Y para que vean los ciegos,
Pónganme á mí á la vergüenza (2);
Y para que cieguen todos,
Llévenme en coche ó litera (3).
»Como á imagen de milagros
Me sacan por las aldeas,
Si quieren sol, abrigado,
Y desnudo, porque llueva.
»Cuando alguno me convida,
No es á banquetes ni á fiestas (4),
Sino á los misacantanos,
Para que yo les ofrezca (5).
»De noche soy parecido
Á todos cuantos esperan
Para molerlos (6) á palos,
Y así, inocente, me pegan.
»Aguarda hasta que yo pase (7),
Si ha de caerse, una teja;
Aciértanme las pedradas:
Las curas sólo me yerran.
»Si á alguno pido prestado,
Me responde tan á secas,
Que en vez de prestarme á mí,
Me hace prestar la paciencia (8).
»No hay necio que no me hable,
Ni vieja que no me quiera,
Ni pobre que no me pida,
Ni rico que no me ofenda.
»No hay camino que no yerre,
Ni juego donde no pierda,

(1)   *Sólo por quitarme* herencias.
(2)   *Sáquenme á mí á la vergüenza.*
(3)   *Pónganme* en coche ó litera.
(4)   No es á *comer*, ni *es á* fiestas.
En los *Romances varios...*, *á correr*, sin duda por errata.
(5)   Sino á *algún misacantano,*
           Por sólo hacerme que ofrezca.
(6) *Molerles.*
(7) El texto de Valencia:
           Aguardará que yo pase.
(8) Durán leyó *prestarle.*

Ni amigo que no me engañe,
Ni enemigo que no tenga (1).
   »Agua me falta en el mar (2),
Y la hallo en las tabernas;
Que mis contentos y el vino (3)
Son aguados dondequiera.
   »Dejo de tomar oficio,
Porque sé por cosa cierta
Que, siendo yo calcetero,
Andarán todos en piernas.
   »Si estudiara medicina,
Aunque es socorrida ciencia (4),
Porque no curara yo,
No hubiera persona enferma.
   »Quise casarme estotro año,
Por sosegar mi conciencia,
Y dábanme un dote al diablo,
Con una mujer muy fea.
   »Si intentara ser cornudo (5)
Por comer de mi cabeza,
Según soy de desgraciado,
Diera mi mujer en buena.
   »Siempre fué mi vecindad
Mal casados que vocean,
Herradores (6) que madrugan,
Herreros que me desvelan.
   »Si yo camino con fieltro (7)
Se abrasa en fuego la tierra;
Y en llevando guardasol,
Está ya de Dios que llueva.
   »Si hablo á alguna mujer

(1)   Ni enemigo que no *tema.*
(2)   En *la* mar.
(3)   En los *Romances varios:*
              Que *en mis contestos y vinos,*
pero fué yerro. En los *Sueños* está bien este pasaje:
              Que en *mí* contentos y vinos...
(4)   En los *Sueños:*
              Profesando alguna ciencia...
(5)   Si intentara ser *dios Pan...*
(6)   Durán leyó: *zapateros.*
(7)   Durán, *con frío;* pero así destruye el sentido del pasaje.

Y la digo mil ternezas,
Ó me pide, ó me despide,
Que en mí es una cosa mesma.

»En mí lo picado es roto;
Ahorro, cualquier limpieza;
Cualquiera bostezo es hambre;
Cualquiera (1) color, vergüenza.

»Fuera un hábito en mi pecho
Remiendo sin resistencia,
Y peor que besamanos
En mí cualquiera encomienda.

»Para que no estén en casa
Los que nunca salen della
Buscarlos yo sólo basta,
Pues con eso estarán fuera (2).

»Si alguno quiere morirse
Sin ponzoña ó pestilencia,
Proponga hacerme algún bien,
Y no vivirá hora y media.

»Y á tanto vino á llegar
La adversidad (3) de mi estrella,
Que me inclinó que adorase
Con mi humildad tu soberbia,

»Y viendo que mi desgracia
No dió lugar á que fuera,
Como otros, tu pretendiente,
Vine á ser tu pretenmuela (4).

»Bien sé que apenas soy algo;

(1) Durán, *cualquier*, pero queda corto el verso, á menos que se violente la prosodia leyendo:

Cualquier color vergüenza,

ó bien:

Cualquier color vergüenza.

(2) En los *Sueños*, é igualmente en los *Romances varios*, que es copia casi del todo fiel de aquel texto:

Para que no estén en casa
Los que nunca salen *fuera*,
Buscarlos yo sólo basta,
Para que no estén en ella.

Quizás Quevedo interrogaría en los dos versos primeros, pues así es más correcta la expresión.

(3) La *inclemencia*.

(4) Faltan estos cuatro versos en los *Romances varios*.

Mas tú, de puro discreta (1),
Viéndome con tantas faltas,
Que estoy preñado sospechas.»
   Aquesto Fabio cantaba
Á los balcones y rejas
De Aminta, que aun de olvidarle (2)
Le han dicho que no se acuerda.

EL CABILDO DE LOS GATOS [3]

(En los *Sueños y Discursos de verdades...* Valencia, 1627.)

99.
   Debe de haber ocho días,
Aminta, que en tu tejado,
Se juntaron á cabildo
Grande cantidad de gatos.
   Y despúes que por su orden
En las tejas se sentaron,
Puestos en los caballetes
Los más viejos y más canos,
   Los negros á mano izquierda,

---

(1)   *Y que*, de puro discreta...

(2)   De Aminta, que de olvidarle...

(3)   Conserva el mismo título en la *Enseñanza entretenida y donairosa moralidad* (1648). En *El Parnaso Español*, Musa VI, se rotula *Consultación de los gatos, en cuya figura también se castigan costumbres y araños*. Este texto es el más completo, por lo cual le hemos preferido, relegando á una nota el de los *Sueños*, que parece tomado de algún borrador de Quevedo, el cual, sin duda, retocó y pulió después este romance, en los términos en que aparece en la *Enseñanza entretenida* y en el *Parnaso*.

EL CABILDO DE LOS GATOS

   Debe de haber ocho días,
Aminta, que en mi tejado
Se juntaron á cabildo
Grande cantidad de gatos.
   Y despúes que por su orden
En las tejas se sentaron,
Puestos en los caballetes
Los más viejos y más canos,
   Los negros á mano izquierda,
Á mano (*sic*) derecha los blancos,
Tras un silencio profundo,
Que no se oyó miu, ni mao.

Á la derecha los blancos,
Tras un silencio profundo,
Que no se oyó míu ni miao,
    Á la sombra de un humero,
Se puso un gato romano,
Tan aguileño de uñas
Cuanto de narices chato.
    Quiso hablar, mas replicóle
Otro de unos escribanos,
Diciendo se le debía,
Porque era gato de gatos.
    Un gatillo de unos sastres,
Se le opuso por sus amos,
Y fueron Toledo y Burgos
De las cortes de los cacos.
    Váyase aguja por pluma,
Y por renglones retazos;
El dedal por el tintero;
Las puntadas por los rasgos.
    El archigato mandó,
Que enmudeciesen entrambos,
Por ahorrar de mentiras

Á la sombra de un humero
Se arrimó un gato romano,
Tan aguileño de uñas
Cuanto de narices chato.
    Quiso hablar, mas replicóle
Otro de unos escribanos,
Diciendo se le debía,
Porque era gato de gatos.
    Tras los dos, caridoliente,
Por ladrón desorejado,
Un gato de pupilaje
Se quejó de sus trabajos.
    La hambre de cada día
Me tiene tan amolado,
Que soy punzón en el talle
Y sierra en el espinazo.
    Todo eso es poco, añadió
Un gatillo negro y manco,
Que tras unas longanizas
Perdió un ojo entre muchachos.
    Desdichado del que vive
Por las manos de un letrado,
Que me funda el no comer
En los Bártulos y Baldos.

Y de testimonios falsos.

Tras los dos, caridoliente,
Por ladrón desorejado,
Un gato de un pupilaje
Se quejó de sus trabajos.

«La hambre de cada día
Me tiene tan amolado,
Que soy punzón en el talle,
Y sierra en el espinazo.

»Soy penitente en comer
Y disciplinante á ratos,
Pues, ó como con mis uñas,
Ó de hambre me las masco.

»Y sé deciros por cierto
Que debe de haber un año
Que á puros huesos mis tripas
Se introducen en osario.»

«¿Qué mucho es eso?—aquí dijo
Un gatillo negro y manco,
Que tras una longaniza
Perdió un ojo entre muchachos.—

»Desdichado del que vive

Ya de puro engullir letras
Mi estómago es cartapacio,
Y de comer pergaminos
Tengo el vientre encuadernado.

Pues escúchenme á mí, dijo
Un gato zurdo, castaño,
Con un chirlo por la cara
Sobre cierto asadarazo.

Un mercader me dió en suerte
La violencia de mis astros,
Que es más gato que no yo,
Pues vive de dar gatazos.

Y por la vara en que mide
Ha venido á trepar tanto,
Que se ha subido á las nubes
De puro robar en raso.

Mejor gatea que yo,
Regatea por entrambos,
Á lo ajeno dice mío,
Que es el mi de nuestro canto.

En cuanto á comer, bien como,
Mas cuéstame cara, y caro,
Pues de las varas que mide
Á mí me da el diezmo en palos.

Por la mano de un letrado,
Que me funda el no comer
En los Bártulos y Baldos.

»Pues, de puro engullir letras,
Mi estómago es cartapacio,
Y á poder de pergaminos,
Tengo el vientre encuadernado.»

«Hablemos todos—replica
Un gato zurdo, y marcado
Con un chirlo por la cara,
Sobre cierto asadorazo.—

»Un mercader me dió en suerte
La violencia de mis astros,
Que es más gato que yo proprio,
Pues vive de dar gatazos.

»Y por la vara en que mide
Ha venido á trepar tanto,
Que se ha subido á las nubes,
Para que lo lleve el diablo.

»Mejor gatea que yo,
Y re-gatea por ambos;
Á lo ajeno dice *mío*,

Sin ser belloto, ó encina,
Mi cuerpo está vareado,
Y sin ser gato de algalia,
Á azotes me tiene flaco.

Doliéronse todos dél,
Y el triste quedó llorando,
Cuando un gato gentil hombre
De buena presencia y manos,

Suspirando en su manera,
Dijo con sollozos largos:
Yo soy un gato de bien,
Aunque soy muy desgraciado.

Á puro barrer sartenes
He perdido los mostachos,
Que la hambre de mi casa
Me fuerza á andar mendigando.

En casa un rico avariento
Penitente vida paso;
Sábenlo Dios y mis tripas,
Y los vecinos del barrio.

No me ha aporreado nunca,
Sólo tengo ese regalo,
Aunque yo sospecho dél
Que, por no dar, no me ha dado.

Que es el *mi* de nuestro canto.

›En cuanto á comer, bien como;
Mas cuéstame cara y caro,
Pues de las varas que hurta,
Á mí me da el diezmo en palos.

›Sin ser bellota ni encina,
Mi cuerpo está vareado;
Y sin ser gato de algalia,
Azotes me tienen flaco.›

Doliéronse todos de él,
Y el triste quedó llorando,
Cuando un gato gentilhombre,
De buena presencia y manos,

Suspirando á su manera,
Dijo tras sollozos largos:
«Yo soy un gato de bien,
Aunque soy bien desgraciado.

›Á puro barrer sartenes
He perdido los mostachos;
Que la hambre de mi casa
Me fuerza á andar mendigando.

›En cas de un rico avariento

Hoy porque pesqué un mendrugo
Me dijo: á no hacerte andrajos
Agradécelo á tu cuero,
Que para un bolsón le guardo.

Ved si espero buena suerte,
Mas al punto cabisbajo,
Desjarretada una pierna,
Boquituerto y ojiganzo *(sic)*,

Uno de los más prudentes
Que jamás lamieron platos,
De los de mejor ahullo,
Y más diestro en el araño,

Oid mis desdichas, dijo,
Y atended á mis trabajos,
Pues hablando con perdón
Con un pastelero ando:

Un mes há que estoy con él
Y me han dicho no sé cuantos,
Cómo mis antecesores
Han parado en los de á cuatro.

Que el no venderme muy presto
Lo tendrán á gran milagro,
Pues lo que es gato por liebre
Siempre lo vendió en su trato.

Penitente vida paso:
Sábenlo Dios y mis tripas,
Y los vecinos que asalto.
  »No me da jamás castigo;
Sólo tengo ese regalo;
Aunque yo sospecho dél,
Que, por no dar, no me ha dado.
  »Hoy, porque pesqué un mendrugo,
Me dijo: «No hacerte andrajos
»Agradécelo á tu cuero,
»Que para bolsón le guardo»;
  »Ved si espero buena suerte.»
Mas al punto, cabizbajo,
Desjarretada una pierna,
Boquituerto y ojizaino,
  Uno de los más prudentes,
Que jamás lamieron platos,
De los de mejor maúllo,
Y más diestro en el araño,
  «Oid mis sucesos,—dijo,—
Y atended á mis cuidados,
Pues, hablando con respeto,

  Atajóle las razones
Otro, á quien dió cierto braco
Tantos bocados un día
Que le dejó medio calvo.
  Venía mal herido el triste
Oliendo á jarabes varios,
Y dijo chillando ronco
Tras hablar algo despacio.
  Tened compasión, señores,
De mis desdichados casos:
Pues ha permitido el cielo
Que sirva yo un Boticario.
  Bebí ayer, que fuí goloso,
Una purga de ruibarbo,
Y sin ser posada, tuve
Más cámaras que un palacio.
  Aunque lo que me consuela
Es ver que, tarde ó temprano,
No me han de faltar en casa
Ayudas para estos tragos.
  Acabó el triste sus lloros,
Y un gato frisón y pardo
Que hace la santa vida
En un refitorio santo,

Con un pastelero campo.
   »Un mes há que estoy con él,
Y hánme dicho no sé cuántos
Como mis antecesores
Han parado en los de á cuatro.
   »Quien los comió, por mi cuenta,
Se halló en la de Mazagatos,
El carnero moscovita
De los Toros de Guisando;
   »Y el no venderme muy presto
Lo tendrán á gran milagro;
Que lo que es gato por liebre,
Siempre lo vendió en su trato.
   »Pastel hubo que aruñó
Al que le estaba mascando;
Y carne que, oyendo *zape,*
Saltó cubierta de caldo.»
   Atajóle las razones
Otro, á quien dió cierto braco
Tantos bocados un día,
Que le dejó medio calvo.
   Éste vino con muletas;

Con seis dedos de tozuelo,
Más cola que un arcediano,
Les dijo aquestas razones,
Lastimado de escucharlos:
   Después que yo dejé el mundo,
Y entre bienaventurados
Vivo haciendo santa vida,
Tengo gusto, y ando harto.
   Ya conocéis esta vida
Cuán cortos tiene los plazos,
Que vivos nos comen perros,
Y difuntos los gusanos.
   Que tres pies de un muladar
Nos suelen venir muy anchos,
Y que desta vida breve
Aun el cuero no sacamos.
   Imitadme todos juntos,
Honrad á nuestros pasados,
Meteos en religión,
Viviréis sin sobresaltos.
   Cobrá amor al refitorio,
Y cumplid el noviciado;
Que se os lucirá el pelo,
Pues le luce á vuestro hermano.

Que, por rascar cierto ganso,
Dió en manos de un despensero,
Y dieron en él sus manos.

Llegó con un tocador,
Oliendo á ingüente y ruibarbo,
Y dijo, chillando triste,
Y hablando un poco delgado:

«Tened compasión, señores,
De mis turbulentos casos,
Pues ha permitido el Cielo
Que sirviese á un boticario.

»Bebí ayer, que fuí goloso,
No sé que purga ó brebajo,
Y tuve, sin ser posada,
Más cámaras que palacio.

»Tampoco yo me sustento,
Como otros, de lo que cazo,
Porque con recetas mata
Los ratones cuatro á cuatro.

»Poco ayudan, en efeto,
Á mi buche estos gazapos;
Pero en casa hay más ayudas,

No está ya el mundo, señores,
Para mixes tan honrados,
Que no se medra con nadie,
Y todos nos dan el pago.

Cuál nos encierra con gozques,
Cuál gusta vernos en lazos,
Cuál nos abrasa en cohetes,
Y cuál quiere despeñarnos.

Y lo que más nos ayuda
Á que nos maten temprano,
Es el parecer conejos
Cuando estamos desollados.

Busquemos si hay otro mundo,
Porque en este que alcanzamos
Son gatos cuantos le viven
En sus oficios y tratos.

El sastre y el zapatero,
Ya cosiendo, ó remendando,
El uno es gato de cuero,
Y el otro de seda y paño.

El juez es gato real
Cual si fuera papagayo,
No hay nadie que no lo sea
En materia del agarro.

Buenas para los hartazgos.»
No bien acabó sus lloros,
Cuando un gato afrisonado,
Que hace la santa vida
En un refitorio santo,
   Con seis dedos de tozuelo,
Más cola que un arcediano,
Les dijo aquestas razones,
Condolido de escucharlos:
   «Después que yo dejé el mundo,
Y entre bienaventurados
Vivo haciendo penitencia,
Tengo paz y duermo harto.
   »Ya conocéis nuestra vida
Cuán cortos tiene los plazos,
Que vivos nos comen perros,
Y difuntos los cristianos.
   »Que tres pies de un muladar
Nos suelen venir muy anchos,
Y que desta vida pobre,
Aun el cuero no llevamos.
   »Cuál nos encierra con trampas;
Cuál gusta vernos en lazo;
Cuál nos abrasa en cohetes,
Sin hacer á nadie agravio.
   »Y lo que aun más nos ayuda
Á que nos maten temprano
Es el parecer conejos,

   Con un alguacil estuve
Antes de tomar estado
Y al nombre de gato mío
Solía responder mi amo.
   Póngase remedio en todo,
Dijo, mas sin sospecharlo,
Traído de cierto olor,
Dió con la junta un Alano.
   Comenzaron á huir,
Ocupados del espanto,
Y en diferentes gateras
Se escondieron del contrario.
   Iban llorando su suerte,
Y diciendo en tono bajo
Que aun de las tejas arriba
No pueden hallar descanso.

En estando desollados.
        »Busquemos, si hay, otro mundo;
Porque en éste ¿qué alcanzamos?
Son gatos cuantos le viven
En sus oficios y cargos.
        »El sastre y el zapatero,
Ya cosiendo ó remendando,
El uno es gato de cuero,
Y el otro de seda ó paño.
        »Con un alguacil estuve
Antes que tomara estado,
Y al nombre de *gato mío*,
Solía responder mi amo.
        »El juez es gato real,
Cual si fuera papagayo;
No hay mujer que no lo sea
En materia del agarro.
        »Imitadme todos juntos,
Pues que ya os imitan tantos;
Metéos, cual yo, en religión,
Y viviréis prebendados.
        »Cobrá amor al refitorio,
Y cumplid el noviciado,
Que se os lucirá en el pelo,
Pues le luce á vuestro hermano.
        »Póngase remedio en todo»,
Dijo; mas, sin sospecharlo,
Traído de cierto olor,
Dió con la junta un alano.
        Todos á huir se pusieron
Con el nuevo sobresalto,
Y en diferentes gateras
Se escondieron espantados.
        Lamentando iban del mundo
Los peligros y embarazos;
Que aun de las tejas arriba
No pueden hallar descanso.

TOROS Y CAÑAS

EN QUE ENTRÓ EL REY NUESTRO SEÑOR D. FELIPE IV

(En *El Parnaso Español*, Musa VI.)

100.
Una niña de lo caro,
Que en pedir está en sus trece,
Y en vivir en sus catorce,
Que unos busca y otros tiene,
No dejó en todo su barrio
Alhaja que no pidiese:
Un Cristo á un saludador;
Su sortija á un matasiete.
A poder de rosas blancas,
Parecían sus rodetes
Bigotes del mal ladrón;
Sus rizos, á puras liendres.
Al nacer de la corcova
Llevó sobre banda verde,
Por rosa, la rabadilla
De una lámpara de aceite.
Con fondos en grajo asoma
Una carita de nieve,
Su testuz, con sus especias,
Y sus manos, con su pebre.
Vistióse, como decimos,
De veintícinco alfileres,
Por si el Rey desde la plaza
En un terrado la viese;
Que, como Su Majestad
(Dios le guarde) nació en viernes,
Tiénenle por zahorí,
Y temen que las penetre.
A cuatro moños andantes
En figura de mujeres,
Que, por falta de balcón,
Maldicen á don Llorente,
Después de gruñir su manto,
Que roto y manchado vuelve,
Así cantaba las fiestas
A sus citadas oyentes:

«Bien sabe lo que ha de hacer
Con Su Majestad Diciembre,
Pues hoy ha enjugado el día,
Para que se le pusiese.

»Verán si el mes no se torna
A sopa mañana jueves,
Porque la fiesta le deba
La serenidad adrede,

»La reina que tiene España,
La reina que España pierde,
El rey y sus dos hermanos
Gozó la plaza á las nueve.

»El Sol se lavó la cara,
Limpióse Aurora los dientes;
Ella se acostó con pasa,
Y él se ayudó con afeite.

»El patio de los tenderos,
El zaguán de los que venden,
La plaza donde preside
El columpio de valientes,

»Estaba, á poder de arena,
Convidando á los jinetes,
Donde los proprios nublados
Fueron de Riche tenientes.

»Los tobillos de los postes
Calzan tablados que tienen,
Del catarro de las once
Alfombras en que se sienten.

»Los balcones son jardines,
Pues en brocados florecen,
Y, entre consejos y grandes,
Hay brújulas de doseles.

»Estábanse los terrados
Con cabellera de gentes,
Y con unos moños vivos
De Muñozes y de Pierres (1).

»Cada dama para el sol
Era un reto y era un mientes;

___

(1)   En el texto de Janer erradamente:
   Y con unos *monos* vivos
   De *muñones* y de.pierres.

Limosna le pide Mayo
De rosas y de claveles.

»Mendigando joyas anda
Por sus faciones Oriente,
Y en sus bocas y en su risa
Perlas y rubíes bebe.

»Seis toros nos almorzamos,
Y á todos seis dieron muerte
Andrajos y ¡hucho, hó!
Y chiflidos de la plebe.

»Hubo en sólo un caballero
Rejón, cuchillada y suerte,
Y, con su poco de alano,
La bulla del desjarrete.

»Mas ¿para qué me detengo
En cosas impertinentes?
Todo lo que no fué el Rey,
Fué caballeros de *requiem*.

»Quedó el rubí de Toledo,
Aquel Fernando excelente,
Sin sus dos hermanos solo,
Hartándose de bonete.

»La púrpura en Vaticano
Las tres coronas le ofrece,
Y él á la Nave de Pedro
El triunfo de los herejes.

»Salió el marqués de Pobar
Y el más galán presidente,
Por lo ministro, lozano;
Y por lo capitán, fuerte.

»Con travesura bizarra
Y pellizco de repente,
Sástago mandó tocar
Á coscorrones de allende.

»Despicararon la plaza
Los varapalos crueles,
Sirviéndola de franjón
Los soldados ajedreces.

»Las acémilas entraron
(Harto ha sido que me acuerde)
Hojaldradas y con cañas,
Á manera de pasteles.

»Luego, grande bocanada
De músicos diferentes,
Unos, tocando paliza;
Otros, entonando fuelles.
»Anuncios de Majestad
Que por Santa Cruz advierten,
No hay garnacha que no asusten,
Ni gorra que no derrienguen.
»Como prólogos del juego,
Plateadas barba y sienes,
El de Flores y el de Oñate
Á los letores previenen.
»Entró el Rey en un caballo,
Que, cuando corre, parece,
De dos espuelas herido,
Que cuatro vientos le mueven.
»El hierro agudo que vibra
Con el brazo omnipotente,
Por rayo le están temblando
Los turcos y los rebeldes.
»Cuando le vi con la lanza
Dije, sin poder valerme:
«Por el talle y por las armas,
»Me has cautivado dos veces.»
»Con ella pareció un Marte,
Y cien mil Martes parece,
Menos todo lo acïago,
Y más todo lo que vence.
»De blanco, encarnado y negro
El arco vistió celeste;
La flecha corrió, y el arco
Amor y flecha parece.
»La adarga, porque le cubre,
Maldecían las más gentes;
Parecióme al adargarse
Corderito de Agnus Deyes.
»Quisiéramos ser Tarquinos
La mitad de los oyentes,
Y que fuera el rey Lucrecia,
Para forzarle mil veces.
»Y con ser el sombrerillo
De estampa en sus feligreses,

Lo encasquetado del suyo
Cosquillas hizo al deleite.
    »Había al Rey tanta prisa
De deseos delincuentes,
Que se ahogaran por tomarle,
Aunque le dieran por redes.
    »Por jayán mayor de marca,
No hay iza que no le entreve;
No hay marca que no le atisbe;
No hay jaque que no le tiemble.
    »Y como llevó los ojos
De todos él solamente,
Corrieron para sí mismos
Los demás, sin que los viesen.
    »Al arrancar parecía
Narcisón en ramillete;
Una primavera andante,
Epítome de Aranjueces.
    »Él corrió como unas monas
Á algunos de los corrientes;
Su galope fué triaca,
Y medicina lo *tente*.
    »Sigue á su Rey Olivares;
Eso es hacer lo que debe:
No le iguala, y le acompaña;
Eso es venerarle siempre.
    »Á su lado, está á sus pies;
Alcánzale, y no le tiene;
Le sigue, y no se adelanta;
Y se aparta, y no le pierde.
    »Para que el Rey vaya solo
Le acompañan; que los reyes
Van solos con el criado
Más que no con el pariente.
    »Es privado que se atusa
El séquito y las mercedes,
Que no recibe ni toma;
Las muchachas se estremecen.
    »Dícenme que no ha salido
De entre plumas y papeles
Há seis años, amarrado
Á los duros pretendientes.

»Tiene buen talle á caballo;
Es airoso con sainete;
No pasa audiencia por él,
Según lo bien que parece.

»En dos caballos corrieron
Que de los del Sol descienden;
Mas ser caballos del Sol
Á quien llevan se lo deben.

»Merecen pacer estrellas
En turquesado pesebre;
Que el vellocino de Colcos
Dé terliz á sus jaeces.

»Carlos, que, como segundo,
Por la gala con que viene
Fuera el quinto, más el cuarto,
Que lo ilustra lo defiende.

»Siendo de Filipo el Grande
Hermano querido, cese
Por corto todo blasón;
Toda alabanza por breve.

»Todos anduvieron bien,
Pero que tuvo, se advierte,
Don Filipo infuso el día (1),
Para que ninguno yerre.

»Lo rico de las libreas
Á los gaznates se debe (2);
La gala, á los cuadrilleros,
Pues fué lucida y alegre.

»No hubo en todo el santo día
Un caracol que dijese
«Este regidor es mío»,
Como en otras fiestas suele.

»Dios los tuvo de su mano,
Y el Rey con su *guarda y vuelve;*
Sobró día, y sobró gusto,
Y ya falta quien celebre.

»Yo lo refiero, que soy
Un escorpión maldiciente,

---

(1) Janer, por errata:

Don Philippo *infuso* el día...

(2) «Por las sisas.» (Nota de la primera edición.)

Hijo al fin de estas arenas,
Engendradoras de sierpes.»

1628

Á LA ESTATUA DE BRONCE DEL SANTO REY DON FELIPE III

QUE ESTÁ EN LA CASA DEL CAMPO DE MADRID, TRAÍDA DE FLORENCIA

(En *El Parnaso Español*, Musa I.)

101.   ¡Oh, cuánta majestad! ¡Oh, cuánto numen,
En el tercer Filipo, invicto y santo,
Presume el bronce que le imita! ¡Oh, cuánto
Estos semblantes en su luz presumen!
   Los siglos reverencian, no consumen
Vulto que igual adoración y espanto
Mereció amigo y enemigo, en tanto
Que de su vida dilató el volumen.
   Oso imitar artífice toscano (1)
Al que á Dios imitó de tal manera,
Que es, por rey y por santo, soberano.
   El bronce, por su imagen verdadera,
Se introduce en reliquia, y éste, llano,
En majestad augusta reverbera.

Á LA MISMA ESTATUA

(En *El Parnaso Español*, Musa I.)

102.   Más de bronce será que tu figura
Quien la mira en el bronce, si no llora,
Cuando ya el sentimiento, que te adora,
Hará blanda al metal la forma dura.
   Quiere de tu caballo la herradura
Pisar líquidas sendas, que la Aurora
Á su paso perfuma, donde Flora
Ostenta varia y fértil hermosura.
   Dura vida con mano lisonjera

(1) Comenzó la estatua Juan de Boloña, y la acabó Pedro Tacca, en Florencia, el año de 1614.

Te dió en Florencia artífice ingenioso,
Y reinas en las almas y en la esfera.
El bronce, que te imita, es virtuoso;
¡Oh, cuánta de los hados gloria fuera,
Si en años le imitaras numeroso!

1629

ROMANCE AMOROSO [1]

(En *Las tres Musas últimas castellanas*, Musa VII.)

103.
     Campo inútil de pizarras [2],
Ribera agostada y seca,
Que, por la falta del río,
Descubres islas de arena.
     Pues te excedo en mis desdichas [3],
Y á veces mis ojos prueban
Á suplir con llanto eterno
Las corrientes que deseas [4],
     Oye del hombre más solo [5]
Que tiene el mundo las quejas;
Que, pues las paredes oyen,

---

(1) Esta composición se publicó por primera vez (1629) en la *Primavera y Flor de los mejores romances... Recopilado de diversos autores, por el alférez Francisco de Segura.*

Sin duda, fué retocado posteriormente por Quevedo; pero ó su sobrino D. Pedro Aldrete, colector de *Las tres Musas últimas*, hubo de ser aquí tan poco cuidadoso que se dejó atrás algunos versos, ó Quevedo, reformando sus antiguos borradores, no había dado fin á su tarea. Ello es que dividido el romance en unas á modo de estancias, que terminan con dos pareados endecasílabos, faltan cuatro versos en la segunda. Intentamos fijar un buen texto, teniendo á la vista las dos lecciones, y anotando las variantes, ya de la primera, ya de la segunda.

(2) En el texto de 1629:

     Campo *gentil* de pizarras...

(3) *Ibid.*:

     Pues te *exceden* mis desdichas...

(4) *Ibid.*:

     Á suplir con llanto *triste*
     Las corrientes que deseas,

(5) En *Las tres Musas últimas...*:

     Yo sé del hombre más solo...

No es mucho que oigan las piedras (1).
¡Oh claro Tormes! mi dolor te mueva.
Y, pues vas á mi bien, mi mal le lleva (2).

Páre tu curso en llegando (3)
Á la antigua y noble cerca
De la ciudad que en España
Es la más insigne en letras (4).
Y, pues no las llevas mías,
Sino lágrimas por ellas,
Letras de fuego te doy,
Que con el agua se mezclan.
Y, pues centellas parecen,
Bien podrá ser que las vea,
Como de noche, en el agua
Se suelen ver las estrellas (5).
¡Oh claro Tormes! mi dolor te mueva,
Y, pues vas á mi bien, mi mal le lleva.

Hermosísima Amarilis,
Gloria y honor de esta selva (6),
Para quien te mira, diosa,
Y á quien te escucha, sirena;
Divino imposible mío,
Escucha la vez postrera:

---

(1)   En el texto de 1629:
          Bien pueden oir las piedras.
(2)   *Ibid.:*
          Y, pues vas á mi bien, mi mal le *cuenta.*
É igualmente al fin de las tres estancias del romance.
(3)   *Ibid.:*
          Pára tu curso en llegando...
(4)   *Ibid.:*
          Es la más *notable* en letras.
(5)   En *Las tres Musas...*, en lugar de los seis versos que anteceden á
esta llamada, hay sólo dos:
          Éstas con sangre te envío,
          Que *en* el agua *bien se muestran.*
(6)   Texto de 1629:
          ¡Oh hermosísima Amarilis,
          Gloria y honor de *estas selvas...*

Que la manda del que muere (1)
Obliga con mucha fuerza.
Y si tus hermosos ojos
Piedad tan justa desprecian,
Sólo las piedras me escuchen;
Quizá que me oirás entre ellas (2).
¡Oh claro Tormes! mi dolor te mueva,
Y, pues vas á mi bien, mi mal le lleva.

ENDECHAS

(En la *Primavera y Flor de los mejores romances*, de Pedro Arias Pérez.) (3)

104.   Tus niñas, Marica,
Con su luz me asombran,
Pues, mirando apenas,
Dan á mirar glorias:
  Ojos paladines,
Que por toda Europa
Desventuras vencen
Y aventuras logran.
  Es gala y no culpa
En ti ser traidora;
Que tendrás dos caras,
Y ambas son hermosas.
  Rica y avarienta
Tienes esa boca,
Pues de ricas perlas
Nunca das limosna.
  Esas tus mejillas
De lo que les sobra
Prestan al verano

---

(1) Texto de 1629:

    Escucha *esta voz* postrera,
    Que *lo que pide el* que muere...

(2) *Ibid.:*

    Y si en tus *divinos* ojos
    Tan grande piedad me niegas,
    Solas las piedras me escuchen;
    Quizá me oirás entre ellas.

(3) Reimpreso por Durán en uno de los apéndices de su *Romancero.*

Lo que el mayo adorna.
Tu cabello bate
Moneda y coronas;
Indias tus dos sienes;
Minas son tus cofias;
Elevado fuego
De tus manos brota;
Amenazan hielos
Cuando rayos forman.
Todos te codician
Y te envidian todas;
Sólo yo te pierdo,
Por mi dicha corta.

1630

INSCRIPCIÓN AL MARQUÉS AMBROSIO SPÍNOLA

QUE GOBERNÓ LAS ARMAS CATÓLICAS EN FLANDES

(En *El Parnaso Español*, Musa III.)

105.

Lo que en Troya pudieron las traiciones,
Sinón, y Ulises, y el Caballo duro,
Pudo de Ostende en el soberbio muro
Tu espada, acaudillando tus legiones.
Cayó, al aparecer tus escuadrones,
Frisa y Breda por tierra, y, mal seguro,
Debajo de tus armas vió el perjuro
Sin blasón su muralla y sus pendones.
Todo el Palatinado sujetaste
Al monarca español, y tu presencia
Al furor del Hereje fué contraste.
En Flandes dijo tu valor tu ausencia,
En Italia tu muerte, y nos dejaste,
Spínola, dolor sin resistencia.

1631
AL INCENDIO DE LA PLAZA DE MADRID
EN QUE SE ABRASÓ TODO UN LADO DE CUATRO (1)

(En *El Parnaso Español*, Musa II.)

106.
Cuando la Providencia es artillero
No yerra la señal la puntería;
De cuatro lados la centella envía
Al que de azufre ardiente fué minero.
  El teatro á las fiestas lisonjero,
Donde el ocio alojaba su alegría,
Cayó, borrando con el humo el día,
Y fué el remedio al fuego compañero.
  El viento que negaba julio ardiente
Á la respiración, le dió á la brasa,
Tal, que en diciembre pudo ser valiente.
  Brasero es tanta hacienda y tanta casa;
Más agua da la vista que la fuente;
Logro será si escarmentado pasa.

AL REPENTINO Y FALSO RUMOR DE FUEGO
QUE SE MOVIÓ EN LA PLAZA DE MADRID EN UNA FIESTA DE TOROS (2)

(En *El Parnaso Español*, Musa II.)

107.
Verdugo fué el temor, en cuyas manos
Depositó la muerte los despojos
De tanta infausta vida. Llorad, ojos,
Si ya no lo dejáis por inhumanos.
  ¿Quién duda ser avisos soberanos,
Aunque el vulgo los tenga por antojos,
Con que el Cielo el rigor de sus enojos
Severo ostenta entre temores vanos?
  Ninguno puede huir su fatal suerte;
Nada pudo estorbar estos espantos;
Ser de Nada el rumor, ello se advierte.
  Y esa Nada ha causado muchos llantos,
Y Nada fué instrumento de la Muerte,
Y Nada vino á ser muerte de tantos.

(1) En 7 de julio de 1631.
2) En 25 de agosto de 1631.

TÚMULO DE DON FRANCISCO DE LA CUEVA Y SILVA

GRANDE JURISCONSULTO Y ABOGADO (1)

(En *El Parnaso Español*, Musa III.)

108.
Este en traje de túmulo museo,
Sepulcro en academia transformado,
En donde está en cenizas desatado
Jasón, Licurgo, Bártulo y Orfeo,
    Este polvo, que fué de tanto reo
Asilo dulcemente razonado,
Cadáver de las leyes consultado,
En quien, si lloro el fin, las glorias leo,
    Éste de don Francisco de la Cueva
Fué prisión, que su vuelo nos advierte,
Donde piedad y mérito le lleva.
    Todas las leyes, con discurso fuerte,
Venció, y ansí, parece cosa nueva
Que le venciese, siendo ley, la Muerte.

AL TORO Á QUIEN CON BALA

DIÓ MUERTE EL REY DON FELIPE IV

(En *El Parnaso Español*, Musa I.) (2)

109.
En el bruto que fué bajel viviente
Donde Jove embarcó su monarquía,

---

(1)   La primera edición de *El Parnaso* (1648) añade: «Fué varón muy noble, limosnero y poeta.»

(2)   En la primera edición: «Hace sepulcro en el toro muerto de un león vivo, á quien el toro había primero vencido, con alusión al signo Toro, que tiene una estrella de primera magnitud en la frente, por haber sido allí el golpe de la bala.»
    Tanto esta composición como las dos que siguen fueron impresas por primera vez en el libro intitulado *Anfiteatro de Felipe el Grande... Contiene los Elogios* que han *celebrado la suerte que hizo en el toro, en la fiesta agonal de treze de Otubre, deste año de M.DC.XXXI. Dedícale á su Magestad Don Ioseph Pellicer de Touar* (En Madrid, Por Iuan Gonçalez). De este libro costeó una nueva edición, en 1890, el Sr. Marqués de Jerez de los Caballeros. Preferimos el texto de *El Parnaso Español*, pero anotaremos las variantes que ofrece el del *Anfiteatro*, en donde este primer soneto tiene el siguiente epígrafe: *Epitafio al león vivo en el toro muerto.*

Y la esfera del fuego (1) donde ardía
Cuando su rayo navegó Tridente,
    Yace vivo el león que humildemente
Coronó por vivir su cobardía,
Y vive muerta Fénix, valentía,
Que de glorioso fuego nace ardiente.
    Cualquier grano (2) de pólvora le aumenta
De primer magnitud estrella pura,
Pues la primera magnitud le alienta.
    Entrará con respeto en su figura
El Sol, y los caballos que alimenta (3),
Con temor de la sien áspera y dura.

AL MISMO TORO Y AL PROPIO TIRO

(En *El Parnaso Español*, Musa L) (4)

110.   En dar al robador de Europa muerte,
De quien eres, señor, Monarca ibero,
Al ladrón te mostraste justiciero
Y al traidor á su rey castigo fuerte.
    Sepa aquel animal que tuvo suerte
De ser disfraz á Júpiter severo,
Que es el León de España el verdadero,
Pues de África el cobarde se lo advierte (5).
    No castigó tu diestra la victoria,
Ni dió satisfación al vencimiento:
Diste al uno consuelo, al otro gloria.
    Escribirá con luz el firmamento
Duplicada señal, para memoria
En los dos de tu acierto y su escarmiento.

---

(1) *De fuego.*
(2) *.Cada grano.*
(3) *Que violenta.*
(4) En la primera edición: «Repite la alusión de la misma fábula de Europa.»
(5) En el *Anfiteatro:*
        Pues *África en el suyo* se lo advierte.

CELEBRA EL TIRO CON QUE DIÓ MUERTE

Á UN TORO EL REY NUESTRO SEÑOR (1)

(En *El Parnaso Español*, Musa VI.)

111.
Ayer se vió juguetona
Toda el arca (2) de Noé,
Y las fábulas de Isopo
Vivas se vieron (3) ayer,
    Y más bestias diferentes
Que hojaldran en un pastel;
Fieras, que, de puro fieras,
Dichosas pudieron ser (4).
    Por África, sin vasallos,
Vino el coronado rey
Que á buena y mala moneda (5)
Anda aruñando el envés;
    El que debe á la pintura
Más braveza que á su sér,
Vencible á punta de cuerno,
Invencible en el pincel;
    El que dió nombre en Castilla
Al esforzado leonés,
Por lo real y rapante,
Sepan cuantos de papel;
    Al que David hizo andrajos
La portada del comer,
Preciado de que en Alcides
Es papahigo su piel;
    El de enfermedad barata (6),
Que no le cuesta un tornés,

---

(1) «Fué en la fiesta venatoria, cuando á imitación de la de los romanos, dadas al pueblo en sus anfiteatros y circos, se echaron varias fieras á lidiar entre sí».—*Nota de la edición de 1648.*

(2) En el *Anfiteatro*, la arca.

(3) *Las vieron.*

(4) *Pudieran* ser.

(5) Que *á toda* mala moneda.

(6) El de enfermedad *inútil.*

Pues (1) por no tener doctores,
Cuartanas quiere tener.
   El rescoldo de los julios;
El estrellón de la sed;
Signo de merienda y río;
Horno de su proprio mes;
   Fulvo, secundum Virgilio,
Con sus greñas de francés;
Desnudo de medio abajo,
Treta de mala mujer;
   Con más zarpas en las manos
Que capuz de portugués,
No con presunción más corta,
Y tan grave como él.
   Salió con grande mesura
Y con paso muy cortés,
Á dar audiencia de aruño,
Y echó menos el dosel.
   Con pasaporte de Plinio
Un gallo salió después,
Porque los quiquiriquíes
Dicen que le hacen temer (2).
   Mas hanme dicho los gallos
Que á su canto en Israel
Dió la moza de Pilatos
Solamente ese poder;
   Y si el buen gallo supiera
Lo que vino á suceder,
Tomara al león por gallina,
Y él pusiera huevos de él.
   Apeló el canto del gallo
Á la negación, y fué
Á subirse en la coluna,
Donde en los pasos le ven.
   El león quedó viudo
Sin el marido doncel,
Tan cerca del cacareo (3),
Que ya le tuvo en la nuez.

---

(1) *Que.*
(2) Dicen que *son su broquel.*
(3) «De ser gallina.»—*Nota de la edición de Madrid de 1648.*

En esto salió á la plaza
Un jarameño Luzbel,
Con dos apodos buídos
De malmaridada sien;
    Con paréntesis de hueso
Coronado el chapitel;
Los ojos más escondidos
Que tienda de mercader;
    Muy barrendero de manos,
Muy azogado de pies;
Lo bragado, ya se entiende;
Lo hosco, no es menester.
    Acordóse que era signo
En el pabellón turqués
De los doce que á la mesa
Del Sol comen oropel.
    Por detrimento de Marte
Se aseguraba el vencer,
Viendo que de abril y mayo
Es presidente Aranjuez.
    De *Toro pater Eneas*
Se acordó sin saber leer,
Y de la ciudad de Toro,
Que da buen zumo á la pez.
    Mas en hacer mal á tantos
Y no hacer á nadie bien,
Era signo con testigos
Y á proceso pudo oler.
    Miró al león, y en aquello
Que decimos santiamén,
Le rebujó á testeradas;
Le zabucó de tropel.
    Defendíase de pulla (1)
El león á cada vez,
Y quiso de pajarito
Volarse por la pared.
    Desmintió el toro á Solino,
Y á Eliano, y á otros tres
Electores del Imperio,
Que no quiso obedecer.

---

(1) «Volviendo las ancas.»—*Nota de la edición de 1648.*

Salieron macho y caballo,
Sin albarda y sin jaez,
Y en la cartilla de ovejas
Deletrearon el *be* (1).
    La mona, que en las tabernas
Suele ahogar el beber,
En acémila penada,
Allí la ahogó el cordel.
    El animal que en Jarama
Cornadas sabe pacer,
Los rempujó con las lunas
Que santiguan en Argel.
    Sin decir (2) «acá me vengo»,
Y sin «¿quién llama?» y «sí es»,
Con las armas de la villa (3)
El león se fué á meter.
    Hiciéronse unas mamonas
Sobre «estése» ó «no se esté»,
Que se abollaron las jetas
Y se rascaron la tez.
    Todo felpado de moños,
El oso esgrimió tal vez
Algunos pasagonzalos (4)
De bellaco proceder.
    Desquitaba con abrazos (5)
Á los perros el morder,
Y andaban á bofetadas,
Al derecho y al través.
    El camello, que está hecho
Á los Magos de Belén,
Con las heridas del toro
Tuvo muy poco placer.
    Mas, nadador de cachetes,

---

(1) «Porque también fueron cobardes».—*Nota de la edición de 1648.*

(2) Las primeras ediciones de *El Parnaso*, por errata, *En decir*. En el *Anfiteatro, sin decir,* como lo requiere el sentido de la frase.

(3) «Un oso».—*Nota de la edición de 1648.*

(4) En el *Anfiteatro:*

> El oso *salió al revés,*
> *Con unos* pasagonzalos...

(5) Así en el *Anfiteatro* y en la edición príncipe de *El Parnaso*. En la segunda, de 1649, *con los brazos.*

Ya de tajo, y de revés,
Al toro obligó que hiciera (1)
Lo que á todos hizo hacer.

Por las dos plazuelas (2) vino
Sin pluma un gato montés,
Y, andando buscando causas,
Fué merienda de un lebrel.

Más preciado de sus manchas
Que un jaspe y un arambel,
Salió el tigre; escarbó el toro,
Con que le mandó volver.

La zorra, que en tantas gentes
Se llama *vuesa merced,*
Y que, con capas y mantos,
Hembras y varones es,

Haciendo la mortecina,
Quiso escapar de la red;
Pero quien supo más que ella
La tomó con un vaivén.

En la gente que miraba
Hubo palestra de prez,
Unos, con los rempujones;
Otros, estrujando el ver.

Con el sol de los membrillos
Tuvo batalla cruel
Todo cogote, que agora
Gasta diagridis y sen.

Á la artificial tortuga,
Que cizaña á todos fué,
Y con vómitos (3) de chuzos
Dió cólera al no querer,

El toro, que arremetiera
Con la torre de Babel,
La dió cuatro coscorrones
Que le parecieron diez.

Los que de pedir prestado
Guardan en la corte ley
No embisten como embestía

---

(1) «Que se retirara.»—*Nota de la edición de 1648.*
(2) «De la provincia y de la villa.»—*Nota de la edición de 1648.*
(3) En el *Anfiteatro, con vómito.*

El torazo magancés.
　El grande Felipe cuarto,
Que le mira como juez,
Por generoso y valiente
Y vengador del cartel,
　Tomando aquel instrumento
Que supo contrahacer
Los enojos del verano,
Que perdonan al laurel,
　Porque no muriese á silbos
En el bullicio soez,
Ó, á poder de ropa vieja,
En remolinos de á pie,
　Ó porque no le matasen
Perezas de la vejez,
Que es fin de los bien reglados,
No de hazañoso desdén,
　Pasándole por su vista
(Favor de sumo interés),
Mucha muerte en poco plomo,
Le hizo desparecer.
　Perdonó, por forasteros,
Los que venció su poder,
Para que en sus vidas proprias
Viva su victoria (1) esté.
　Esta fiesta me contaron
Dos que, detrás de un cancel,
Á costa de dos mil coces,
Vieron un poco de res.

FIGURADA CONTRAPOSICIÓN DE DOS VALIMIENTOS

(En *El Parnaso Español*, Musa I.)

112. 　　Sabe ¡oh Rey tres cristiano! la festiva
Púrpura, sediciosa por tus alas,
Deshojarte las lises con las balas,
Pues cuanto te aventura, tanto priva.
　　Sabe ¡oh humana deidad! también tu oliva

———

(1) En la segunda edición de *El Parnaso*, *memoria*.

Armar con su Minerva á **Marte** y **Palas**,
Y, laurel, coronar prudentes galas,
Y, próvida, ilustrar paz vengativa.
Sabe poner tu púrpura en tus manos,
Decimotercio Rey, con prisión grave,
Tu esclarecida madre y tus hermanos.
Tu oliva ¡oh gran monarca! poner sabe
En tu pecho los tuyos soberanos,
Con la unidad que en los imperios cabe.

PARENÉTICA ALEGORÍA

(En *El Parnaso Español*, Musa I.)

113.   **Decimotercio Rey**, esa eminencia
Que tu alteza á sus pies tiene postrada
Querrá ver la ascendencia coronada,
Pues osó coronar la descendencia.
Casamiento llamó la inteligencia,
Y en él sólo se ha visto colorada
La desvergüenza. Dícelo (1) á tu espada
Y dale al cuarto mandamiento audiencia.
Si te derriba quien á ti se arrima,
Su fábrica en tus ruinas adelanta,
Y en cuanto te aconseja te lastima.
¡Oh muy cristiano Rey!, en gloria tanta,
Ya el azote de Dios tienes encima:
Mira que el *Cardenal* se te levanta.

---

(1) *Dícelo* (con *z* en las primeras ediciones de *El Parnaso*), que ahora diríamos *dílo*, ó *díselo*, si añadiésemos el pronombre *se*. *Díceselo*, se oye aún al vulgo en algunas comarcas, entre ellas, la andaluza.

REGISTRO ALFABÉTICO

ÍNDICE

ACABÓSE DE IMPRIMIR ESTE SEGUNDO TOMO DE LAS
OBRAS DE D. FRANCISCO DE QUEVEDO
EN LA OFICINA TIPOGRÁFICA DE ENRIQUE
RASCO, EN SEVILLA, CALLE DE BUSTOS
TAVERA, NÚM. 1, EL DÍA XX DE
FEBRERO DEL AÑO DEL NACI-
MIENTO DE NUESTRO SE-
ÑOR JESUCRISTO
DE M.CMIII
—
LAUS DEO

SOCIEDAD
DE BIBLIÓFILOS ANDALUCES

LISTA DE SEÑORES SOCIOS

S. M. el Rey (q. D. g.)

S. A. R. la Condesa de París.

S. A. R. D. Antonio de Orleans.

Excmo. Sr. D. Marcelino Menéndez y Pelayo, Presidente honorario.

Excmo. Sr. D. Juan Pérez de Guzmán y Boza, Duque de T'Serclaes, Presidente efectivo.

Excmo. Sr. D. Manuel Gómez Ímaz, Vicepresidente.

Sr. D. José María de Valdenebro y Cisneros, Tesorero.

» Agustín Guajardo-Fajardo y Torres, Contador.

» Francisco Rodríguez Marín, Secretario 1.º

» Joaquín Hazañas y la Rúa, Secretario 2.º

Excmo. Sr. D. Manuel Pérez de Guzmán y Boza, Marqués de Jerez de los Caballeros, Vocal.

Excmo. Sr. D. José de Hoyos y Hurtado, Conde de Valdeinfantas, Vocal.

Sr. D. Luís Montoto y Rautenstrauch, Vocal.

Excmo. Sr. D. José Gestoso y Pérez, Vocal.

Excmo. Sr. D. José María Asensio y Toledo.

Sr. Doctor Thebussem.

Sr. D. M. Murillo.

» Pío Blanco de Ardines.

» Elías Romera Medina.

» Matías Ramón Martínez.

» Antonio Aguilar y Cano.

Círculo de Labradores de Sevilla.

Casino Militar de Sevilla.

Ateneo de Sevilla.

Archivo de la Delegación de Hacienda de Sevilla.

Excmo. Sr. Barón de la Vega de Hoz.
Sr. D. Carlos Cañal y Migolla.
   » José María de Pereda.
   » Santiago Magdalena.
Excmo. Sr. D. Eduardo de Ibarra.
Sr. D. Francisco Ysern y Maury.
Excmo. Sr. D. Julio Betancourt.—2 ejemplares.
Sr. D. José Morón y Cansino.
   » José Velázquez y Toledo.
Excmo. Sr. Marqués de Paradas.
Sr. D. José María Piñar y Zayas.
Excmo. Sr. D. Anselmo R. de Rivas.
Sr. D. José Fernández Sedano.
El Ayuntamiento de Córdoba.
Excmo. Sr. Conde de Torres Cabrera.
Círculo de la Amistad de Córdoba.
Instituto Provincial de Córdoba.
Sr. Doctor Arturo Farinelli.
Excmo. Sr. Marqués de Valmar.
   » Sr. D. Francisco Silvela.
Sr. D. W. E. Retana.
Excmo. Sr. D. Segismundo Moret.
Mr. N. Macçoll.
Excmo. Sr. Conde de la Viñaza.
Sr. D. Fernando Holm.
   » Manuel Marañón.
   » Luís Carmena y Millán.
   » Adolfo Herrera.
Excmo. Sr. D. Juan Valera.
Sr. D. José de la Bastida.
Excmo. Sr. Duque de Alba.
Biblioteca del Ministerio de Marina.
Excmo. Sr. D. Gaspar Núñez de Arce.
Ateneo de Madrid.
Sr. D. Victoriano Suárez.—12 ejemplares.
Sr. D. Enrique Barón y Cea Bermúdez.
Museo Arqueológico de Sevilla.
Sr. D. Isidoro Junquitu.
   » José Kith.
   » Juan de Grimarest.

Sr. D. José Sánchez Arjona.
>   Francisco Sánchez Arjona.
>   José Nogales.
>   Nicolás Tenorio.
Excmo. Sr. Conde de Valdeinfantas.
Sr. D. José Buiza y Mensaque.
>   Ricardo Franco.
>   Manuel Lara.
>   Nicolás Gómez.
>   Antonio Mejías.
>   Alfredo Heraso.
>   Fernando Barón.
>   Venancio Deslandes.
>   Tomás Mendigutia.
>   Francisco Morales.
Excmo. Sr. D. Francisco González Álvarez.
Sr. D. Amante Laffón.
>   Manuel Luís Romero.
>   Manuel Jiménez Morales.
>   José Cruz Cordero.
Casino de Osuna.
Sr. D. Manuel Sales y Ferré.
>   José Joaquín Arraez.
>   Antonio Andrada y Hand.
>   Alejandro Harmsen, Barón de Mayals.
Excmo. Sr. Conde de Bagaes.
Sres. Hijos de T. Cuesta. Madrid.
Excmo. Sr. Conde de Lugar Nuevo.
>   Sr. Marqués de San Marcial.
>   Sr. Marqués de Gandul.
Sr. D. Salvador Cumplido.
Casino Sevillano.
Sr. Barón de Stanffenberg.
Sr. D. Manuel del Palacio.
>   Onofre Amat.
>   Rafael Ramírez de Arellano.
>   Juan Antonio Fe.—2 ejemplares.
Escuela de Medicina de Sevilla.
Excmo. Sr. D. José Lamarque de Novoa.
Sr. D. Cecilio Gasca.—2 ejemplares.

Sr. D. Julio Ferrand.
  » Fernando Fe.—8 ejemplares.
  » Lorenzo Velasco.
  » José Guerra.
  » Manuel de la Puente.
Biblioteca Provincial y Universitaria de Sevilla.
Archivo general de Indias.
Sr. D. Alfonso Bonay.
  » José Zanetti.
Ministerio de Instrucción Pública.—100 ejemplares.
Ayuntamiento de Sevilla.—60 ejemplares.

———————